Jiddu Krishnamurti
Die Briefe an seine Schulen

Jiddu Krishnamurti

Die Briefe an seine Schulen

Es ist das Anliegen dieser Schulen,
eine neue Generation von Menschen hervorzubringen,
die frei von selbstbezogenem Handeln sind.

| Edition JK-DE |

Bibliografische Information der Deutschen Nationalbibliothek:
Die Deutsche Nationalbibliothek verzeichnet diese Publikation in der Deutschen Nationalbibliografie; detaillierte bibliografische Daten sind im Internet abrufbar über http://dnb.d-nb.de

Diese englische Ausgabe ist eine um 17 Briefe erweiterte
und von Ray McCoy editierte Ausgabe von zwei früheren Bändchen:
»Letters to the Schools Volume one & Volume two«.
Beide Bücher erschienen 1988 & 1993 auch auf Deutsch

Übersetzung ins Deutsche: Bernd Hollstein
Lektorat: Irmgard Jancsary, Klara Hollstein, Cornel Christoffel
Umschlaggestaltung, Layout & Satz: Bernd Hollstein, Sulzbach/Murr

Titelbild: Schüler der Brockwood Park School auf dem Weg zu den Hauptgebäuden
© Krishnamurti Foundation Trust

Bild Seite 14, Mark Edwards, © Krishnamurti Foundation Trust
Bilder Seite 136 & 196, Michael Mendiza
Bild Seite 218, Mary Zimbalist, © The Estate of Mary Zimbalist

Druck und Distribution erfolgen im Auftrag des Herausgebers
durch: tredition GmbH, Abteilung "Impressumservice",
Halenreie 40-44, 22359 Hamburg, Deutschland.

ISBN Print : 978-3-00-070721-6

Inhalt

Hinweise zur englischen Gesamtausgabe der Briefe
& Vorworte von Krishnamurti 11

Teil 1: Briefe von 1978 bis 1980

1 **Allumfassende Erziehung und Bildung**
Diese Schulen sind dazu da, das gesamte Wesen des Menschen zu entwickeln. 15

2 **Das Gute**
Für die Schönheit des Guten ist Freiheit unerlässlich. 17

3 **Muße**
Der Geist kann nur in Muße lernen. 20

4 **Angst**
Im Bannkreis der Angst kann das Gute nicht aufblühen. 23

5 **Wissen**
Die Tatsache zu begreifen, dass Wissen nie unsere menschlichen Probleme lösen kann, ist Intelligenz. 26

6 **Verantwortung**
Hinsichtlich der Psyche ist ein Mensch die ganze Menschheit. 30

7 **Lernen**
Der Akt des Lernens ist ein Akt des reinen Beobachtens. 35

8 **Radikale Veränderung**
Erziehung und Bildung bestehen darin, eine allumfassende Verantwortlichkeit in den Schülern zu entwickeln. 38

9 **Sorgfalt**
Sorgfalt bedeutet frei zu sein von der Beschäftigung mit sich selbst. 42

10 **Sicherheit**
Die Schule ist das Zuhause der Schülerinnen und Schüler. 45

11 **Das Verderben des Geistes**
Es ist die Aufgabe eines wahren Lehrers, ohne den verderbenden Einfluss der Autorität zu unterrichten. 48

12 **Psychische Verletzungen**
Können die Erziehenden den Schülern helfen, ihr ganzes Leben lang nie psychisch verletzt zu sein? 51

13 **Gewohnheit**
Gewohnheit lässt den Geist gefühllos werden. 54

14 Schönheit
Die Aktivitäten des Denkens haben nichts mit Schönheit zu tun. 58

15 Geistige Leistungsfähigkeit
Die Ganzheit des Geistes ist unbegrenzte Leistungsfähigkeit und völlige Leere mit unbegrenzter Energie. 62

16 Aufrichtigkeit und Einsicht
Um die Tiefe der Einsicht zu erfassen, braucht es einen integren Geist mit der Aufrichtigkeit des Ganzen. 65

17 Verlangen und Unordnung
Sind das Verlangen und seine wechselnden Objekte eine der Ursachen für unsere Unordnung? 69

18 Unversehrte Ganzheit
Egoistische Abtrennung ist vielleicht die eigentliche Wurzel des Verfalls der Ganzheit des Geistes. 73

19 Probleme
Physische und psychische Probleme vergeuden unsere Energie. 77

20 Status
Egoismus ist das Kernproblem in unserem Leben. 80

21 Feingefühl
Die Intelligenz des Körpers wird über das eigene Wohlbefinden wachen. 83

22 Selbstbezogenheit
Kann der Geist sich selbst aus dem Gefängnis befreien, das er geschaffen hat? 86

23 Die Kunst zu leben
Innere Verbundenheit macht die Kunst zu leben aus. 89

24 Worte
Worte verhindern das Wahrnehmen der Wirklichkeit 93

25 Der Intellekt
Lernt aus dem Buch eurer eigenen Geschichte, denn ihr seid die ganze Menschheit. 97

26 Bewerten und Vergleichen
Wenn die Erziehenden das Bewerten und Vergleichen weglassen, dann ist ihre Beziehung zu den Schülern völlig anders. 101

27 Werte
Lebt mit jener Klarheit, die keine Wertvorstellung ist. 104

28 Zentren des Lichts und der Weisheit
Diese Orte sind für die Aufklärung der Menschheit da. 107

29 **Das Überleben der Menschheit**
Wir können unmöglich überleben, wenn wir uns nur um unser eigenes Überleben kümmern. 109

30 **Der Geist der Zusammenarbeit**
Wie könnt ihr mit dem Universum zusammenarbeiten, wenn ihr nur um euch selbst besorgt seid? 111

31 **Intelligenz**
Empfindsamkeit ist das wahre Wesen der Intelligenz, und diese Empfindsamkeit ist Liebe. 114

32 **Die Aktivitäten des Denkens**
Beherrscht das Denken alle unsere Aktivitäten und Beziehungen, führt das zu einer Welt voller Konflikte, Gewalt und Elend. 117

33 **Sich selbst kennenlernen**
Ihr müsst gute Menschen sein, denn ihr seid die Zukunft. 120

34 **Zuneigung**
Wenn ihr fürsorglich seid, verschwindet jede Form von Gewalt aus euch. 123

35 **Grausamkeit**
Wenn Zuneigung vorhanden ist, hat Grausamkeit nie einen Platz in unserem Leben. 126

36 **Das Studium des eigenen Selbst**
Daran sind die Erziehenden sowie die Schüler beteiligt, und hier endet die Autorität. 129

37 **Disziplin**
Disziplin bedeutet eure Reaktionen und euren Hintergrund kennenzulernen und darüber hinauszugehen. 132

Teil 2: Briefe von 1982 bis 1983

38 **Sich selbst bilden und erziehen**
Um etwas über die Bilder und Vorstellungen zu erfahren, die wir haben, ist Selbst-Erkenntnis erforderlich. 137

39 **Unordnung**
Wie können die Erziehenden den Schülern das Wesen der Ordnung vermitteln? 139

40 **Gemeinsam denken**
Freiheit ist der Wesenskern des gemeinsamen Denkens. 142

41 **Aufmerksamkeit**
Aufmerksamkeit bedeutet, der Dominanz des Intellekts gewahr zu werden. 144

42 **Familie und Gesellschaft**
Ist das Leben ein Strom voll Schmerz und Angst, in dem gelegentlich Freude und Glück aufleuchten? 146

43 **Die Unermesslichkeit des Lebens**
Die Vorgänge des Himmels, der Erde und des menschlichen Daseins sind untrennbar. 149

44 **Bewusstheit**
Bewusstheit beinhaltet Sensibilität; sensibel zu sein für die Natur, die Berge, die Flüsse und die Bäume um einen herum. 152

45 **Die Lehrerinnen und Lehrer**
Wir sprechen über Schulen, in denen sie sich intensiv mit dem Aufblühen von Menschen befassen. 156

46 **Schutzlosigkeit**
Schutzlosigkeit hat kein Ich als Zentrum und besitzt außergewöhnliche Kraft und Schönheit. 159

47 **Intention**
Freie Menschen hervorzubringen ist unsere wichtigste Intention. 163

48 **Persönlicher Einsatz**
Wie können wir eine Beziehung zu denen aufbauen, die sich nicht voll und ganz für die Entfaltung des Guten einsetzen? 167

49 **Das, ›was ist‹**
Wenn wir bei dem bleiben können, ›was ist‹, wie unangenehm es auch sei, dann löst reine Aufmerksamkeit das auf, ›was ist‹. 170

50 **Auswahl und Freiheit**
Freiheit ist ein Enden, sie lässt das Gewesene nicht fortbestehen. Wahre Freiheit hat kein Gegenteil. 173

51 **Die Begrenztheit des Wissens**
Wir lernen nichts aus Kriegen, sondern wiederholen sie und ihre Brutalität und Bestialität. 176

52 **Bescheidenheit**
Bescheidenheit ist die Essenz der Liebe und Intelligenz; sie ist keine Errungenschaft. 179

53 **Mittelmäßigkeit**
Welche Kraft kann uns dazu bringen, aus dem Alltäglichen herauszutreten? 182

54 **Harmonie mit der Natur**
Wenn ihr der Natur Schaden zufügt, schadet ihr euch selbst. 185

55 **Es findet nur Lernen statt**
Ständig zu lernen, befreit Gehirn und Denken von Prestige, Position und Status und führt zur Gleichheit der Menschen. 189

Teil 3: Briefe von 1968

56 **Tradition**
Das Aufbegehren gegen die Vergangenheit führt lediglich zu einer anderen Form der Anpassung. 197

57 **Kultur**
Wahre Kultur bewegt sich in innerer Freiheit und nicht innerhalb der Muster einer Ideologie, die zur Tradition wird. 199

58 **Gehorsam**
Es ist Angst, die Autorität entstehen lässt. 201

59 **Konflikt**
Abtrennung muss unvermeidlich zu Konflikten in allen Beziehungen führen. 204

60 **Zusammenarbeiten**
Erziehung und Bildung sind dazu da, die Denk- und Verhaltensmuster zu durchbrechen. 206

61 **Ordnung**
Autorität ist immer Vergangenheit und Gehorsam gegenüber der Vergangenheit ist Unordnung. 208

62 **Moralische Grundsätze**
In allen Menschen gibt es den zwanghaften Drang, sich anzupassen und zu folgen, und gerade das weist Tugend ab. 210

63 **Handeln**
Das Leeren des Geistes von der Vergangenheit ist Meditation; und dann ist auch Handeln Meditation. 212

64 **Gewalt und Frieden**
Beziehungen finden auf der menschlichen Ebene des Verstehens und der Zuneigung statt. 214

Teil 4 – Briefe von 1973

65 **Eine andere Erziehung und Bildung**
Das Wesen der Kultur ist völlige Harmonie. 219

66 Grundlegende Freiheit
Ohne Verantwortlichkeit gibt es keine Freiheit. 222

67 Beziehung
Die Gesellschaft besteht aus Beziehungen.
Da ihr und ich diese Gesellschaft geschaffen haben,
sind wir für sie verantwortlich. 225

68 Autorität
Freiheit hat keine Autorität. Sie ist ihr völlig fremd. 228

69 Zwang
Unsere schwierige Aufgabe an diesen Schulen ist,
wie Erziehung und Bildung ohne jede Form von Autorität
und Zwang vermittelt werden können. 230

70 Disziplin
Der Vorgang des Lernens ist Disziplin. 234

71 Geistige Gesundheit
Allein dazustehen, ohne sich zu isolieren, ist geistige Gesundheit. 239

72 Ordnung und Freiheit
Ordnung ist das Wirken des Neuen, das Intelligenz ist. 244

Anhang

Hinweise zur deutschen Ausgabe 249
Krishnamurtis Werdegang und die Grundlage der ›Lehre‹ 250
Krishnamurti-Stiftungen und -Schulen 252
Veröffentlichungen von Krishnamurti zu Erziehung und Bildung 254
Arbeitskreis für freie Erziehung e.V. – Herausgeber dieses Buches 255

Hinweise zur englischen Gesamtausgabe

Diese Gesamtausgabe der ›Briefe an die Schulen‹ enthält alle Briefe, die Krishnamurti zwischen 1968 und 1983 in vier Serien an seine Schulen gerichtet hat. Das sind zum einen die Briefe, die ursprünglich 1981 in Band 1 und 1985 in Band 2 veröffentlicht wurden sowie zwei bislang unveröffentlichte Reihen von Briefen aus den Jahren 1968 und 1973.

Die Briefe an die Schulen hat Krishnamurti während seiner Aufenthalte an verschiedenen Orten diktiert. Meist verfasste er mehrere Briefe auf einmal, die dann in vierzehntägigem oder auch monatlichem Abstand an die Schulen versendet wurden. Dort erhielten dann alle Schüler, Lehrer und Mitarbeiter eine Kopie.

In der neuen englischen Gesamtausgabe wurden die Briefe durchnummeriert. Die Reihenfolge der vier Zeiträume in denen Krishnamurti die Briefe geschrieben hat, folgt hier der englischen Ausgabe. Zur zeitlichen Einordnung wurden in der deutschen Ausgabe die vier Zeiträume, in denen die Briefe verfasst und versendet wurden, durch Zwischentitel mit Datumsangaben kenntlich gemacht.

Vorwort 1 von Krishnamurti

auch Vorwort zu Band 1 und 2 der Briefe an die Schulen

Diese Briefe sind nicht dazu gedacht, nebenher gelesen zu werden, wenn man ein wenig freie Zeit zwischen anderen Dingen hat, und sie sollten auch nicht als Unterhaltung betrachtet werden. Diese Briefe wurden in ernster Absicht geschrieben, und wenn ihr sie lesen möchtet, lest sie mit der Absicht das Gesagte zu studieren, so wie ihr eine Blume studieren würdet, indem ihr die Blume, ihre Blütenblätter, ihren Stiel, ihre Farben, ihren Duft und ihre Schönheit sehr sorgfältig in euch aufnehmt. Diese Briefe sollten auf die gleiche Weise studiert werden, also nicht am Morgen gelesen und für den Rest des Tages vergessen werden. Man muss ihnen Zeit geben, mit ihnen spielen, sie infrage stellen und sie erforschen, ohne sie zu akzeptieren. Lebt mit ihnen für einige Zeit; durchdenkt und verdaut sie, damit sie euch gehören und nicht dem Briefschreiber.

J. Krishnamurti

Vorwort 2 von Krishnamurti

ursprünglich Anfang von Brief 1

Da ich mit den Schulen in Indien, mit Brockwood Park in England und der Oak Grove School in Kalifornien in Verbindung bleiben möchte, schlage ich vor, ihnen solange wie möglich alle vierzehn Tage einen Brief zu schreiben. Es ist schwierig, mit all diesen Schulen in persönlichem Kontakt zu bleiben, deshalb würde ich gerne, wenn ich darf, diese Briefe schreiben um deutlich zu machen, was diese Schulen sein sollen und um allen Personen, die für sie verantwortlich sind, nahezubringen, dass die Schulen nicht nur hinsichtlich der Bildung herausragend sein müssen, sondern weit mehr als das. Ihr Anliegen muss sein, dass sich das gesamte Wesen des Menschen entwickelt.

Diese Bildungs- und Erziehungseinrichtungen müssen den Schülern und den Erziehenden helfen, sich auf natürliche Weise zu entfalten. Dieses Aufblühen ist wirklich sehr wichtig, da sonst Erziehung und Bildung ein mechanischer Prozess bleiben, der auf eine Karriere oder irgendeinen Beruf ausgerichtet ist. So wie die Gesellschaft heute aussieht, sind Karriere und Beruf unumgänglich. Wenn wir uns aber ganz darauf ausrichten, dann wird die zur Entfaltung nötige Freiheit allmählich verkümmern.

Wir haben viel zu viel Wert auf Prüfungen und das Erreichen guter Noten gelegt. Das ist nicht der hauptsächliche Sinn und Zweck, für den diese Schulen gegründet wurden. Das bedeutet nicht, dass die Schüler dadurch schulisch schwächer abschneiden werden. Im Gegenteil, mit dem Aufblühen der Lehrer wie auch der Schüler werden Karriere und Beruf ihren angemessenen Platz einnehmen.

Teil 1
Briefe von 1978 bis 1980

Die Briefe 1 bis 34 sind fortlaufend
vom 1. September 1978 bis zum 1. März 1980
jeweils zum 1. und 15. eines Monats datiert.

Krishnamurti im Gespräch mit Schülern an der Brockwood Park School 1970

1
Allumfassende Erziehung und Bildung

*Diese Schulen sind dazu da,
das gesamte Wesen des Menschen zu entwickeln.*

Die Gesellschaft und die Kultur, in der wir leben, verlangt, dass sich die Schüler auf einen Beruf und materielle Sicherheit ausrichten müssen. Diesen ständigen Druck hat es in allen Gesellschaften gegeben. Zuerst kommt die Karriere und alles andere ist zweitrangig. Das heißt, das Geld steht an erster Stelle, und die Vielschichtigkeit unseres täglichen Lebens ist nebensächlich.

Wir versuchen diesen Vorgang umzukehren, denn mit Geld allein kann der Mensch nicht glücklich werden. Wenn Geld der dominierende Faktor im Leben wird, dann gerät unser tägliches Leben aus dem Gleichgewicht. Ich möchte, dass die Erziehenden dies mit vollem Ernst verstehen und es in seiner ganzen Tragweite erkennen.

Wenn die Erziehenden die Bedeutung dieser Tatsache erfassen und ihr in ihrem Leben den gebührenden Platz eingeräumt haben, dann können sie den Schülern helfen, die von ihren Eltern und der Gesellschaft genötigt werden, eine Karriere zum Allerwichtigsten zu machen. Daher möchte ich folgenden Punkt besonders betonen: dass in diesen Schulen jederzeit eine Lebensweise zu wahren ist, die das gesamte Wesen des Menschen kultiviert.

Da der Großteil unserer Erziehung und Bildung aus Aneignen von Wissen besteht, lässt uns dies immer mechanischer werden. Unser Geist arbeitet in engen Bahnen, ganz gleich ob es wissenschaftliches, philosophisches, religiöses, betriebswirtschaftliches oder technisches Wissen ist, das wir uns aneignen. Unsere Lebensweise, sowohl zu Hause wie außerhalb und unsere Spezialisierung auf einen bestimmten Beruf lassen unseren Geist immer enger, begrenzter und unvollständiger werden. All das führt zu einer mechanischen Lebensweise, einer geistigen Standardisierung, und so diktiert allmählich der Staat, auch wenn er demokratisch ist, was wir werden sollen. Die meisten aufmerksamen Menschen sind sich dessen natürlich bewusst, aber unglücklicherweise scheinen sie es hinzunehmen und damit zu leben. Das ist zu einer Gefahr für die Freiheit geworden.

Freiheit ist eine sehr komplexe Angelegenheit und um ihre Vielschichtigkeit zu verstehen, ist ein Aufblühen des Geistes erforderlich. Jeder wird für die Entfaltung des Geistes eine andere Definition liefern, die von seiner Kultur, seiner Erziehung, seiner Erfahrung und seinem religiösen Aberglauben abhängig ist, das heißt von seiner Konditionierung. Hier geht es uns nicht um Meinungen oder Vorurteile, sondern vielmehr um ein nicht auf Worten beruhendes Verstehen dessen, was das Aufblühen des Geistes bedeutet und wie es sich auswirkt. Dieses Aufblühen ist das vollständige Entfalten und Kultivieren unseres Geistes, unseres Herzens und unseres körperlichen Wohlbefindens. Das bedeutet, dass eine vollkommene Harmonie besteht, in der es keine Gegensätze oder Widersprüche gibt. Der Geist kann nur dann aufblühen, wenn ein klares, objektives nicht persönliches Wahrnehmen gegeben ist und wenn der Geist nicht durch irgendwelche Verpflichtungen oder Auflagen belastet ist. Es geht nicht darum, was gedacht wird, sondern wie man auf klare Weise denkt. Jahrhundertelang wurde uns durch Propaganda und auf andere Weise nahegelegt, was wir denken sollen. Der größte Teil der heutigen Erziehung und Bildung besteht darin und nicht im Untersuchen und Erforschen der gesamten Vorgänge des Denkens. Aufblühen beinhaltet Freiheit. Eine Pflanze benötigt Freiheit, um wachsen zu können.

In jedem Brief werden wir uns mit dem Erwecken des Herzens befassen, das nichts Sentimentales, Romantisches oder Eingebildetes ist, sondern auf dem Guten beruht, das aus Zuneigung und Liebe hervorgeht. Und wir befassen uns auch mit der Pflege des Körpers, der richtigen Ernährung und den richtigen Übungen, die ein tiefes Empfindungsvermögen entstehen lassen. Wenn sich der Geist, das Herz und der Körper in vollkommener Harmonie befinden, dann kommt es ganz einfach, natürlich und in hervorragender Weise zum Aufblühen. Das ist unsere Aufgabe und unsere Verantwortung als Erziehende und Lehrer. Zu Lehren ist der bedeutendste Beruf im Leben.

2
Das Gute

Für die Schönheit des Guten
ist Freiheit unerlässlich.

Das Gute kann nur in [innerer] Freiheit aufblühen. Es kann weder auf dem Boden irgendeiner Überzeugung oder unter Zwang blühen, noch ist es das Resultat einer Belohnung. Das Gute zeigt sich nicht, wenn es irgendeine Art von Nachahmung oder Anpassung gibt, und es kann nicht existieren, wenn Angst da ist. Das Gute zeigt sich im Verhalten, und dieses Verhalten beruht auf Empfindsamkeit. Das Gute drückt sich im Handeln aus. Die gesamten Vorgänge des Denkens haben nichts mit dem Guten zu tun. Das Denken, das sehr vielschichtig ist, muss verstanden werden. Nur dieses Verstehen macht dem Denken seine eigene Begrenztheit bewusst.

Das Gute hat kein Gegenteil. Die meisten von uns halten das Gute für das Gegenteil des Schlechten oder Bösen. Und so wurde das Gute die ganze Geschichte hindurch in jeder Kultur als die Kehrseite der Brutalität betrachtet. Um gut zu sein, hat die Menschheit immer gegen das Böse gekämpft, aber solange Gewalt oder Kampf in irgendeiner Form beteiligt sind, kann das Gute nie zum Vorschein kommen. Das Gute zeigt sich im Verhalten, im Handeln und in Beziehungen. Im Allgemeinen beruht unser alltägliches Verhalten entweder auf dem Befolgen bestimmter Muster, die mechanisch und daher oberflächlich sind, oder auf sehr sorgfältig durchdachten Motiven, die auf Belohnung oder Bestrafung beruhen. Unser Verhalten, ob bewusst oder unbewusst, ist also kalkuliert. Das ist kein gutes Verhalten. Wenn man das erkennt, und zwar nicht nur intellektuell oder durch bloße Wortklauberei, dann geht aus dem Verneinen dessen, was es nicht ist, gutes Verhalten hervor.

Gutes Verhalten ist im Grunde die Abwesenheit des Selbst, des ›Ich‹. Es zeigt sich in Höflichkeit, in der Rücksichtnahme auf andere, im Nachgeben ohne die Integrität zu verlieren. Das Verhalten ist außerordentlich wichtig. Es ist keine beiläufige Angelegenheit, die man übergehen kann, oder ein Spielzeug für einen gebildeten Intellekt. Es kommt aus der Tiefe eures Wesens und ist Bestandteil eures täglichen Lebens.

Das Gute zeigt sich im Handeln. Korrekt zu handeln gehört mit zu den schwierigsten Dingen, die es gibt. Es ist sehr vielschichtig und muss, ohne Ungeduld und ohne voreilige Schlüsse, genau betrachtet werden. In unserem täglichen Leben ist Handeln ein kontinuierlicher Vorgang, der aus der Vergangenheit hervorgeht und gelegentlich durch eine Reihe neuer Schlussfolgerungen unterbrochen wird.

Diese Schlussfolgerungen werden dann wieder zur Vergangenheit, und so handelt man auf der Grundlage vorgefasster Vorstellungen und Ideale. Man handelt immer entweder aus angesammeltem Wissen, das Vergangenheit ist, oder für ein zukünftiges Ideal, eine Utopie. Halten wir ein solches Vorgehen nicht für normal? Wir stellen es hinterher oder auch vorher infrage, aber dieses Hinterfragen beruht auf früheren Schlussfolgerungen oder auf der Erwartung einer Belohnung oder Bestrafung in der Zukunft: Wenn ich so handle, bekomme ich etwas dafür.

Wir stellen jetzt die gesamte und allgemein anerkannte Vorstellung vom Handeln infrage. Handeln findet statt, nachdem wir Wissen und Erfahrung angesammelt haben. Oder wir handeln und lernen etwas auf angenehme oder unangenehme Weise aus diesem Handeln, und dieses Lernen führt zu einer weiteren Ansammlung von Wissen. Somit beruhen beide Handlungsweisen auf Wissen, sie unterscheiden sich nicht. Wissen ist immer Vergangenheit und daher sind unsere Handlungen immer mechanisch.

Gibt es ein Handeln, das nicht mechanisch ist, sich nicht wiederholt, keinem festen Ablauf folgt und damit keine Reue kennt? Es ist wirklich wichtig für uns, dass wir das verstehen, denn wo es Freiheit gibt und das Gute aufblüht, kann das Handeln nie mechanisch sein. Schreiben ist mechanisch, eine Sprache lernen und Autofahren ist mechanisch. Sich irgendein technisches Wissen anzueignen und demgemäß zu handeln, ist mechanisch. In dieser mechanischen Aktivität kann es eine Unterbrechung geben, in der möglicherweise ein neuer Beschluss gefasst wird, aber auch das wird wieder mechanisch.

Man darf nie vergessen, dass Freiheit für die Schönheit des Guten unerlässlich ist. Es gibt ein Handeln, das nicht mechanisch ist, aber das müsst ihr selbst entdecken. Darüber kann euch nichts gesagt werden. Ihr könnt darin nicht unterwiesen werden. Ihr könnt es nicht aus Beispielen lernen, denn dann wird es eine Nachahmung und Anpassung. Dann habt ihr die Freiheit völlig verloren und das Gute ist nicht gegenwärtig.

3
Muße

Der Geist kann nur in Muße lernen.

Wir müssen mit dem Aufblühen des Guten in all unseren Beziehungen fortfahren, ganz gleich ob es sich um sehr intime, oberflächliche oder um Beziehungen in alltäglichen Angelegenheiten handelt. Die Beziehungen zu anderen Menschen sind mit das Wichtigste im Leben. Die meisten von uns nehmen unsere Beziehungen nicht besonders ernst, denn uns geht es vor allem um uns selbst und um die andere Person nur, wenn es gelegen kommt, sich lohnt oder sinnlich befriedigend ist. Wir behandeln Beziehungen gewissermaßen aus einer Distanz, und nicht als etwas, in das wir in vollem Umfang einbezogen sind.

Wir zeigen uns einem anderen so gut wie nie, denn wir kennen uns selbst nicht in vollem Umfang, und was wir dem anderen in einer Beziehung zeigen, ist entweder besitzergreifend, dominierend oder unterwürfig. Es gibt den anderen und mich, zwei separate Wesen, die eine andauernde Trennung aufrechterhalten. Jeder und jede kümmert sich um sich selbst, und so wird die Trennung das ganze Leben hindurch beibehalten, bis der Tod eintritt. Natürlich zeigt man Mitgefühl, Zuneigung und die übliche Aufmunterung, aber der Vorgang der Abtrennung geht weiter. Daraus ergibt sich, dass man sich nicht verträgt, auf seinen Wesensarten und Wünschen besteht, und dies führt zu Ängsten und Beschwichtigungen. Sexuell kommt man vielleicht zusammen, aber die eigenartige, beinahe statische Beziehung zwischen dem ›Du‹ und dem ›Ich‹ wird mit Streitigkeiten, Verletzungen, Eifersüchteleien und den ganzen üblichen Widrigkeiten aufrechterhalten. All das wird für gewöhnlich als eine gute Beziehung angesehen.

Kann nun in all dem das Gute aufblühen?

Beziehung ist Leben, und ohne irgendeine Form der Beziehung kann man nicht sein. Egal wie sich der Einsiedler und der Mönch auch aus der Welt zurückziehen, sie nehmen die Welt mit. Sie können sie ablehnen, sie können sie unterdrücken, sie können sich selbst foltern, sie bleiben dennoch auf irgendeine Art in einem

Bezug zur Welt, denn sie sind das Resultat einer jahrtausendealten Tradition, eines jahrtausendealten Aberglaubens und eines Wissens, das der Mensch über Jahrtausende zusammengetragen hat. Daher gibt es aus dem Ganzen kein Entkommen.

Zwischen den Erziehenden und den Schülern besteht eine Beziehung. Halten die Lehrer bewusst oder unbewusst an einem Überlegenheitsgefühl gegenüber den Schülern fest? Stellen sie sich ständig auf ein Podest, und geben sie den Schülern, denjenigen die unterrichtet werden müssen, das Gefühl unterlegen zu sein? In diesem Verhältnis besteht offensichtlich keine Beziehung. Aus diesem Verhältnis entstehen Angst, Druck und eine Belastung aufseiten der Schüler. Auf diese Weise erfahren die Schüler von Jugend an, was Überlegenheit ist. Sie werden dazu gebracht, sich minderwertig zu fühlen, und so werden sie in ihrem weiteren Leben entweder aggressiv auftreten oder ständig nachgeben und unterwürfig sein.

Eine Schule ist ein Ort der Muße, an dem sowohl die Erziehenden wie auch diejenigen, die erzogen werden, beständig lernen. Lernen ist das zentrale Anliegen der Schule. Mit Muße meinen wir nicht, dass man Zeit für sich selbst hat, obwohl auch das wichtig ist. Muße bedeutet nicht, dass ihr ein Buch nehmt und euch damit unter einen Baum oder in euer Zimmer setzt und darin blättert. Muße ist nicht gleichbedeutend mit einer gelassenen Geistesverfassung, und ganz gewiss bedeutet es auch nicht, faul zu sein oder Zeit mit Tagträumen zu verbringen. Muße heißt, dass der Geist nicht ständig mit etwas beschäftigt ist, mit irgendeinem Problem, mit irgendeiner Vergnügung, mit irgendeinem sinnlichen Genuss.

Muße beinhaltet einen Geist, der unbegrenzt Zeit hat, das zu beobachten, was um einen herum und in einem selbst geschieht, der Zeit hat zuzuhören und klar zu sehen. Muße bedeutet Freiheit, die normalerweise so gedeutet wird, dass man tun kann, was man will, was die Menschen ohnehin machen, wobei sie ziemlich viel Schaden, Elend und Chaos verursachen. Muße heißt, dass der Geist ruhig ist, kein Motiv hat und somit keine Zielrichtung. Nur in diesem Zustand der Muße kann der Geist lernen, und zwar nicht nur Naturwissenschaften, Geschichte und Mathematik, sondern auch etwas über sich selbst. Und man kann sich auch in Beziehungen kennenlernen.

Kann all das an unseren Schulen gelehrt werden? Oder ist es etwas, das ihr lest und euch entweder einprägt oder vergesst? Wenn

Lehrer und Schüler daran beteiligt sind, die außergewöhnliche Bedeutung der Beziehungen wirklich zu verstehen, dann stellen sie in der Schule untereinander eine echte Beziehung her. Dies ist Teil der Erziehung und Bildung und bedeutender als lediglich Schulfächer zu unterrichten.

Beziehungen erfordern sehr viel Intelligenz. Diese erhält man weder durch den Kauf eines Buches, noch kann sie gelehrt werden. Sie ist nicht das Resultat vieler Erfahrungen. Wissen hat nichts mit Intelligenz zu tun. Intelligenz kann Wissen benutzen. Wissen kann klug, scharfsinnig und nützlich sein, aber das ist keine Intelligenz. [Wirkliche] Intelligenz kommt auf natürliche Weise und mühelos zum Vorschein, wenn die ganze Natur und Struktur der Beziehungen vollständig erkannt werden. Deshalb ist es wichtig, dass man Muße hat, sodass Männer und Frauen, Lehrer und Schüler ruhig und ernsthaft über ihre Beziehungen sprechen können, wobei ihre tatsächlichen Reaktionen, Empfindlichkeiten und Blockaden sichtbar werden – nicht in der Vorstellung und ohne sich zu verbiegen, um einander zu gefallen und ohne etwas zu unterdrücken, um die anderen zu besänftigen.

Dem Schüler zu helfen seine Intelligenz zu wecken und die große Bedeutung einer wahren Beziehung zu erkennen, das ist zweifellos die Aufgabe einer Schule.

4
Angst

Im Bannkreis der Angst
kann das Gute nicht aufblühen.

Es scheint, dass die meisten Menschen sehr viel Zeit damit verbringen, nur über die Klärung von Begriffen zu diskutieren. Sie scheinen die Tiefe und den Gehalt, die über das Wort hinausgehen, nicht zu erfassen. Bei dem Versuch begriffliche Klarheit zu finden, machen sie ihren Geist mechanisch, ihr Leben oberflächlich und sehr oft widersprüchlich.

In diesen Briefen geht es uns nicht um das Verstehen von Worten und Begriffen, sondern um die alltäglichen Gegebenheiten in unserem Leben. Das heißt, nicht die Erklärung der Tatsachen mit Worten, sondern die Tatsachen selbst sind der zentrale Punkt in all diesen Briefen.

Wenn es uns um begriffliche Klarheit geht und damit auch um die Klarheit von Ideen, dann wird unser Alltagsleben von Vorstellungen bestimmt und nicht von Tatsachen. Alle Theorien, Prinzipien und Ideale sind Vorstellungen. Vorstellungen können unaufrichtig und scheinheilig sein und auf Illusionen beruhen. Man kann beliebig viele Vorstellungen oder Ideale haben, aber diese haben überhaupt nichts mit den Ereignissen in unserem täglichen Leben zu tun. Die Menschen werden mit Idealen gefüttert. Je phantastischer sie sind, als desto edler werden sie angesehen. Aber das Verstehen der täglichen Ereignisse ist weit wichtiger als Ideale.

Wenn der eigene Geist mit Vorstellungen, Idealen und dergleichen vollgestopft ist, kann die Tatsache, das wirkliche Geschehen nie erfasst werden. Die Vorstellung wird zu einer Barriere. Wenn all das ganz klar geworden ist, das heißt, nicht intellektuell oder in Form einer Vorstellung, dann wird die immense Bedeutung, dass eine Tatsache, das Wirkliche, das Jetzt zu erfassen ist, zum zentralen Faktor unserer Erziehung und Bildung.

Politik ist eine Art weltweiter Krankheit, die auf Vorstellungen beruht, und Religionen sind eine romantische, auf Vorstellungen beruhende Gefühlssache. Wenn ihr beobachtet, was wirklich vor sich geht, so sind das alles Hinweise auf ein Denken in abstrakten

Vorstellungen und ein Vermeiden des alltäglichen Elends, der Verwirrung und des Leids in unserem Leben.

Das Gute kann im Bannkreis der Angst nicht aufblühen. In diesem Bannkreis gibt es viele verschiedene Arten der Angst, die unmittelbaren Ängste und die Ängste vor der Zukunft. Angst ist keine Vorstellung, aber die Erklärungen der Angst sind Vorstellungen und diese variieren von Experte zu Experte oder von einem Intellektuellen zum anderen. Die Erklärung ist unwichtig, wichtig ist, sich der tatsächlichen Angst zu stellen.

In all unseren Schulen haben die Erziehenden und diejenigen, die für die Schüler im Klassenzimmer, auf dem Sportplatz oder in ihren Unterkünften verantwortlich sind, die Verpflichtung darauf zu achten, dass keine Angst gleich welcher Art aufkommt. Die Erziehenden dürfen in den Schülern keine Angst wecken. Das ist keine abstrakte Idee, denn die Erziehenden haben selbst nicht nur verbal verstanden, sondern auch dass Angst in jeder Form den Geist verkrüppelt, die Empfindsamkeit zerstört und die Sinne einschränkt. Angst ist die schwere Bürde, die der Mensch ständig mit sich herumgetragen hat. Aus dieser Angst gehen verschiedene Formen des Aberglaubens hervor – religiöse, wissenschaftliche und eingebildete. Man lebt in einer Scheinwelt und der Kern der Vorstellungswelten erwächst aus der Angst.

Wir haben zuvor schon gesagt, dass die Menschen nicht ohne Beziehungen leben können, und diese Beziehungen bestehen nicht nur in ihrem Privatleben, sondern, wenn sie Erziehende sind, haben sie eine direkte Beziehung zu den Schülern. Ist in dieser Beziehung irgendeine Art von Angst vorhanden, können die Lehrer den Schülern unmöglich helfen, davon frei zu sein.

Die Schüler kommen aus einem Umfeld mit Angst, Autorität und allen möglichen irrealen und realen Eindrücken und Zwängen. Und auch die Erziehenden haben ihre eigenen Zwänge und Ängste. Sie werden nicht in der Lage sein, das Wesen der Angst zu verstehen, wenn sie nicht selbst die Wurzel ihrer eigenen Ängste aufgedeckt haben.

Das heißt nicht, dass die Erziehenden zuerst von ihren eigenen Ängsten frei sein müssen, um den Schülern zu helfen, frei zu sein. Vielmehr weisen die Lehrer in der täglichen Beziehung, in Gesprächen und in der Klasse darauf hin, dass sie selbst ebenso wie die

Schüler Angst haben, und so können sie gemeinsam die gesamte Natur und Struktur der Angst erforschen.

Dabei muss darauf hingewiesen werden, dass dies seitens der Lehrer keine Beichte ist. Sie stellen einfach eine Tatsache fest, ohne etwas emotional oder persönlich hervorzuheben. Es ist wie bei einem Gespräch zwischen guten Freunden, es erfordert eine gewisse Aufrichtigkeit und Bescheidenheit. Bescheidenheit ist keine Unterwürfigkeit. Bescheidenheit ist nicht das Gefühl unterlegen zu sein und kennt weder Arroganz noch Stolz.

Die Lehrer haben also eine ungeheure Verantwortung, denn sie haben den wichtigsten Beruf von allen. Die Lehrer haben dafür zu sorgen, dass eine neue Generation in die Welt kommt, was eine Tatsache ist und keine Vorstellung. Man kann aus einer Tatsache eine Vorstellung machen und sich so in Vorstellungen verlieren, aber das Tatsächliche bleibt immer bestehen. Sich dem Tatsächlichen, dem Jetzt und der Angst zu stellen, ist die höchste Aufgabe der Erziehenden. Sie sind nicht nur dazu da, für hervorragende schulische Leistungen zu sorgen, sondern weit wichtiger ist die geistige Freiheit der Schüler und ihre eigene.

Wenn das Wesen der Freiheit erfasst wurde, dann beseitigt ihr jeglichen Konkurrenzkampf auf dem Sportplatz und im Klassenzimmer. Ist es möglich, die vergleichenden Bewertungen in schulischen und ethischen Dingen vollständig zu beseitigen? Ist es möglich den Schülern zu helfen, im schulischen Bereich nicht an ein Wetteifern zu denken und dennoch in ihrem Lernen, ihrem Handeln und ihrem täglichen Leben hervorragend zu sein?

Bitte vergesst nicht, dass unser Anliegen das Erblühen des Guten ist, das dort unmöglich ist, wo es irgendeine Form von Konkurrenzkampf oder Wetteifern gibt. Zum Wetteifern kommt es dann, wenn verglichen wird und Vergleichen führt nicht zu hervorragenden Leistungen. Diese Schulen sind grundsätzlich dazu da, sowohl den Schülern wie den Lehrern zu helfen, im Guten aufzublühen. Dies erfordert höchste Vollendung im Verhalten, im Handeln und in Beziehungen. Das ist unsere Absicht, aus diesem Grund sind diese Schulen entstanden. Sie sind nicht dazu da, bloße Karrieristen hervorzubringen, sondern eine herausragende Geisteshaltung.

5
Wissen

Die Tatsache zu begreifen, dass Wissen nie unsere menschlichen Probleme lösen kann, ist Intelligenz.

Wissen wird nicht zu Intelligenz führen. Wir häufen über viele Dinge eine ganze Menge Wissen an, aber intelligent mit dem umzugehen, was man gelernt hat, scheint fast unmöglich zu sein. Schulen, Colleges und Universitäten vermitteln das Wissen über unser Verhalten, über das Universum, über die Wissenschaften und alle Formen der Technik, aber diese Bildungseinrichtungen helfen einem Menschen selten dabei, ein alltägliches Leben in höchster Vollendung zu führen. Wissenschaftler behaupten, dass sich Menschen nur durch riesige Ansammlungen von Informationen und Wissen entwickeln können. Die Menschheit hat Abertausende von Kriegen erlebt und hat Unmengen an Wissen darüber angehäuft, wie man töten kann. Dabei hält uns genau dieses Wissen davon ab, allen Kriegen ein Ende zu setzen. Wir akzeptieren Kriege als Bestandteil unserer Lebensweise und nehmen die ganzen Brutalitäten, die Gewalt und das Töten als normalen Lauf des Lebens hin. Wir wissen, dass wir einander nicht töten sollten. Dieses Wissen ist jedoch völlig bedeutungslos, angesichts der Tatsache, dass getötet wird. Wissen verhindert nicht, dass wir Tiere töten und die Erde zerstören. Wissen kann nicht mit Hilfe der Intelligenz aktiv werden, Intelligenz dagegen kann sich des Wissens bedienen. Zu wissen bedeutet, nicht zu wissen. Intelligenz ist das Begreifen der Tatsache, dass Wissen nie unsere menschlichen Probleme lösen kann.

Erziehung und Bildung in unseren Schulen bestehen nicht nur aus der Aneignung von Wissen. Weit wichtiger ist das Erwachen der Intelligenz, die dann das Wissen anwendet. Es ist nie umgekehrt. Das Erwachen der Intelligenz ist unser Anliegen in all diesen Schulen.

Damit erhebt sich die unvermeidliche Frage, wie diese Intelligenz geweckt werden kann. Wie sieht das systematische Vorgehen, die Methode oder der Übungsweg aus? Genau diese Frage zeigt, dass man sich immer noch im Bereich des Wissens bewegt. Zu erkennen, dass dies eine falsche Frage ist, ist der Beginn des Erwachens der Intelligenz. Ein Übungsweg, eine Methode oder ein systematisches

Vorgehen führen in unserem täglichen Leben zu reiner Routine, zu Wiederholungen im Handeln und somit zu einem mechanisch agierenden Geist. Die fortlaufenden Aktivitäten des Wissens, wie spezialisiert sie auch sein mögen, führen den Geist in feste Bahnen, in eine eingeengte Lebensweise. Die gesamte Struktur des Wissens beobachten und verstehen zu lernen bedeutet, dass begonnen wird, die Intelligenz zu wecken.

Unser Geist lebt in der Tradition. Allein die Bedeutung dieses Wortes, ›weitergeben‹, widerspricht der Intelligenz. Einer Tradition zu folgen ist einfach und bequem, egal ob es eine politische, religiöse oder selbst erfundene Tradition ist. Dann muss man nicht darüber nachdenken. Man stellt sie nicht infrage, da es zur Tradition gehört, sie zu akzeptieren und ihr zu gehorchen. Je älter die Kultur ist, desto mehr ist der Geist an die Vergangenheit gebunden, und desto mehr lebt er in dieser Vergangenheit. Auf den Zusammenbruch einer Tradition folgt unweigerlich die Einführung einer anderen. Ein Geist, hinter dem eine bestimmte, viele Jahrhunderte alte Tradition steht, weigert sich die alte Tradition loszulassen, bevor nicht eine andere da ist, die ebenso lohnenswert und sicher ist. Tradition in all ihren verschiedenen Formen, von den religiösen bis zu den akademischen Traditionen, muss Intelligenz zurückweisen. Intelligenz ist etwas Unendliches. Wissen, wie weitreichend es auch sein mag, ist endlich, genauso wie die Tradition. In unseren Schulen muss der Mechanismus des Geistes, der Gewohnheiten ausbildet, beobachtet werden. Dieses Beobachten erweckt die Intelligenz zum Leben.

Angst zu akzeptieren gehört zur Tradition des Menschen. Sowohl die ältere wie auch die jüngere Generation lebt mit der Angst. Die meisten sind sich nicht bewusst, dass wir in Angst leben. Nur in einer leichten Krise oder durch ein erschütterndes Ereignis werden wir uns der ständigen Angst bewusst. Sie ist da. Einige sind sich ihrer Angst bewusst, andere scheuen vor ihr zurück. Die Tradition sagt: Kontrolliere die Angst, lauf vor ihr weg, unterdrücke sie, analysiere sie, arbeite an ihr oder akzeptiere sie. Jahrtausendelang haben wir mit der Angst gelebt und irgendwie schaffen wir es, mit ihr zurechtzukommen. Es liegt in der Natur der Tradition, die Angst zu beeinflussen, vor ihr wegzulaufen, sie auf sentimentale Weise zu akzeptieren oder von einer äußeren Instanz zu erwarten, dass sie die Angst beseitigt. Religionen entspringen dieser Angst, und der unwiderstehliche Drang der Politiker nach Macht entsteht aus dieser Angst. Jede Form der Herrschaft über einen anderen gehört zur Natur der Angst. Wenn ein Mann eine Frau oder eine Frau einen Mann besitzt, ist im Hintergrund Angst, und diese Angst zerstört jede Art von Beziehung.

Es ist die Aufgabe der Erziehenden, den Schülern zu helfen, sich dieser Angst zu stellen, sei es die Angst vor den Eltern, vor den Lehrern oder vor älteren Schülern, die Angst allein zu sein oder die Angst vor der Natur. Der zentrale Punkt, um das Wesen und die Struktur der Angst zu verstehen, besteht darin, sich ihr zu stellen, und zwar nicht durch einen Schleier von Worten, sondern indem das ganze Geschehen der Angst angeschaut wird, ohne sich von ihr wegzubewegen. Sich von der Tatsache wegzubewegen bedeutet, dass die Tatsache verwässert wird. Unsere Tradition und unsere Erziehung ermutigen zur Kontrolle, zum Akzeptieren, Leugnen oder zum cleveren Rationalisieren der Angst.

Könnt ihr als Lehrer den Schülern und euch selbst helfen, sich jedem Problem zu stellen, das im Leben auftaucht? In diesem Lernen gibt es weder einen Lehrenden noch einen Belehrten, es findet nur Lernen statt. Um den gesamten Vorgang der Angst kennenzulernen, müssen wir mit Neugierde, die eine eigene Vitalität hat, auf sie zugehen. Wie bei einem Kind, das sehr neugierig ist, liegt in dieser Neugierde Intensität. Der Weg der Tradition besteht darin, das zu besiegen, was wir nicht verstehen, es zu zerschlagen, es zu zertrampeln oder es anzubeten. Tradition ist Wissen, und das Enden des Wissens ist die Geburt der Intelligenz.

Wenn ihr nun erkennt, dass es weder einen Lehrenden gibt noch einen Belehrten, sondern nur den Vorgang des Lernens bei den Erwachsenen und den Schülern, könnt ihr dann durch direktes Wahrnehmen des Geschehens etwas über die Angst lernen? Ihr könnt es, wenn ihr der Angst erlaubt, ihre uralte Geschichte zu erzählen. Hört der Angst aufmerksam zu, ohne euch einzumischen, denn sie erzählt euch die Geschichte eurer eigenen Angst. Wenn ihr auf diese Weise zuhört, werdet ihr entdecken, dass die Angst nicht von euch getrennt ist. Ihr seid genau diese Angst, diese Reaktion, die mit einem Wort verbunden ist. Das Wort hat keine Bedeutung. Das Wort ist Wissen und Tradition. Das Tatsächliche dagegen, das Jetzt, das gerade geschieht, ist etwas völlig Neues. Es ist das Entdecken, dass eure eigene Angst neu ist. Sich ohne eine Regung des Denkens der Tatsache der Angst zu stellen, ist das Enden der Angst. In diesem Beobachten wird nicht eine bestimmte Angst, sondern die Wurzel der Angst selbst aufgelöst. Es gibt keinen Beobachter, sondern nur Beobachten.

Angst ist eine sehr komplexe Angelegenheit, die so alt ist wie die Berge, so alt wie die Menschheit, und sie hat eine sehr außergewöhnliche Geschichte zu erzählen. Aber dazu müsst ihr die Kunst kennen, ihr zuzuhören, und in diesem Zuhören ist große Schönheit enthalten. Es gibt nur das Zuhören, die Geschichte existiert nicht.

6
Verantwortung

Hinsichtlich der Psyche ist ein Mensch
die ganze Menschheit.

Das Wort ›Responsibilty‹ (Verantwortung) sollte in seiner ganzen Bedeutung verstanden werden. Es kommt von ›to respond‹ (antworten, reagieren), das heißt nicht nur teilweise zu reagieren, sondern vollständig. Das Wort beinhaltet auch ›to refer back‹ (auf etwas zurückgreifen). Das heißt ihr reagiert auf euren geistigen Hintergrund, was einen Rückgriff auf eure Konditionierung ist. So wie Verantwortung im Allgemeinen verstanden wird, ist sie das Resultat der eigenen menschlichen Konditionierung. Die Kultur und die Gesellschaft, in der man lebt, konditioniert natürlicherweise den Geist, ganz gleich, ob es die eigene oder eine fremde Kultur ist. Aus diesem Hintergrund reagiert man und dieses Reagieren begrenzt unser Verantwortungsgefühl. Ob man nun in Indien, Europa, Amerika oder wo auch immer geboren wurde, die eigenen Reaktionen entsprechen einem religiösen Aberglauben – alle Religionen sind abergläubische Gebilde – oder einem Nationalismus oder wissenschaftlichen Theorien. Diese Faktoren sind immer begrenzt und bestimmen die eigene Reaktion. Deshalb kommt es ständig zu Widersprüchlichkeiten und Konflikten und es entsteht Verwirrung. Das ist unvermeidlich und führt zur Spaltung zwischen den Menschen. Spaltung gleich welcher Form führt zwangsläufig nicht nur zu Konflikten und Gewalt, sondern letztlich auch zum Krieg.

Wenn man die tatsächliche Bedeutung des Wortes ›verantwortlich‹ erfasst und auch erkennt, was heute in der Welt geschieht, so sieht man, dass Verantwortung verantwortungslos geworden ist. Indem wir verstehen, was verantwortungslos ist, fangen wir an zu begreifen, was Verantwortung ist. Wie es das Wort andeutet, bezieht sich Verantwortung auf das ganze Dasein und nicht auf einen selbst oder auf die eigene Familie. Sie gilt nicht irgendwelchen Vorstellungen oder Überzeugungen, sondern der gesamten Menschheit.

Unsere verschiedenen Kulturen haben die Getrenntheit betont, die Individualismus genannt wird, was dazu geführt hat, dass jeder tut, was er möchte, oder sich nur um sein eigenes, kleines Talent kümmert, wie einträglich und nützlich dieses Talent auch immer für die Gesellschaft sein mag. Das heißt nicht, wie es die totalitären Regime einen glauben machen wollen, dass nur der Staat und die Behörden, die den Staat repräsentieren von Bedeutung sind und nicht die Menschen. Ein Staat beruht auf abstrakten Vorstellungen, ein Mensch dagegen ist keine abstrakte Vorstellung, auch wenn er in einem Staat lebt. Angst ist etwas Wirkliches und keine abstrakte Vorstellung.

Hinsichtlich der Psyche ist ein Mensch die ganze Menschheit. Er repräsentiert sie nicht nur, sondern er ist die gesamte menschliche Spezies. Im Grunde ist er die gesamte Psyche der Menschheit. Diese Tatsache haben verschiedene Kulturen durch die Illusion verdrängt, dass jeder Mensch anders ist. In dieser Illusion ist die Menschheit seit Jahrhunderten gefangen, und diese Illusion ist zu einer Wirklichkeit geworden. Wenn ihr eure ganze psychische Grundstruktur eingehend betrachtet, so werdet ihr sehen, dass ebenso wie ihr auch die gesamte Menschheit in unterschiedlichen Maßen leidet. Wenn ihr einsam seid, so kennt die ganze Menschheit diese Einsamkeit. Qual, Eifersucht, Neid und Angst kennen alle. Daher seid ihr im Inneren, in der Psyche dasselbe wie jeder andere Mensch. Es gibt körperliche oder biologische Unterschiede, ihr seid groß oder klein und so weiter, aber im Grunde seid ihr die Repräsentanten der gesamten Menschheit.

Hinsichtlich der Psyche seid ihr also die Welt. Ihr seid für die ganze Menschheit verantwortlich und nicht nur für euch selbst als separate, eigenständige Menschen, denn das ist eine psychische Illusion. Als Repräsentant der gesamten Menscheit ist eure Verantwortung umfassend und nicht partiell. Verantwortung hat daher eine völlig andere Bedeutung. Die Kunst dieser Verantwortung muss man erlernen. Wenn man die Bedeutung der Tatsache, dass man in psychischer Hinsicht die Welt ist, vollständig begreift, dann wird Verantwortung zu überwältigender Liebe. Dann kümmert man sich nicht nur um die Kinder, wenn sie klein sind, sondern man achtet auch darauf, dass sie die Bedeutung der Verantwortung für die Dauer ihres ganzen Lebens verstehen. Diese Kunst schließt das Benehmen ein, die Art und Weise, wie man denkt, und die Wichtigkeit eines korrekten Handelns. In unseren Schulen ist die Verantwortung für die Erde, die Natur und füreinander Bestandteil unserer

Erziehung und Bildung. Der Schwerpunkt liegt nicht nur auf den Schulfächern, obwohl auch die notwendig sind.

Dann können wir die Frage stellen: Was lehren die Lehrer und was nehmen die Schüler auf? Und weiter gefasst: Was heißt Lernen? Was für eine Aufgabe haben die Erziehenden? Besteht sie lediglich darin, Algebra und Physik zu unterrichten, oder haben die Lehrer in den Schülern und ebenso in sich selbst ein tiefes Verantwortungsgefühl zu wecken? Lässt sich beides miteinander vereinbaren, das heißt die Schulfächer, die für eine berufliche Karriere hilfreich sind, und die Verantwortung für die gesamte Menschheit und das gesamte Leben? Oder müssen sie auseinandergehalten werden? Wenn sie voneinander getrennt sind, kommt es im Leben der Schüler zu einem Widerspruch. Die Schüler werden zu Heuchlern und werden ihr Leben bewusst oder unbewusst in zwei voneinander getrennten Bereichen führen. Die Menschheit lebt in dieser Gespaltenheit. Zu Hause werden die Schüler auf die eine Art leben, und in der Fabrik oder im Büro zeigen sie ein anderes Gesicht.

Ist es möglich, dass Schulbildung und das Wecken eines Verantwortungsgefühls zusammen erfolgen können? Wenn eine solche Frage gestellt wird, muss man untersuchen, was die Frage beinhaltet, und nicht, ob es möglich ist oder nicht. Es ist also von höchster Wichtigkeit, wie ihr die Frage angeht. Wenn ihr die Frage von eurem begrenzten Hintergrund aus angeht – und jede Konditionierung ist begrenzt –, dann werdet ihr nur einen Teil davon erfassen, was in ihr enthalten ist. Ihr müsst von neuem an diese Frage herantreten. Dann werdet ihr entdecken, dass bereits die Frage sinnlos ist, denn da ihr euch der Frage ganz neu nähert, werdet ihr erkennen, dass die beiden, Schulfächer und Verantwortung, sich wie zwei Bäche vereinen und einen wunderbaren Fluss bilden, der euer Leben ist, euer tägliches Leben in umfassender Verantwortlichkeit.

Ist es das, was ihr lehrt, und erkennt ihr dabei, dass die Lehrer den bedeutendsten aller Berufe ausüben? Das sind nicht nur bloße Worte, sondern es ist eine bleibende Realität, die man nicht leichtfertig übergehen darf. Wenn ihr nicht spürt, dass dies die Wahrheit ist, dann solltet ihr wirklich einen anderen Beruf wählen. Dann werdet ihr weiter in den Illusionen leben, die die Menschheit sich selbst geschaffen hat. Wir können also erneut fragen: Was lehrt ihr, und was lernen die Schüler? Erzeugt ihr jene ungewöhnliche Atmosphäre, in der wirkliches Lernen stattfindet? Wenn ihr die ungeheure Dimension der Verantwortung und ihre Schönheit erfasst habt, dann seid ihr in vollem Umfang für die Schüler verantwortlich: für das, was er anzieht, was er isst, für die Art, wie er spricht und so weiter.

Aus dieser Frage ergibt sich eine weitere: Was ist Lernen? Wahrscheinlich haben die meisten von uns diese Frage noch nie gestellt, oder wenn wir sie gestellt haben, stammte unsere Antwort aus der Tradition, die aus angesammeltem Wissen besteht: Wissen, das mit oder ohne Können seine Funktion erfüllt, um unseren Lebensunterhalt zu verdienen. Das ist das, was einem beigebracht wurde und wofür all die normalen Schulen, Colleges und Universitäten da sind. Wissen ist vorherrschend, was eine unserer stärksten Konditionierungen ist, und daher ist das Gehirn nie frei vom Bekannten. Es fügt dem, was es bereits weiß, ständig etwas hinzu, und so wird das Gehirn in die Zwangsjacke des Bekannten gesteckt und ist nie frei für das Entdecken einer Lebensweise, die möglicherweise überhaupt nicht auf dem Bekannten beruht. Das Bekannte führt dazu, in eine weite oder enge Bahn zu geraten, und man bleibt in diesem Trott und denkt, dass darin Sicherheit zu finden ist. Aber diese Sicherheit wird gerade durch das begrenzte Bekannte zerstört. Das war bisher die Lebensweise des Menschen.

Gibt es also eine Art des Lernens, die das Leben nicht in einer Routine oder in eingefahrenen Gleisen verlaufen lässt? Wenn ja, wie sieht dieses Lernen aus? Wir müssen uns über die Eigenarten des Wissens völlig im Klaren sein. Wir eignen uns technisches und psychologisches Wissen an und handeln dann auf der Grundlage dieses Wissens. Oder wir handeln und eignen uns dadurch Wissen an. Beides ist Aneignung von Wissen. Wissen ist immer Vergangenheit. Gibt es eine Handlungsweise ohne die enorme Last des Wissens, das vom Menschen angesammelt wurde? Die gibt es. Sie ist kein Lernen, wie wir es bislang gewohnt waren, sie ist reines Beobachten. Sie ist kein kontinuierliches Beobachten, das dann zur Erinnerung wird, sondern sie ist ein Beobachten, das in jedem Augenblick neu ist. Der Beobachter ist der Kern des Wissens. Er drückt dem, was er beobachtet, den Stempel all dessen auf, was er sich durch Erfahrungen und verschiedene Formen von Sinneseindrücken angeeignet hat. Der Beobachter beeinflusst ständig, was er beobachtet, und was er beobachtet wird immer zu Wissen reduziert. Auf diese Weise bleibt der Beobachter immer in der alten Tradition gefangen, Gewohnheiten auszubilden.

Lernen ist also reines Beobachten, und zwar nicht nur der Dinge außerhalb von euch, sondern auch des Geschehens in eurem Inneren. Es ist ein Beobachten ohne den Beobachter.

7
Lernen

Der Akt des Lernens
ist ein Akt des reinen Beobachtens.

Das ganze Leben bewegt sich im Lernen. Es gibt keinen Moment, in dem kein Lernen stattfindet. Jede Aktivität ist ein Vorgang des Lernens, und jede Beziehung bedeutet Lernen. Das Ansammeln von Wissen, das Lernen genannt wird, und das uns so vertraut ist, ist in einem begrenzten Ausmaß notwendig, aber die Begrenztheit des Wissens hindert uns daran, uns selbst zu verstehen. Wissen lässt sich mehr oder weniger messen und bewerten, aber im ständigen Lernen gibt es kein Messen oder Bewerten. Es ist wirklich sehr wichtig, dass ihr dies versteht, insbesondere dann, wenn ihr die volle Bedeutung eines religiösen Lebens erfassen wollt. Wissen ist Erinnerung, aber, falls ihr das beobachtet habt, das Tatsächliche, das Jetzt ist keine Erinnerung. Im Beobachten hat die Erinnerung keinen Platz. Das Tatsächliche ist das, was jetzt tatsächlich geschieht. Die Sekunde danach ist messbare Zeit und damit bereits Erinnerung.

Wenn ihr daran interessiert seid, das Verhalten eines Insekts zu beobachten oder etwas anderes, das euch interessiert, dann ist Aufmerksamkeit erforderlich. Diese Aufmerksamkeit ist ebenfalls nicht messbar. Die Erziehenden haben die Verantwortung, die gesamte Natur und Struktur der Erinnerung zu verstehen, ihre Begrenztheit zu beachten und den Schülern zu helfen, das zu erkennen. Wir lernen etwas aus Büchern oder von einem Lehrer, der über sehr viel Informationen in einem Schulfach verfügt, und unsere Gehirne sind voll von diesen Informationen. Es sind Informationen über Dinge, über die Natur, über alles, was außerhalb von uns ist. Und wenn wir etwas über uns selbst erfahren und lernen wollen, wenden wir uns an Bücher, die etwas über uns mitteilen. So geht dieser Prozess endlos weiter, und allmählich werden wir zu Menschen aus zweiter Hand. Das ist eine Tatsache, die man überall auf der Welt beobachten kann. Und das ist unsere moderne Erziehung und Bildung.

Der Akt des Lernens ist, wie wir deutlich gemacht haben, ein Akt des reinen Beobachtens, und dieses Beobachten findet nicht innerhalb der Begrenztheit der Erinnerung statt. Wir lernen, um unseren

Lebensunterhalt zu verdienen, aber wir leben nie. Unseren Lebensunterhalt zu verdienen, nimmt den größten Teil unseres Lebens in Anspruch. Wir haben kaum Zeit für andere Dinge. Wir finden Zeit für Klatsch und Tratsch, für unsere Unterhaltung oder zum Spielen, aber all das ist nicht Leben. Es gibt einen weiten Bereich, das tatsächliche Leben, der völlig vernachlässigt wird.

Um die Kunst zu leben zu erlernen, muss man Muße haben. Das Wort ›Muße‹ wird meist missverstanden. Im Allgemeinen bedeutet es, dass wir nicht mit den üblichen Dingen, die wir tun müssen, beschäftigt sind, wie beispielsweise unseren Lebensunterhalt zu verdienen, ins Büro oder in die Fabrik zu gehen und so weiter. Nur dann, wenn das vorbei ist, hat man freie Zeit und Muße. Während dieser sogenannten Freizeit und Muße möchten wir unseren Spaß haben, wir wollen entspannen, wir wollen Dinge tun, die wir wirklich gern machen oder die unser ganzes Können erfordern. Unseren Lebensunterhalt zu verdienen, was immer wir dabei auch tun, steht im Gegensatz zur sogenannten Muße. Deshalb kommt es immer zu Belastungen und Stress und dem Bemühen dem Stress zu entfliehen. Während dieser Zeit der Muße greifen wir nach einer Zeitung, schlagen einen Roman auf, unterhalten uns, spielen und so weiter. Das ist die Wirklichkeit. Das ist das, was überall vor sich geht. Seinen Lebensunterhalt zu verdienen ist eine Abkehr vom Leben.

So wie Muße also verstanden wird, ist sie eine Auszeit von dem Druck durch das Verdienen des Lebensunterhalts. Im Allgemeinen betrachten wir den Druck, ein Auskommen zu haben oder jeden Druck, der auf uns lastet, als fehlende Muße. Dabei gibt es bewusst oder unbewusst einen weit größeren Druck in uns, und das ist Verlangen.

Die Schule ist ein Ort der Muße. Nur wenn ihr Muße habt, könnt ihr lernen. Das heißt, Lernen kann nur dann stattfinden, wenn es keinen wie auch immer gearteten Druck gibt. Wenn ihr mit einer Gefahr, wie beispielsweise einer Schlange konfrontiert seid, findet durch den Druck der tatsächlichen Gefahr eine bestimmte Art des Lernens statt. Das Lernen unter diesem Druck ist ein Erweitern der Erinnerung, die euch hilft, zukünftige Gefahren wiederzuerkennen, und so wird die Erweiterung zu einer automatischen Reaktion.

Muße beinhaltet, dass ein Geist nicht beschäftigt ist. Nur dann ist der geistige Zustand des Lernens gegeben. Die Schule ist ein Ort des

Lernens und nicht nur ein Ort um Wissen anzusammeln. Dies zu verstehen ist wirklich wichtig. Wie bereits gesagt, ist Wissen notwendig und hat seine eigene begrenzte Funktion im Leben. Unglücklicherweise hat diese Begrenztheit unser aller Leben verschlungen, und wir haben keinen Raum für das Lernen. Wir sind so damit beschäftigt unseren Lebensunterhalt zu verdienen, dass es die ganze Energie des Denkapparates beansprucht und wir am Ende des Tages erschöpft sind und eine Anregung brauchen. Wir erholen uns von dieser Erschöpfung durch Unterhaltung, die eine Religion oder etwas anderes sein kann. Das ist das Leben der Menschen. Die Menschen haben eine Gesellschaft geschaffen, die ihre ganze Zeit, ihre ganze Energie, ihr ganzes Leben verlangt. Es gibt keine Muße zum lernen und so wird das Leben etwas Mechanisches und nahezu bedeutungslos. Wir müssen uns also völlig klar darüber werden, wie das Wort ›Muße‹ zu verstehen ist: Es ist ein Zeitraum, eine Phase, in der der Geist mit absolut nichts beschäftigt ist. Es ist die Zeit des Beobachtens. Nur der unbeschäftigte Geist kann beobachten. Freies Beobachten ist der Vorgang des Lernens. Das befreit den Geist davon, mechanisch zu agieren.

Können also die Lehrer, die Erziehenden den Schülern helfen, das ganze Problem zu verstehen, das mit dem Verdienen des Lebensunterhalts und seinem ganzen Druck einhergeht? Und auch die Art des Lernens zu verstehen, die euch hilft einen Job zu bekommen mit all den damit einhergehenden Ängsten und Sorgen und dem Schrecken, mit dem man in die Zukunft schaut? Können die Lehrer, weil sie das Wesen der Muße und des reinen Beobachtens verstanden haben, den Schülern zu einem Geist verhelfen, der nicht mechanisch arbeitet, sodass das Verdienen des Lebensunterhalts nicht das ganze Leben hindurch zu einer Tortur und schweren Mühsal wird?

Es ist die volle Verantwortung der Lehrer, in der Muße das Aufblühen des Guten zu kultivieren. Aus diesem Grund gibt es diese Schulen. Es ist die Verantwortung der Lehrer, eine neue Generation hervorzubringen und die Gesellschaftsordnung von ihrer völligen Fixierung auf das Verdienen des Lebensunterhalts abzubringen. Dann wird das Unterrichten zu etwas Heiligem.

8
Radikale Veränderung

Erziehung und Bildung bestehen darin, eine allumfassende Verantwortlichkeit in den Schülern zu entwickeln.

In früheren Briefen haben wir gesagt, dass eine allumfassende Verantwortlichkeit Liebe ist. Diese Verantwortlichkeit gilt nicht einer bestimmten Nation, einer bestimmten Gruppe oder Gemeinschaft, einer bestimmten Gottheit, irgendeinem politischen Programm oder deinem eigenen Guru, sie gilt der ganzen Menschheit. Das zutiefst verstanden und empfunden zu haben ist die Verantwortung der Erziehenden.

Fast alle von uns fühlen sich für unsere Familien und Kinder verantwortlich, aber es fehlt uns das Gefühl eines umfassenden Besorgtseins und einer umfassenden Verpflichtung gegenüber der Umwelt und der Natur um uns herum. Es fehlt uns das Gefühl, dass wir für unser Handeln in vollem Umfang verantwortlich sind. Diese uneingeschränkte Fürsorge ist Liebe. Ohne diese Liebe kann es in der menschlichen Gesellschaft zu keiner Veränderung kommen. Die Idealisten haben keine Gesellschaft zustande gebracht, die radikal anders ist, obwohl sie vielleicht von ihrem Ideal oder ihren Vorstellungen begeistert sind. Revolutionäre und Terroristen haben die Struktur unserer Gesellschaften nicht grundlegend verändert. Revolutionäre, die physische Gewalt anwenden, haben über Freiheit für alle Menschen und den Aufbau einer neuen Gesellschaft gesprochen, aber der ganze Jargon und all die Parolen waren nur eine weitere Qual für die Seele und das Dasein der Menschen. Sie haben Worte verdreht, damit sie zu ihrer begrenzten Sichtweise passen. Keine Form der Gewalt hat die Gesellschaft auf grundlegendste Weise verändert. Große Herrscher haben mit Hilfe der Autorität von Wenigen für eine gewisse Ordnung in der Gesellschaft gesorgt. Sogar die totalitären Regime haben mit Gewalt und Folter einen oberflächlichen Anschein von Ordnung geschaffen. Über eine solche Ordnung in der Gesellschaft sprechen wir nicht.

Wir sagen sehr bestimmt und mit vollem Nachdruck, dass nur ein Gefühl umfassender Verantwortlichkeit für die ganze Menschheit, das Liebe ist, den gegenwärtigen Zustand der Gesellschaft grundlegend verändern kann. Die bestehenden Gesellschaftssysteme in den verschiedenen Teilen der Welt sind korrupt, degeneriert und völlig unmoralisch. Ihr müsst euch nur umschauen, um diese Tatsache zu erkennen. Millionen und Abermillionen werden überall auf der Welt für Rüstung ausgegeben; und die Politiker sprechen vom Frieden, während sie sich auf den Krieg vorbereiten. Die Religionen haben wieder und wieder erklärt, dass der Frieden heilig sei, haben aber dennoch Kriege und subtile Formen der Gewalt und der Folter unterstützt. Es gibt unzählige Gruppierungen und Sekten mit ihren Ritualen und all dem Unsinn, der im Namen Gottes und der Religion vor sich geht. Wo aus religiösen, politischen oder wirtschaftlichen Gründen Spaltung und Trennung herrscht, kommt es zwangsläufig zu Unordnung, Kampf und Konflikt. Unsere moderne Gesellschaft basiert auf Gier, Neid und Macht.

Wenn ihr all das so seht, wie es tatsächlich ist, so weist diese überwältigende Kommerzialisierung auf geistigen Verfall und eine grundlegende Unmoral hin. Zur Befriedigung unserer Wünsche zerstören wir alles, was diese Erde uns bietet. Diese Lebensweise, die die Grundlage jeder Gesellschaft bildet, radikal zu verändern ist die Verantwortung der Erziehenden.

Erziehung und Bildung bestehen nicht nur aus dem Unterrichten in verschiedenen Schulfächern, sondern auch darin, in den Schülerinnen und Schülern ein allumfassendes Verantwortungsbewusstsein zu entwickeln. Man erkennt nicht, dass die Erziehenden eine neue Generation ins Leben führen. Die meisten Schulen befassen sich nur mit dem Vermitteln von Wissen. Sie kümmern sich überhaupt nicht um die Umwandlung des Menschen und seines täglichen Lebens. Ihr, die Erziehenden an diesen Schulen, müsst dieses tiefe Interesse und die Fürsorge dieser allumfassenden Verantwortung haben.

Auf welche Weise könnt ihr dann den Schülern helfen, diese Liebe mit ihrer einzigartigen Qualität zu spüren? Wenn ihr das nicht selbst zutiefst spürt, dann hat das Reden über Verantwortung keinen Sinn. Könnt ihr als Erziehende spüren, dass dies die Wahrheit ist?

Das Erkennen dieser Wahrheit bringt auf natürliche Weise diese Liebe und die allumfassende Verantwortung mit sich. Ihr müsst darüber nachdenken und es jeden Tag in eurem Leben beobachten, in eurer Beziehung zu eurer Frau oder eurem Mann, zu euren

Freunden und euren Schülern. Und in eurer Beziehung zu den Schülern werdet ihr darüber aus eurem Herzen sprechen und nicht nur begriffliche Klarheit anstreben. Das Gefühl für diese Wirklichkeit ist die größte Gabe, die der Mensch haben kann. Wenn es einmal in euch brennt, werdet ihr die richtigen Worte, die richtige Handlung und das angemessene Verhalten finden. Wenn ihr die Schüler betrachtet, werdet ihr sehen, dass sie, wenn sie zu euch kommen, auf all das völlig unvorbereitet sind. Sie kommen verängstigt und nervös zu euch, sie bemühen sich zu gefallen oder sind auf Abwehr eingestellt; sie sind durch ihre Eltern und die Gesellschaft konditioniert, in der sie erst wenige Jahre gelebt haben. Ihr müsst ihren Hintergrund sehen, und ihr müsst euch darum kümmern, was sie tatsächlich sind, und dürft ihnen nicht eure eigenen Meinungen, Folgerungen und Urteile aufdrängen. Wenn ihr betrachtet, was sie sind, wird offenbar, was ihr seid, und so werdet ihr entdecken, dass die Schüler dasselbe sind wie ihr.

Könnt ihr also beim Unterrichten in Mathematik, Physik und so weiter – was die Schüler wissen müssen, um ihren Lebensunterhalt zu verdienen –, den Schülern vermitteln, dass sie für die gesamte Menschheit verantwortlich sind? Sodass ihr Geist durch den Unterricht nicht engstirnig wird, auch wenn sie vielleicht für ihre eigene Karriere und ihre eigene Lebensweise arbeiten. Und sie werden die Gefahr der Spezialisierung mit all ihren Einschränkungen und ihrer befremdlichen Unmenschlichkeit erkennen. Ihr müsst ihnen helfen, all das zu sehen. Das Aufblühen des Guten hängt nicht von Kenntnissen in Mathematik und Biologie oder von bestandenen Prüfungen und einer erfolgreichen Karriere ab. Das Gute ist außerhalb dieser Dinge. Wenn es zu diesem Aufblühen kommt, werden die Karriere und andere notwendige Aktivitäten von ihrer Schönheit berührt. Gegenwärtig legen wir nur Wert auf die Karriere und lassen das Aufblühen vollständig außer Acht.

An diesen Schulen versuchen wir beides zusammenzubringen, aber nicht künstlich, nicht in Form eines Prinzips oder Schemas, dem ihr zu folgen habt, sondern indem ihr die absolute Wahrheit erkennt, dass diese beiden für die Erneuerung des Menschen eine Einheit bilden müssen. Könnt ihr das tun? Nicht weil ihr alle dem zustimmt, nachdem das besprochen und ein Beschluss gefasst wurde, sondern weil ihr mit einem inneren Auge die ungemeine

Wichtigkeit dieser Sache seht – ihr sie selbst seht. Dann wird das, was ihr sagt, von Bedeutung sein. Dann werdet ihr zu einem Zentrum des Lichts, das nicht von einem andern entzündet wurde. Da ihr die gesamte Menschheit seid – was eine Tatsache ist und keine leeren Worte –, seid ihr für die Zukunft des Menschen voll verantwortlich.

Bitte betrachtet das nicht als eine Last. Wenn ihr das tut, ist es nichts weiter als eine Anhäufung von Worten ohne jeden Wirklichkeitsbezug, es ist eine Einbildung. Diese Verantwortlichkeit bringt ihre eigene Fröhlichkeit mit sich, ihren eigenen Humor, ihre eigenen Aktivitäten ohne die Schwere der Gedanken.

9
Sorgfalt

Sorgfalt bedeutet frei zu sein
von der Beschäftigung mit sich selbst.

Da wir uns mit Erziehung und Bildung befassen, müssen wir jederzeit zwei Faktoren beachten. Der eine Faktor ist Sorgfalt und der andere ist Nachlässigkeit. Die meisten Religionen haben von der Notwendigkeit gesprochen, dass die Aktivitäten des Geistes durch den ›Willen Gottes‹ oder einer anderen äußeren Instanz kontrolliert und beeinflusst werden müssen. Und Hingabe an irgendeine Gottheit, die von der Hand oder vom Kopf geschaffen wurde, bedarf einer gewissen Art der Aufmerksamkeit, in der Gefühle, Sentimentalität und romantische Vorstellungen mitspielen. Dies ist eine Aktivität des Geistes, das heißt des Denkens. Das Wort ›Sorgfalt‹ beinhaltet Fürsorge, Wachsamkeit, Beobachten und ein tiefes Gefühl der Freiheit. Hingabe an ein Objekt, eine Person oder an ein Prinzip lässt diese Freiheit nicht zu. Sorgfalt ist Aufmerksamkeit, die auf natürliche Weise unendliche Fürsorge, Interessiertheit und die Frische der Zuneigung mit sich bringt. All das erfordert große Sensibilität. Man ist sensibel für die eigenen Wünsche oder psychischen Verletzungen, oder man hat ein Gespür für eine bestimmte Person, achtet auf ihre Wünsche und reagiert schnell auf ihre Bedürfnisse. Aber diese Sensibilität ist begrenzt und kann kaum als sensibel bezeichnet werden. Die Qualität der Sensibilität, von der wir sprechen, kommt auf natürliche Weise zum Vorschein, wenn umfassende Verantwortlichkeit da ist, die Liebe ist. Sorgfalt hat diese Qualität.

Nachlässigkeit ist Gleichgültigkeit und Trägheit – Gleichgültigkeit gegenüber dem physischen Organismus, gegenüber der psychischen Verfassung und gegenüber anderen Menschen. Gleichgültigkeit enthält auch Herzlosigkeit. In diesem Zustand wird der Geist träge, die Aktivität des Geistes verlangsamt sich, rasches Wahrnehmen wird blockiert und Sensibilität wird zu etwas Unbegreiflichem. Die meisten von uns sind manchmal achtsam, aber die meiste Zeit nachlässig. Das sind nicht wirklich Gegensätze, denn wenn sie es wären, wäre Sorgfalt immer noch Teil der Nachlässigkeit und daher keine wahre Sorgfalt.

Die meisten Menschen sind ›sorgfältig‹ in ihrem Eigeninteresse, das mit der Familie, mit einer bestimmten Gruppe, einer Sekte oder der Nation verbunden sein kann. In diesem Eigeninteresse steckt der Keim der Nachlässigkeit, obwohl man ständig mit sich selbst beschäftigt ist. Diese Beschäftigung ist begrenzt und damit Nachlässigkeit. Diese Beschäftigung ist eine Energie, die in einer engen Umgrenzung gefangen gehalten wird. Sorgfalt bedeutet frei zu sein von der Beschäftigung mit sich selbst und bringt Energie im Überfluss mit sich. Versteht man die Natur der Nachlässigkeit, kommt das andere [die Sorgfalt] ohne jedes Bemühen zum Vorschein. Wenn dies vollständig verstanden wurde, das heißt, nicht nur die Definitionen der Worte ›Nachlässigkeit‹ und ›Sorgfalt‹, dann wird sich die höchste Vollendung selbst in unserem Denken, Handeln und Verhalten manifestieren.

Aber unglücklicherweise verlangen wir von uns selbst nie die höchste Qualität im Denken, Handeln und Verhalten. Wir fordern uns selbst kaum heraus, und wenn doch, dann haben wir verschiedene Ausflüchte, warum wir uns nicht voll einsetzen. Weist das nicht auf eine Trägheit des Geistes, eine schwache Aktivität des Denkens hin? Der Körper kann faul sein, aber niemals der Geist mit der Schnelligkeit seines Denkens und seiner Scharfsinnigkeit. Die Faulheit des Körpers ist leicht zu verstehen. Sie kann daher kommen, dass man überarbeitet ist oder zu viel gegessen hat oder zu wild beim Ballspielen war. Der Körper braucht dann Ruhe, was man als Faulheit betrachten kann, obwohl es keine ist. Der wachsame Geist, der aufmerksam und sehr sensibel ist, weiß, wann der Organismus Ruhe und Rücksicht braucht.

An unseren Schulen ist das Verständnis wichtig, dass die Energie der Sorgfalt die richtige Ernährung, die richtige Art der Bewegung und genügend Schlaf erfordert. Gewohnheiten im Denken, Handeln und Verhalten und routinemäßige Abläufe sind Feinde der Sorgfalt. Das Denken erzeugt selbst sein eigenes Verhaltensmuster und lebt in ihm. Wenn das Muster infrage gestellt wird, bleibt dies entweder unbeachtet oder das Denken erzeugt zu seiner Sicherheit ein weiteres Muster. So bewegt sich das Denken von einem Muster zum nächsten, von einer Schlussfolgerung, von einem Glauben zum anderen. Genau das ist die Nachlässigkeit des Denkens. Der Geist, der achtsam ist, hat keine Gewohnheit, er hat keine Reaktionsmuster. Er ist endlose Bewegung, bindet sich nie an Gewohnheiten, verfängt sich nie in Schlussfolgerungen. Diese Bewegung hat eine große Tiefe und Weite, wenn sie keine Begrenzung hat, die durch die Nachlässigkeit des Denkens entstanden ist.

Da es uns um Erziehung und Bildung geht, stellt sich die Frage: Auf welche Weise können die Lehrer diese Sorgfalt mit ihrer Sensibilität und unerschöpflichen Fürsorge vermitteln, in der geistige Trägheit keinen Platz hat? Natürlich versteht es sich von selbst, dass die Erziehenden sich mit dieser Frage befassen und die Bedeutung der Sorgfalt die ganze Zeit ihres Lebens hindurch sehen. Wenn sie das sehen, wie fangen sie es an, die Blume der Sorgfalt zum Gedeihen zu bringen? Sind sie zutiefst an den Schülern interessiert? Übernehmen sie wirklich die volle Verantwortung für die jungen Menschen, die in ihrer Obhut sind? Oder sind sie nur da, um ihren Lebensunterhalt zu verdienen? Wie wir in früheren Briefen bereits aufgezeigt haben, ist Unterrichten die bedeutendste Fähigkeit des Menschen. Ihr seid da, und ihr habt die Schüler vor euch. Könnte es sein, dass ihr gleichgültig seid? Könnte es sein, dass eure persönlichen Schwierigkeiten zu Hause eure Energie aufzehren?

Psychische Probleme Tag für Tag mit sich herumzutragen ist eine ungeheure Zeit- und Energieverschwendung, die von Nachlässigkeit zeugt. Ein sorgfältiger Geist stellt sich einem Problem sobald es auftaucht, betrachtet seine Beschaffenheit und löst es unmittelbar. Ein psychisches Problem hinauszuschieben ist keine Lösung des Problems. Es ist eine Verschwendung von Energie und Geisteskraft. Wenn ihr Probleme löst sowie sie auftauchen, dann werdet ihr entdecken, dass es überhaupt keine Probleme gibt.

Könnt ihr also als Erziehende an diesen und allen anderen Schulen diese Sorgfalt entwickeln und pflegen? Nur so kann das Gute aufblühen. Das zu tun ist eure absolute, unwiderrufliche Verantwortung. Und in ihr ist die Liebe, die auf natürliche Weise einen Weg finden wird, den Schülern zu helfen.

10
Sicherheit

Die Schule ist das Zuhause der Schülerinnen und Schüler.

Es ist wichtig, dass sich die Lehrer an diesen Schulen materiell und psychisch sicher fühlen. Einige Lehrer sind vielleicht bereit zu unterrichten, ohne sich große Sorgen um ihre finanzielle Lage zu machen. Sie sind vielleicht wegen der Lehre und aus psychischen Gründen hier, aber jeder Lehrer sollte sich in dem Sinne sicher fühlen, dass er hier zu Hause ist, für ihn gesorgt wird und er keine finanziellen Sorgen hat. Wenn sich die Lehrer nicht sicher fühlen und deshalb nicht frei sind, den Schülern ihre Aufmerksamkeit zu schenken und auf ihre Sicherheit zu achten, dann werden sie nicht in der Lage sein, sich voll verantwortlich zu fühlen. Wenn die Lehrer nicht glücklich sind, ist ihre Aufmerksamkeit geteilt, und sie sind außerstande ihr ganzes Leistungsvermögen einzusetzen.

Es ist daher wichtig, die richtigen Lehrer auszuwählen, indem man sie einlädt, einige Zeit an unseren Schulen zu verbringen, um herauszufinden, ob er oder sie mit Freude bei dem, was getan wird, mitmachen kann. Das muss auf Gegenseitigkeit beruhen. Dann können die Lehrerinnen und Lehrer, wenn sie glücklich sind und sich sicher und zu Hause fühlen, den Schülern dieses Gefühl der Sicherheit vermitteln, das Gefühl, dass die Schule ihr Zuhause ist.

Sich zu Hause zu fühlen beinhaltet, dass keine Angstgefühle da sind, dass die Schüler physisch beschützt werden sowie umsorgt und frei sind. Auch wenn die Schüler vielleicht etwas gegen die Vorstellung einzuwenden haben, dass sie beschützt und behütet werden, so bedeutet dies nicht, dass sie in einem Gefängnis sitzen, eingesperrt sind und kritisch beobachtet werden. Es ist klar, dass Freiheit nicht bedeutet, dass man tun kann, was man will, und es ist ebenso klar, dass man nie alles tun kann, was man will. Der Versuch, das zu tun, was man will, das heißt die sogenannte persönliche Freiheit, die darin besteht, eine Vorgehensweise zu wählen, die den eigenen Wünschen entspricht, hat in der Welt zu einem sozialen und wirtschaftlichen Durcheinander geführt. Die Reaktion auf dieses Durcheinander sind totalitäre Regime.

Freiheit ist eine sehr komplexe Angelegenheit. Man muss sich ihr mit höchster Aufmerksamkeit nähern, denn Freiheit ist nicht das Gegenteil von Gefangenschaft oder eine Flucht vor den Umständen, in denen man gefangen ist. Es ist keine Freiheit von etwas Bestimmten, und auch kein Vermeiden von Einschränkungen. Freiheit hat kein Gegenteil. Sie ist etwas Eigenständiges. Allein schon das Verstehen des Wesens der Freiheit ist das Erwachen der Intelligenz. Freiheit bedeutet nicht, sich an das anzupassen, ›was ist‹, sondern das, ›was ist‹, zu verstehen und so darüber hinauszugehen.

Wenn die Lehrer das Wesen der Freiheit nicht verstehen, werden sie den Schülern nur ihre Vorurteile, ihre Begrenzungen und ihre Schlussfolgerungen aufdrängen. Die Schüler werden sich dem natürlich widersetzen, oder es aus Angst akzeptieren und konventionelle Menschen werden, die ängstlich oder aggressiv sein können. Nur wenn die Freiheit des Lebens verstanden wird – aber nicht in Form einer Vorstellung oder von übernommen Formulierungen, die zu einer Redewendung werden –, ist der Geist frei zu lernen.

Letztendlich ist eine Schule ein Ort, wo die Schüler im Grunde glücklich sind, nicht schikaniert werden, keine Angst vor Prüfungen haben und nicht gezwungen werden, sich gemäß einem Muster oder System zu verhalten. Sie ist ein Ort, an dem die Kunst des Lernens gelehrt wird. Wenn die Schüler nicht glücklich sind, sind sie außerstande diese Kunst zu erlernen.

Sich etwas einzuprägen und Informationen zu speichern wird als Lernen angesehen. Das führt zu einem Geist, der begrenzt und daher schwer konditioniert ist. Die Kunst des Lernens besteht darin, den Informationen den richtigen Platz zuzuweisen, das Gelernte sachgerecht anzuwenden, aber gleichzeitig psychisch nicht durch die Beschränktheit des Wissens und der vom Denken geschaffenen Bilder oder Symbole gebunden zu sein.

Kunst beinhaltet, allem seinen richtigen Platz zuzuweisen, aber nicht entsprechend irgendeinem Ideal. Den Mechanismus der Ideale und Schlussfolgerungen zu verstehen, heißt, die Kunst des Beobachtens zu lernen. Ein Ideal ist entweder ein vom Denken konstruiertes Konzept für die Zukunft oder es ist der Vergangenheit entnommen. Es ist entweder die Projektion einer Idee oder eine Erinnerung. Es ist ein Schattenspiel, das aus dem Tatsächlichen etwas Abstraktes macht. Diese Abstraktion hält das auf Distanz, was jetzt geschieht. Diese Flucht vor der Tatsache führt zum Unglücklichsein.

Können wir nun als Lehrer den Schülern helfen, im wirklichen Sinne glücklich zu sein? Können wir ihnen helfen, sich mit dem zu befassen, was tatsächlich vor sich geht? Das ist Aufmerksamkeit. Die Schüler, die ein in der Sonne flatterndes Blatt betrachten, sind aufmerksam. Sie in diesem Augenblick zu drängen, zum Buch zurückzukehren, bedeutet, dass Aufmerksamkeit nicht gutgeheißen wird. Ihnen hingegen zu helfen, das Blatt eingehend anzuschauen, macht ihnen die Tiefe der Aufmerksamkeit bewusst, in der es keine Ablenkung gibt. In gleicher Weise werden sie in der Lage sein, sich dem Buch zuzuwenden oder dem, was gerade unterrichtet wird, denn sie haben gerade erkannt, was Aufmerksamkeit alles beinhaltet. In dieser Aufmerksamkeit gibt es keinen Zwang, kein Anpassen. Es ist die Freiheit, in der umfassendes Beobachten stattfindet. Können die Lehrer diese Qualität der Aufmerksamkeit auch selbst haben? Nur dann können sie einem anderen helfen.

In den meisten Fällen kämpfen wir gegen Ablenkungen, dabei gibt es keine Ablenkungen. Angenommen ihr hängt einem Tagtraum nach, oder euer Geist schweift umher, das ist dann das, was tatsächlich stattfindet. Beobachtet es. Dieses Beobachten ist Aufmerksamkeit. Es gibt also keine Ablenkung.

Kann man das den Schülern vermitteln? Kann diese Kunst erlernt werden? Ihr seid für die Schüler voll verantwortlich. Ihr müsst diese Atmosphäre schaffen, in der Lernen stattfinden kann, diese Ernsthaftigkeit, in der das Gefühl der Freiheit und der Freude da ist.

11
Das Verderben des Geistes

Es ist die Aufgabe eines wahren Lehrers, ohne den verderbenden Einfluss der Autorität zu unterrichten.

Wie wir in diesen Briefen bereits mehrmals dargelegt haben, sind diese Schulen in erster Linie dazu da, eine tiefgreifende Umwandlung in den Menschen zustande zu bringen. Die Erziehenden sind dafür voll verantwortlich. Solange die Lehrer diesen zentralen Faktor nicht erkennen, wird ihr Unterricht die Schüler nur befähigen, Geschäftsmann, Ingenieur, Rechtsanwalt oder Politiker zu werden. Davon gibt es sehr viele, die anscheinend weder fähig sind, sich selbst umzuwandeln noch die Gesellschaft. Vielleicht sind Rechtsanwälte und Geschäftsleute im gegenwärtigen Gesellschaftssystem erforderlich, aber als diese Schulen entstanden sind, war es die Absicht und sie bleibt es auch, die Menschen von Grund auf umzuwandeln. Die Lehrer an diesen Schulen sollten das wirklich verstehen, und zwar nicht nur intellektuell oder als eine Idee, sondern so, dass sie alles, was daraus folgt, mit ihrem ganzen Wesen erkennen. Unser Anliegen ist die allumfassende, vollständige Entwicklung eines Menschen und nicht nur das Ansammeln von Wissen.

Ideen und Ideale sind das eine und die Tatsache, das tatsächliche Geschehen das andere. Die beiden können nie zusammenkommen. Den Fakten wurden Ideale übergestülpt, und diese verdrehen das, was geschieht, damit es mit dem übereinstimmt, was sein sollte, dem Ideal. Die Utopie ist eine Schlussfolgerung, die aus dem, was geschieht, gezogen wurde, und opfert das Tatsächliche, damit es mit dem übereinstimmt, was idealisiert wurde. Dieser Prozess ist schon seit Jahrtausenden im Gange, und jeder Schüler und alle Intellektuellen schwelgen in der Entwicklung von Ideen. Mit dem Vermeiden dessen, was ist, beginnt der Geist zu verderben. Dieses Verderben durchdringt alle Religionen, jede Politik, Erziehung und Bildung und alle menschlichen Beziehungen. Diesen Vermeidungsprozess zu verstehen und über ihn hinauszugehen ist unser Anliegen.

Ideale verderben den Geist. Sie gehen aus Ideen, Urteilen und Hoffnungen hervor. Ideen sind abstrakte Vorstellungen dessen, ›was ist‹, und jede Idee oder Schlussfolgerung über das, was tatsächlich geschieht, verfälscht das, was geschieht, und dadurch wird es verdorben. All dies zieht die Aufmerksamkeit von der Tatsache ab, von dem, ›was ist‹, und lenkt die Aufmerksamkeit auf das Unwirkliche. Dieses Abschweifen von der Tatsache fördert das Entstehen von Symbolen und Bildern, die dann eine Wichtigkeit erhalten, die alles andere verdrängt. Dieses Abschweifen von der Tatsache verdirbt den Geist. Menschen verfallen in dieses Abschweifen in Gesprächen, in ihren Beziehungen, in fast allem, was sie tun. Die Tatsache wird sofort in eine Idee oder Schlussfolgerung umgewandelt, die dann unsere Reaktionen bestimmt. Wenn etwas gesehen wird, erzeugt das Denken unmittelbar eine entsprechende Vorstellung und das wird dann das Wirkliche. Ihr seht einen Hund, und sofort wendet sich das Denken dem Bild zu, das ihr von Hunden habt, wie immer das auch aussieht, und so seht ihr nie den Hund.

Kann den Schülern beigebracht werden, bei der Tatsache zu bleiben, bei dem was jetzt tatsächlich geschieht, sei es im Inneren oder im Äußeren? Wissen ist nicht die Tatsache. Es sagt etwas über die Tatsache aus, und das hat seinen angemessenen Platz, aber Wissen verhindert, das wahrzunehmen, was tatsächlich da ist. Dadurch findet eine Verfälschung statt. Es ist wirklich sehr wichtig, dass das verstanden wird. Ideale werden als etwas Edles und Erhabenes betrachtet, das von großer, nutzbringender Bedeutung ist, und das, was tatsächlich geschieht wird lediglich als Sinneswahrnehmung, als etwas Materielles angesehen, das von geringerem Wert ist. Überall auf der Welt haben die Schulen irgendeinen erhabenen Zweck oder ein Ideal. Das heißt, ihre Erziehung und Bildung besteht darin, den Schüler zu verderben.

Was verdirbt den Geist? Wir benutzen das Wort ›Geist‹ in der Weise, dass er die Sinne, die Fähigkeit zu denken und das Gehirn beinhaltet. Das speichert alle Erinnerungen und Erfahrungen in Form von Wissen. Diese gesamten Vorgänge sind der Geist. Das Bewusste ebenso wie das Unbewusste und das sogenannte Überbewusstsein: Das alles zusammengenommen ist der Geist. Wir fragen: Welche Faktoren oder welche Saat führt in dem Ganzen dazu, dass der Geist verdirbt. Wir haben gesagt, dass Ideale verderben. Auch Wissen verdirbt den Geist. Spezielles wie umfassendes Wissen sind Aktivitäten der Vergangenheit, und wenn die Vergangenheit das Tatsächliche überschattet, wird der Geist verdorben. Wissen, das

Vorstellungen über die Zukunft entwickelt und das lenkt und regelt, was jetzt geschieht, ist etwas Verdorbenes. Wir benutzen das Wort ›verdorben‹, um etwas zu bezeichnen, das in Teile zerfallen ist, das nicht als etwas Ganzes wahrgenommen wird. Die Tatsache kann nie zerfallen. Die Tatsache kann nie durch Wissen eingeschränkt werden. Die Vollständigkeit der Tatsache öffnet die Tür zur Unendlichkeit. Vollständigkeit kann nicht aufgespalten werden. Sie steht nicht mit sich selbst im Widerspruch. Sie kann sich nicht selbst aufspalten. Vollständigkeit, Ganzheit ist unendliche Bewegung.

Nachahmen und Anpassen zählen zu den Hauptfaktoren für das Verderben des Geistes. Das Vorbild – der Held, der Heiland, der Guru –, ist der destruktivste Faktor des Verderbens. Jemandem zu folgen, zu gehorchen, sich anzupassen verneint Freiheit. Freiheit ist von Anfang an da und kommt nicht erst am Ende. Es ist nicht so, dass man sich zuerst anpassen, etwas nachahmen oder akzeptieren muss, und man dann irgendwann die Freiheit findet. Das ist die Geisteshaltung in einer Gewaltherrschaft, das ist die Grausamkeit und Rücksichtslosigkeit eines Diktators, einer Autorität, eines Gurus oder eines Priesters.

Autorität ist also Verderben. Autorität zerbricht die Integrität, die Unversehrtheit, das Ganze, das Vollständige, ganz gleich, ob es die Autorität eines Lehrers an einer Schule ist oder die Autorität einer Institution oder die Autorität einer Intention, eines Ideals oder einer Person, die sagt: »Ich weiß«. Der Druck durch die Autorität, gleich welcher Form, ist der verfälschende Faktor, der das Verderben bewirkt. Autorität ist grundsätzlich ein Verneinen der Freiheit. Es ist die Aufgabe eines wahren Lehrers, ohne den verderbenden Einfluss der Autorität zu unterrichten, zu erklären und zu informieren.

Die Autorität des Vergleichens zerstört. Wenn ein Schüler mit einem anderen verglichen wird, werden beide verletzt. Ohne Vergleichen zu leben heißt, in unversehrter Ganzheit zu leben. Seid ihr als Lehrer dazu in der Lage?

12
Psychische Verletzungen

Können die Erziehenden den Schülern helfen, ihr ganzes Leben lang nie psychisch verletzt zu sein?

Es scheint, als hätten die Menschen Unmengen an Energie. Sie waren auf dem Mond, haben die höchsten Gipfel der Erde bestiegen. Sie hatten unglaublich viel Energie für Kriege, für Kriegswerkzeuge und eine enorme Energie für die technologische Entwicklung. Die Menschheit hatte die Energie, ein immenses Wissen anzusammeln, die Pyramiden zu bauen, das Atom zu erforschen und jeden Tag zu arbeiten. Zieht man all das in Betracht, ist es erstaunlich, wenn man sieht, wie viel Energie dafür aufgewendet wurde. Diese Energie ging in das Erforschen von Dingen in der Außenwelt, aber um die ganze psychische Struktur seines eigenen Inneren zu untersuchen, hat der Mensch nur sehr wenig Energie eingesetzt. Sowohl äußerlich wie innerlich ist Energie nötig, um zu handeln oder absolut still zu sein.

Sowohl Handeln wie Nicht-Handeln erfordern viel Energie. Wir haben positiv gegebene Energie in Kriegen eingesetzt, zum Schreiben von Büchern, zum Durchführen von Operationen und um in den Tiefen der Meere zu arbeiten. Nicht-Handeln erfordert weit mehr als das sogenannte positiv stattfindende Handeln. Positives Handeln etwa bedeutet zu kontrollieren, zu unterstützen oder zu fliehen. Nicht-Handeln ist dagegen die totale Aufmerksamkeit des Beobachtens. In diesem Beobachten erfährt das, was beobachtet wird eine Umwandlung. Dieses stille Beobachten erfordert nicht nur physische, sondern auch tiefe psychische Energie. Wir sind das Erstgenannte gewohnt, und diese Konditionierung schränkt unsere Energie ein. In einem vollständigen, stillen Beobachten, das Nicht-Handeln ist, wird keine Energie verbraucht, und daher ist die Energie grenzenlos.

Nicht-Handeln ist nicht das Gegenteil von Handeln. Täglich zur Arbeit zu gehen und das über viele Jahre hinweg, was vielleicht erforderlich ist, so wie die Dinge liegen, schränkt ein. Aber nicht zu arbeiten bedeutet nicht, dass ihr grenzenlose Energie habt. Die Trägheit des Geistes ist ebenso eine Vergeudung von Energie wie die Faulheit des Körpers. Unsere Erziehung und Bildung reduziert unsere

Energie in jedem Bereich. Unsere Lebensweise, die eine ständige Anstrengung ist, etwas zu werden oder nicht zu werden, ist Energievergeudung. Energie ist zeitlos und lässt sich nicht messen, aber unsere Handlungen sind messbar, und so reduzieren wir die grenzenlose Energie auf den engen Kreis des ›Ich‹. Und da wir die Energie eingeengt haben, suchen wir nach dem Unermesslichen. Diese Suche ist Teil des praktischen Handelns und daher ein Verschwenden psychischer Energie. So findet eine nie endende Aktivität in den Archiven des ›Ich‹ statt.

In der Erziehung und Bildung geht es uns darum, den Geist vom ›Ich‹ zu befreien. Wie wir bereits mehrfach in diesen Briefen gesagt haben, ist es unsere Aufgabe, eine neue Generation hervorzubringen, die frei von dieser begrenzten Energie ist, die ›Ich‹ genannt wird. Es muss noch einmal wiederholt werden, dass diese Schulen dazu da sind, dies zu bewirken.

In einem vorherigen Brief sprachen wir über das Verderben des Geistes. Die Wurzel dieses Verderbens ist das ›Ich‹. Das ›Ich‹ besteht aus den Vorstellungen, den Bildern, den Inhalten, die von Generation zu Generation weitergegeben werden. Und man hat mit der traditionellen Last des ›Ich‹ zu kämpfen. Es ist die Tatsache, die zu beobachten ist, nicht die Konsequenzen der Tatsache oder wie die Tatsache entstanden ist. Letzteres ist ziemlich einfach zu erklären, aber die Tatsache mit all ihren Reaktionen ohne ein Motiv zu beobachten, das die Tatsache verzerrt, ist Nicht-Handeln. Dies führt dann zur Umwandlung der Tatsache. Es ist wichtig, dass dies in seiner ganzen Tiefe verstanden wird: Nicht auf die Tatsache zu reagieren, sondern zu beobachten, ›was ist‹.

Jeder Mensch ist sowohl psychisch wie physisch verletzt. Es ist vergleichsweise einfach mit dem physischen Schmerz umzugehen, der psychische Schmerz hingegen bleibt verborgen. Die Folge der psychischen Verletzung besteht darin, eine Mauer um sich herum aufzubauen, um weiteren Schmerzen zu widerstehen, wodurch man ängstlich wird oder sich in die Isolation zurückzieht. Die Ursache der Verletzung ist das Bild des ›Ich‹ mit seiner begrenzten Energie. Weil es begrenzt ist, ist es verletzt. Das, was nicht messbar ist, kann niemals beschädigt und nie verdorben werden. Alles, was begrenzt ist, kann verletzt werden, aber etwas, das ganz ist, liegt außerhalb der Reichweite des Denkens.

Sind die Erziehenden imstande den Schülern zu helfen, dass sie nicht nur während ihrer Schulzeit, sondern ihr ganzes Leben lang nie psychisch verletzt werden können? Wie werden sie die Schüler erziehen, wenn sie den großen Schaden sehen, der durch Verletzungen entsteht? Was werden sie tatsächlich tun, um dafür zu sorgen, dass die Schüler ihr ganzes Leben lang nie verletzt werden? Die Schüler kommen bereits mit Verletzungen in die Schule. Wahrscheinlich sind ihnen diese Verletzungen nicht bewusst. Die Lehrer werden durch Beobachten der Reaktionen, Ängste und der Aggressivität der Schüler den entstandenen Schaden entdecken. Sie haben also zwei Probleme: die Schüler von früheren Schäden zu befreien und zukünftigen Verletzungen vorzubeugen.

Ist das euer Anliegen? Oder lest ihr lediglich diesen Brief, versteht ihn intellektuell, was überhaupt kein Verstehen ist und kümmert euch daher nicht um die Schüler? Wenn ihr euch um sie kümmert, wie es eigentlich sein sollte, wie geht ihr dann mit der Tatsache um, dass sie verletzt sind und ihr um jeden Preis weitere Verletzungen verhindern müsst? Wie geht ihr dieses Problem an? In welchem Zustand ist euer Geist, wenn ihr euch diesem Problem stellt? Es ist auch euer Problem, nicht nur das der Schüler. Ihr seid ebenso verletzt wie die Schüler. Ihr seid also ebenso wie sie betroffen, es ist kein einseitiges Problem. Ihr seid genauso involviert wie die Schüler. Dieses Involviertsein ist der zentrale Faktor, dem ihr euch stellen und den ihr beobachten müsst. Lediglich den Wunsch zu haben, von den Verletzungen in der Vergangenheit befreit zu sein und zu hoffen, nie wieder verletzt zu werden, ist Energieverschwendung. Völlige Aufmerksamkeit und das Beobachten dieser Tatsache wird nicht nur die Geschichte der Verletzung erzählen, sondern eben diese Aufmerksamkeit löst die Verletzung auf und wischt den Schmerz weg. Aufmerksamkeit ist also die gewaltige Energie, die niemals verletzt oder verdorben werden kann.

Bitte akzeptiert nicht einfach, was in diesen Briefen steht. Akzeptieren zerstört die Wahrheit. Probiert es aus, nicht später, sondern jetzt, während ihr diesen Brief lest. Wenn ihr es nicht nur beiläufig, sondern mit eurem ganzen Herzen und Wesen versucht, dann werdet ihr selbst die Wahrheit der Sache entdecken. Und nur dann könnt ihr den Schülern helfen, die Vergangenheit wegzuwischen und über einen Geist zu verfügen, der nicht verletzt werden kann.

13
Gewohnheit

Gewohnheit lässt den Geist gefühllos werden.

Diese Briefe wurden in einem freundschaftlichen Geist geschrieben. Sie sind nicht dazu gedacht, eure Denkweise zu bestimmen oder euch zu überreden, euch der Art und Weise anzupassen, wie der Verfasser denkt oder fühlt. Sie sind keine Propaganda. Es ist wirklich ein Dialog zwischen euch und dem Verfasser, wie bei zwei Freunden, die über ihre Probleme sprechen, und in einer guten Freundschaft ist nie etwas von Konkurrenz oder Dominanz zu spüren. Auch ihr müsst den Zustand der Welt und unserer Gesellschaft beobachtet und gesehen haben, dass es einen radikalen Wandel in der Art und Weise geben muss, wie die Menschen leben, in ihrem Verhältnis zueinander, in ihrem Verhältnis zur Welt als Ganzes und in jeder möglichen Hinsicht. Wir reden miteinander und sind beide zutiefst besorgt, nicht nur um unser jeweiliges Ich, sondern auch um die Schüler, für die ihr voll verantwortlich seid.

Die Lehrerinnen und Lehrer sind die wichtigsten Personen in einer Schule, denn von ihnen hängt das zukünftige Wohlergehen der Menschheit ab. Das sind keine bloßen Worte. Das ist eine absolute und unwiderrufliche Tatsache.

Nur wenn die Erziehenden selbst die Würde und die Achtung empfinden, die ihrer Arbeit innewohnt, werden sie erkennen, dass das Unterrichten die höchste Berufung ist, größer als die des Politikers, größer als die der Fürsten dieser Welt. Der Verfasser meint jedes Wort so wie er es schreibt, also wischt dies bitte nicht als Übertreibung vom Tisch oder als Versuch, euch das Gefühl einer falschen Wichtigkeit zu geben. Ihr und die Schüler müsst zusammen im Guten aufblühen.

Wir haben die für den Geist schädlichen oder zu seiner Degeneration führenden Faktoren aufgezeigt. Da die Gesellschaft zerfällt, müssen diese Schulen Zentren für die Erneuerung des Geistes sein. Aber nicht für das Denken. Das Denken lässt sich nie erneuern, denn das Denken ist immer begrenzt. Die Erneuerung der Gesamtheit des Geistes ist jedoch möglich. Diese Möglichkeit ist keine Vorstellung, sondern sie besteht tatsächlich, wenn man die Formen der

Degeneration eingehend untersucht hat. In früheren Briefen haben wir einige dieser Formen untersucht.

Wir müssen jetzt die zerstörerische Natur der Tradition, der Gewohnheit und des auf Wiederholung beruhenden Vorgehens des Denkens untersuchen. Traditionen zu folgen und zu akzeptieren, scheint dem eigenen Leben eine gewisse Sicherheit zu verleihen, sowohl dem äußeren als auch dem inneren Leben. Die Suche nach Sicherheit auf jede erdenkliche Art war das Motiv und die treibende Kraft hinter den meisten unserer Aktivitäten. Der Bedarf an psychischer Sicherheit mindert die erforderliche physische Sicherheit und macht sie damit unbeständig. Psychische Sicherheit ist die Grundlage der Tradition, die von Generation zu Generation durch Worte, Rituale und religiöse, politische oder gesellschaftliche Glaubensvorstellungen weitergegeben wird. Wir stellen selten die akzeptierte Norm infrage, und wenn wir sie infrage stellen, geraten wir unweigerlich in eine Falle und in ein neues Muster. Das eine ablehnen und das andere akzeptieren, das war bisher unsere Lebensweise. Das Neue ist verlockender und das Alte wird der scheidenden Generation überlassen; aber beide Generationen sind in Mustern und Methoden gefangen. Das ist der Lauf der Tradition. Schon das Wort beinhaltet Konformität, egal ob die Tradition modern oder alt ist. Es gibt keine gute oder schlechte Tradition, es gibt nur Tradition, das sinnlose Wiederholen von Ritualen in all den Kirchen, Tempeln und Moscheen. Sie sind völlig bedeutungslos, aber Emotionen, Sentimentalität, Romantisierung und Einbildung verleihen ihnen Farbe und täuschen etwas vor. Das ist die Natur des Aberglaubens, und jeder Priester in der Welt ermutigt dazu. Dieser Vorgang des Schwelgens in Dingen, die ohne Bedeutung sind, oder des Investierens in Dinge, die keinen Wert haben, ist eine Energieverschwendung, die den Geist degenerieren lässt. Man muss sich dieser Tatsachen zutiefst bewusst sein. Allein diese Aufmerksamkeit löst alle Illusionen auf.

Des Weiteren gibt es die Gewohnheit. Es gibt weder gute noch schlechte Gewohnheiten, nur Gewohnheit. Diese beinhaltet eine sich wiederholende Handlung, die dadurch entsteht, dass man sich dessen nicht bewusst ist. Man verfällt absichtlich in Gewohnheiten oder lässt sich durch Beeinflussung dazu bewegen. Oder man verfällt, wenn man Angst hat, in Reflexe, die dem Selbstschutz dienen.

Genauso ist es mit dem Vergnügen. Einer Routine zu folgen, wie effektiv oder notwendig sie im täglichen Leben auch sein mag, führt in der Regel zu einer mechanischen Lebensweise. Man kann das Gleiche jeden Tag zur gleichen Stunde tun, ohne dass es zur Gewohnheit wird, wenn man sich dessen bewusst ist, was getan wird. Aufmerksamkeit vertreibt Gewohnheit. Nur wenn keine Aufmerksamkeit vorhanden ist, entstehen Gewohnheiten. Ihr könnt jeden Morgen zur gleichen Zeit aufstehen und wissen, weshalb ihr aufsteht. Dieses Gewahrsein mag einem anderen als gute oder schlechte Gewohnheit erscheinen, aber für denjenigen, der sich dessen bewusst und der aufmerksam ist, ist es gar keine Gewohnheit. Wir verfallen in psychische Gewohnheiten oder Routinen, weil wir meinen, dass es die bequemste Art zu leben sei. Wenn man genau hinschaut, besteht auch bei den Gewohnheiten, die in persönlichen oder anderen Beziehungen entstanden sind, eine gewisse Form von Trägheit, Nachlässigkeit und Missachtung. All das vermittelt ein falsches Gefühl von Vertrautheit und Sicherheit und führt zu leichtfertiger Grausamkeit.

Jede Gewohnheit birgt Gefahren in sich, wie bei der Gewohnheit des Rauchens, des Wiederholens von Handlungen, beim Gebrauch von Worten und Gedanken oder bei Verhaltensweisen. Das lässt den Geist völlig gefühllos werden. Und der Prozess der Degenerierung besteht darin, irgendeine Form von scheinbarer Sicherheit wie in einer Nation, einem Glauben oder einem Ideal zu finden und daran festzuhalten. All diese Faktoren wirken sich äußerst schädlich auf die Sicherheit in der Wirklichkeit aus. Wir leben in einer Scheinwelt, die eine Realität geworden ist. Stellt man diese Illusion infrage, wird man entweder zu einem Revolutionär oder man überlässt sich einer freizügigen Einstellung. Beides sind Faktoren des geistigen Verfalls.

Letztendlich wurde das Gehirn mit seinen außergewöhnlichen Fähigkeiten über Generationen hinweg konditioniert, diese trügerische Sicherheit zu akzeptieren, die mittlerweile zu einer tief verwurzelten Gewohnheit geworden ist. Um diese Gewohnheit zu durchbrechen, halten wir alle möglichen Torturen aus, unternehmen diverse Fluchtversuche oder stürzen uns in eine idealistische Utopie. Es ist die Aufgabe der Erziehenden, das zu untersuchen, und ihre kreative Fähigkeit besteht darin, ihre tief verwurzelte Konditionierung und die der Schüler sehr genau zu beobachten. Dies ist ein wechselseitiger Prozess. Er bedeutet nicht, dass ihr zuerst eure Konditionierung untersucht und dann die anderen über eure Entdeckungen informiert. Ihr forscht gemeinsam und findet den wahren Sachverhalt heraus. Dies erfordert eine gewisse Art von Geduld – keine Geduld in Form von Zeit, sondern Beharrlichkeit und die gewissenhafte Sorgfalt einer umfassenden Verantwortung.

14
Schönheit

Die Aktivitäten des Denkens
haben nichts mit Schönheit zu tun.

Wir sind viel zu clever geworden. Unsere Gehirne wurden darauf trainiert, sprachlich und intellektuell hochintelligent zu sein. Sie sind vollgepackt mit sehr vielen Informationen, die wir für profitable Karrieren nutzen. Ein kluger, intellektueller Mensch wird gerühmt und geehrt. Solche Menschen scheinen sich aller wichtigen Orte der Welt zu bemächtigen. Sie haben Macht, Stellung, Ansehen, aber ihre Cleverness lässt sie am Ende im Stich. In ihren Herzen erfahren sie nie, was Liebe oder tiefe Barmherzigkeit und Großzügigkeit ist, denn sie sind in ihrer Eitelkeit und Arroganz eingeschlossen. Dies ist zum Grundmuster aller hochdotierten Privatschulen geworden. Ein Junge oder Mädchen in einer konventionellen Schule gerät in die Falle der modernen Zivilisation und ist für die ganze Schönheit des Lebens verloren.

Wenn man durch Wälder mit dunklen Schatten und einfallendem Licht wandert und plötzlich auf eine Lichtung stößt, auf eine grüne Wiese, die von stattlichen Bäumen umgeben ist, oder auf einen glitzernden Bach, wundert man sich, warum der Mensch seine Beziehung zur Natur und zur Schönheit der Erde, zu dem herabgefallenen Blatt und dem abgebrochenen Ast verloren hat. Wenn ihr den Kontakt zur Natur verloren habt, dann verliert ihr unweigerlich die Beziehung zu anderen Menschen.

Die Natur besteht nicht nur aus den Blumen, dem schönen grünen Rasen und dem fließenden Wasser in eurem kleinen Garten, sondern sie ist die ganze Erde mit allem, was auf ihr zu finden ist. Wir sind der Meinung, dass die Natur für unsere Nutzung und Bequemlichkeit da ist, und verlieren so die Verbundenheit mit der Erde. Sensibilität für das herabgefallene Blatt und den großen Baum auf einem Hügel ist weitaus wichtiger als das Bestehen von Prüfungen und eine glänzende Karriere. Diese sind nicht das ganze Leben. Das Leben ist wie ein riesiger Fluss mit einer enormen Menge an Wasser, der weder Anfang noch Ende hat. Wir schöpfen aus diesem schnell fließenden Strom einen Eimer Wasser, und diese begrenzte

Wassermenge wird unser Leben. Das ist unsere Konditionierung und unser ewiges Leid.

Die Aktivitäten des Denkens haben nichts mit Schönheit zu tun. Das Denken kann etwas schaffen, das schön zu sein scheint, wie ein Gemälde, eine Skulptur aus Marmor oder ein wunderbares Gedicht; aber das ist keine Schönheit. Schönheit ist höchste Empfindsamkeit, aber nicht die beim Spüren der eigenen Schmerzen und Ängste, sondern eine Empfindsamkeit, die das gesamte Dasein der Menschheit umfasst. Schönheit ist nur da, wenn der Strom des ›Ich‹ völlig ausgetrocknet ist. Wenn das ›Ich‹ nicht da ist, ist Schönheit da. Mit dem Aufgeben des Selbst offenbart sich die Intensität der Schönheit.

Wir haben in diesen Briefen gemeinsam über die Degenerierung des Geistes gesprochen. Damit ihr diese untersuchen und überprüfen könnt, haben wir auf einige Arten dieses Verfalls hingewiesen. Eine der Hauptaktivitäten des Geistes ist das Denken. Das Denken ist ein Aufbrechen der Ganzheit des Geistes. Das Ganze enthält den Teil, aber der Teil kann nie das sein, was vollständig ist. Das Denken ist der aktivste Teil unseres Lebens. Das Fühlen gehört zum Denken. Im Grunde sind sie eine Einheit, auch wenn wir dazu neigen, sie als etwas Getrenntes zu betrachten. Weil wir sie getrennt haben, legen wir großen Wert auf Gefühle, Empfindungen, Romantisierungen und Hingabe; aber wie die Schnur in einer Halskette durchzieht das Denken all das versteckt und lebendig, kontrollierend und formend. Es ist immer da, auch wenn wir gern glauben, dass unsere tiefen Gefühle grundsätzlich etwas anderes sind. Dem liegt eine große Fantasievorstellung zu Grunde, ein Selbstbetrug, der sehr geschätzt wird und zur Unaufrichtigkeit führt.

Wie wir bereits gesagt haben, ist Denken die Realität unseres täglichen Lebens. Alle sogenannten heiligen Bücher sind ein Produkt des Denkens. Auch wenn sie als Offenbarungen verehrt werden, so beruhen sie doch im Wesentlichen auf Denken. Das Denken hat die Turbine und die großartigen Tempel der Erde, die Rakete und die Feindschaft unter den Menschen geschaffen. Das Denken ist für die Kriege verantwortlich, für die Sprache, die man benutzt, und für die Bilder, die von der Hand oder vom Geist geschaffen wurden. Denken dominiert die Beziehungen. Das Denken hat beschrieben, was Liebe ist, wie der Himmel aussieht und wie sich der Schmerz des Unglücks anfühlt. Der Mensch verehrt das Denken, bewundert seine Feinheiten, seine Gerissenheit, seine Gewalttätigkeit und seine Grausamkeiten im Namen einer Sache. Das Denken hat große Fortschritte in der Technik gebracht und damit die Fähigkeit zu zerstören. Dies war die Geschichte des Denkens, die sich über die Jahrhunderte hinweg wiederholt hat.

Warum hat die Menschheit dem Denken eine so außerordentliche Bedeutung beigemessen? Ist das so, weil es das Einzige zu sein scheint, was wir haben, obwohl es die Sinne sind, die das Denken aktivieren? Ist es deshalb, weil das Denken in der Lage war, die Natur und seine Umgebung zu beherrschen und eine gewisse physische Sicherheit zu schaffen? Ist es deshalb, weil es das bedeutendste Werkzeug ist, mit dem der Mensch arbeitet, lebt und aus dem er Nutzen zieht? Ist es deshalb, weil das Denken die Gottheiten, die Erlöser und das Überbewusstsein geschaffen hat und so die Sorgen, die Angst, das Leid, den Neid und die Schuld vergessen konnte? Ist es deshalb, weil es die Menschen als Nationen, Gruppen oder Sekten zusammenhält? Ist es deshalb, weil das Denken Hoffnung bietet, wenn das Leben finster ist? Ist es deshalb, weil es eine Möglichkeit eröffnet, der alltäglichen Langeweile unserer Lebensweise zu entfliehen? Ist es deshalb, weil das Denken in seiner Arroganz und seinem Beharren auf Erfahrungen die Sicherheit der Vergangenheit verspricht, obwohl es nicht weiß, was die Zukunft bringt? Ist es deshalb, weil im Wissen Stabilität zu finden ist und in der Gewissheit des Bekannten Angst vermieden werden kann? Ist es deshalb, weil das Denken von sich selbst annimmt, eine unangreifbare Position zu haben, und gegen das Unbekannte Stellung bezieht? Liegt es daran, dass die Liebe unerklärlich und nicht messbar ist, während das Denken gemessen wird und sich der unwandelbaren Regung der Liebe widersetzt?

Wir haben nie die wahre Natur des Denkens untersucht. Wir haben das Denken als etwas Unvermeidliches akzeptiert wie unsere Augen oder Beine. Wir sind dem Denken nie bis ins Letzte auf den Grund gegangen, und weil wir es nie infrage gestellt haben, hat es die Vorherrschaft übernommen. Es ist der Tyrann unseres Lebens, und Tyrannen werden selten infrage gestellt.

Als Erziehende werden wir also das Denken dem hellen Licht der Beobachtung aussetzen. Das Licht des Beobachtens löst nicht nur augenblicklich die Illusion auf, sondern die Klarheit seines Lichts enthüllt auch das kleinste Detail dessen, was beobachtet wird. Wie wir bereits gesagt haben, wird nicht von einem festen Standpunkt aus beobachtet, aus einem Glauben, einem Vorurteil oder einer Schlussfolgerung. Meinungen sind eher minderwertige Angelegenheiten und so auch Erfahrungen. Der Mensch mit Erfahrung ist ein gefährlicher Mensch, weil er im Gefängnis seines eigenen Wissens sitzt.

Könnt ihr also mit äußerster Klarheit die gesamten Vorgänge des Denkens beobachten? Dieses Licht ist Freiheit. Das bedeutet nicht, dass ihr sie in Besitz genommen habt und sie zu eurem Vorteil und Nutzen einsetzen könnt. Allein schon das Beobachten des Denkens ist das Beobachten eures ganzen Wesens, und eben dieses Wesen wird durch das Denken zusammengefügt. Und so wie das Denken endlich und begrenzt ist, seid ihr es auch.

15
Geistige Leistungsfähigkeit

Die Ganzheit des Geistes ist unbegrenzte Leistungsfähigkeit und völlige Leere mit unbegrenzter Energie.

Wir befassen uns nach wie vor mit der Ganzheit des Geistes. Der Geist beinhaltet die Sinne, die unberechenbaren Emotionen, die Leistungsfähigkeit des Gehirns und das ewig ruhelose Denken. All das ist der Geist, einschließlich verschiedener Eigenschaften des Bewusstseins. Wenn der Geist als Ganzes tätig ist, ist er grenzenlos. Er verfügt über eine enorme Energie und handelt ohne den Schatten eines Bedauerns und ohne Erwartung einer Belohnung. Diese Beschaffenheit des Geistes, diese Ganzheit ist Intelligenz. Kann diese Intelligenz den Schülerinnen und Schülern vermittelt werden und kann ihnen geholfen werden, ihre Bedeutung rasch zu erfassen? Dies zustande zu bringen liegt zweifellos in der Verantwortung der Erziehenden.

Die Leistungsfähigkeit des Denkens wird vom Verlangen bestimmt und beherrscht, wodurch sich die geistige Leistungsfähigkeit vermindert. Sie wird durch die Aktivität des Verlangens begrenzt. Verlangen ist die Essenz der sinnlichen Empfindungen. Ambitionen begrenzen die Leistungsfähigkeit des Gehirns, die auf Denken beruht. Diese Leistungsfähigkeit wird durch gesellschaftliche und wirtschaftliche Anforderungen oder durch eigene Erfahrungen und Beweggründe eingeschränkt. Sie wird durch Ideale, durch die Sanktionen verschiedener religiöser Glaubensrichtungen und durch endlose Angst vermindert. Zwischen Angst und Vergnügen besteht ein Zusammenhang.

Verlangen, die Essenz der sinnlichen Empfindungen, wird von der Umwelt, der Tradition, von unseren Neigungen und unserem Temperament bestimmt. Dadurch werden die geistige Leistungsfähigkeit und das Handeln, die alle Energie erfordern, entsprechend unserem Wohlbefinden und Vergnügen konditioniert. Verlangen ist ein unwiderstehlicher Faktor in unserem Leben, der sich nicht unterdrücken oder umgehen lässt, den man nicht überreden oder überzeugen kann, der vielmehr verstanden werden muss. Zu diesem Verstehen kann es nur kommen, wenn das Verlangen erforscht und seine Aktivitäten beobachtet werden. Im Wissen um das antreibende Feuer des Verlangens haben die meisten Verbote der Religionen und Sekten das Verlangen zu etwas gemacht, das unterdrückt, kontrolliert oder einer Gottheit oder einer höchsten Macht übergeben werden muss. Die unzähligen Gelübde, die von Menschen abgelegt wurden, um dem Verlangen völlig zu entsagen, haben es keineswegs ausgebrannt. Es ist da.

Wir müssen also die Sache anders angehen und bedenken, dass Intelligenz nicht durch Verlangen geweckt wird. Der Wunsch, zum Mond zu fliegen, führt zu einem enormen technischem Wissen, aber dieses Wissen ist eine begrenzte Intelligenz. Wissen ist immer spezialisiert und daher unvollständig. Wir dagegen sprechen von der Intelligenz, die eine Bewegung der Ganzheit des Geistes ist. Es geht uns um diese Intelligenz und um deren Erwachen sowohl in den Erziehenden als auch in den Schülern.

Wie bereits gesagt, wird die geistige Leistungsfähigkeit durch Verlangen begrenzt. Verlangen beruht auf sinnlichen Empfindungen: auf dem Reiz neuer Erlebnisse oder neuer Arten des Nervenkitzels, dem Reiz auf die höchsten Berge der Welt zu steigen, dem Gefühl der Macht und des Ansehens. All das begrenzt die Energie des Gehirns. Verlangen vermittelt die Illusion der Sicherheit, und das Gehirn, das Sicherheit braucht, fördert und unterstützt jede Form des Verlangens. Wenn wir also die Rolle des Verlangens nicht verstehen, führt dies zum Degenerieren des Geistes. Es ist wirklich wichtig, dass das verstanden wird.

Das Denken ist die Aktivität des Verlangens. Die Neugier, etwas zu entdecken, wird von einem Verlangen nach mehr Sinnesreizen und nach der irrigen Gewissheit einer [möglichen] Sicherheit angetrieben. Neugier hat die ungeheure Menge an Wissen hervorgebracht, die für unser tägliches Leben wichtig ist. Neugier ist beim Beobachten von Bedeutung.

Das Denken könnte der zentrale Faktor für das Degenerieren des Geistes sein, Einsicht dagegen öffnet die Tür zur Ganzheit des Handelns. Wir werden in einem weiteren Brief auf die volle Bedeutung der Einsicht eingehen, jetzt aber müssen wir uns fragen, ob das Denken sich destruktiv auf die Ganzheit des Geistes auswirkt. Wir haben gesagt, dass es so ist, aber akzeptiert es nicht, bevor ihr es nicht gründlich und unbeeinflusst untersucht habt.

Was wir mit ›Ganzheit des Geistes‹ meinen, ist die unbegrenzte Leistungsfähigkeit und die völlige Leere, in der unermessliche Energie vorhanden ist. Denken, das von Natur aus begrenzt ist, zwingt dem Ganzen seine Enge auf, und so befindet sich das Denken immer im Vordergrund. Denken ist deshalb begrenzt, weil es auf Erinnerungen und Wissen beruht, die durch Erfahrungen angesammelt wurden. Wissen ist Vergangenheit, und das Gewesene ist immer begrenzt. Die Erinnerung kann sich vielleicht eine Vorstellung von der Zukunft machen, aber diese Zukunft ist an die Vergangenheit gebunden. Daher ist das Denken immer begrenzt. Denken ist messbar: das Mehr und das Weniger, das Größere und das Kleinere. Dieses Messen bewegt sich in der Zeit. Ich war, und ich werde sein. Wenn also das Denken dominiert, wie subtil, raffiniert und lebenswichtig es auch sein mag, so verdreht es die Ganzheit. Wir dagegen haben dem Denken höchste Bedeutung beigemessen.

Darf man fragen, ob ihr, nachdem ihr diesen Brief gelesen habt, die Bedeutung der Natur des Denkens und der Ganzheit des Geistes erfasst habt? Wenn ja, könnt ihr das den Schülern vermitteln, für die ihr die volle Verantwortung tragt? Das ist eine schwierige Angelegenheit. Wenn ihr selbst kein Licht habt, könnt ihr einem anderen nicht helfen, es zu erlangen. Auch wenn ihr es vielleicht sehr klar erläutern oder in ausgewählten Worten beschreiben könnt, die Leidenschaft der Wahrheit wird fehlen.

16
Aufrichtigkeit und Einsicht

Um die Tiefe der Einsicht zu erfassen,
braucht es einen integren Geist
mit der Aufrichtigkeit des Ganzen.

Jede Form von Konflikt und Kampf verdirbt den Geist – den Geist, der die Ganzheit unserer gesamten Existenz ist. Diese Ganzheit wird zerstört, wenn es irgendwelche Reibereien oder Widersprüche gibt. Da die meisten von uns andauernd in einem Zustand voller Widersprüche und Konflikte leben, führt der Mangel an Vollständigkeit zum Verfall. Hier geht es uns darum selbst herauszufinden, ob es überhaupt möglich ist, den zum Verfall führenden Faktoren ein Ende zu setzen.

Vielleicht haben die meisten von uns noch nie darüber nachgedacht. Wir haben das als normale Lebensweise akzeptiert. Wir haben uns selbst eingeredet, dass Konflikte, wie der Konkurrenzkampf, Wachstum bringen, und wir haben verschiedene Erklärungen dafür: Der Baum kämpft im Wald um Licht; das gerade geborene Baby ringt nach Atem; die Mutter müht sich ab beim Gebären. Wir sind darauf konditioniert, dies zu akzeptieren und so zu leben. Seit Generationen ist dies unsere Lebensweise, und jeder Hinweis, es könnte vielleicht ein Leben ohne Konflikte geben, erscheint völlig unglaubwürdig. Ihr hört dem vielleicht zu und haltet es für idealistischen Unsinn oder lehnt es von vornherein ab. Aber ihr erwägt nie, ob die Aussage irgendeine Bedeutung hat, dass ein Leben ohne den Hauch eines Konflikts zu führen, möglich sei. Könnt ihr nun diesen Sachverhalt untersuchen, da es uns hier um die unversehrte Ganzheit und die Verantwortung geht, eine neue Generation hervorzubringen, was die einzige Aufgabe ist, die wir als Erziehende haben? Und könnt ihr direkt im Erziehungsprozess den Schülern vermitteln, was ihr selbstständig entdeckt?

Konflikte sind in jeder Form Hinweise auf Widerstände. In einem schnell fließenden Fluss gibt es keinen Widerstand. Er fließt um große Felsbrocken herum sowie durch Dörfer und Städte. Der Mensch reguliert ihn für seine eigenen Zwecke. Bedeutet Freiheit nicht letztlich, dass die Widerstände verschwunden sind, die das Denken um sich herum aufgebaut hat?

Aufrichtigkeit ist eine äußerst komplexe Sache. Wobei seid ihr aufrichtig und aus welchem Grund? Könnt ihr ehrlich zu euch selbst sein und daher anderen gegenüber fair? Ist Aufrichtigkeit eine Frage der Ideale? Kann ein Idealist jemals aufrichtig sein? Er lebt in einer Zukunft, die aus der Vergangenheit mühevoll erschaffen wurde. Er ist gefangen zwischen dem, was war und dem, was sein sollte, und daher kann er niemals ehrlich sein. Könnt ihr euch selbst gegenüber aufrichtig sein? Ist das möglich? Ihr seid das Zentrum verschiedener, manchmal widersprüchlicher Aktivitäten, verschiedener Gedanken, Gefühle und Wünsche, die untereinander immer im Widerstreit stehen. Welche Wünsche oder Gedanken sind aufrichtig und welche nicht? Das sind nicht nur rhetorische Fragen oder kluge Argumente. Herauszufinden, was es bedeutet, vollkommen aufrichtig zu sein, ist sehr wichtig, denn wir werden uns mit Einsicht und der Unmittelbarkeit des Handelns befassen. Wenn wir die Tiefe der Einsicht erfassen wollen, ist es von absoluter Wichtigkeit, dass der Geist völlig unversehrt ist, das heißt, jene Unversehrtheit hat, die die Aufrichtigkeit des Ganzen ist.

Man hat vielleicht ein aufrichtiges Gefühl für ein Ideal, ein Prinzip oder einen tief verwurzelten Glauben. Doch das ist sicher keine [wirkliche] Aufrichtigkeit. Aufrichtigkeit kann es nur geben, wenn es keinen Konflikt zwischen zwei gegensätzlichen Dingen gibt, wenn kein Gegenteil existiert. Es gibt Dunkelheit und Licht, Tag und Nacht, es gibt Mann und Frau, das Große und das Kleine und so weiter, aber es ist das Denken, das aus ihnen Gegensätze macht, sie zueinander in Widerspruch stellt. Wir sprechen über die psychischen Widersprüche, die von der Menschheit entwickelt und gepflegt wurden. Liebe ist nicht das Gegenteil von Hass oder Eifersucht. Wenn sie es wäre, wäre es keine Liebe. Bescheidenheit ist nicht das Gegenteil von Eitelkeit oder Stolz und Arroganz. Wenn es so wäre, wäre sie noch immer Teil der Arroganz und des Stolzes und könnte daher keine Bescheidenheit sein. Bescheidenheit ist von all dem völlig losgelöst. Ein Geist, der bescheiden ist, ist sich seiner Bescheidenheit nicht bewusst. Aufrichtigkeit ist also nicht das Gegenteil von Unaufrichtigkeit.

Man kann in seinem Glauben oder in seinen Vorstellungen ernsthaft sein, aber diese Ernsthaftigkeit führt zu Konflikten; und wo es Konflikte gibt, gibt es keine Aufrichtigkeit. Daher stellen wir euch die Frage: Könnt ihr euch selbst gegenüber aufrichtig sein? Ihr seid selbst eine Mischung aus vielen inneren Vorgängen, die sich in die Quere kommen, sich gegenseitig dominieren und selten miteinander im Einklang sind. Aufrichtigkeit gibt es dann, wenn all diese Vorgänge miteinander im Einklang sind. Des Weiteren gibt es eine Trennung zwischen dem Bewussten und dem Unbewussten, zwischen Gott und dem Teufel. Das Denken hat diese Aufteilungen geschaffen und den Konflikt, der zwischen diesen Teilen besteht. Das Gute hat kein Gegenteil.

Können wir mit dem neuen Verständnis dessen, was Aufrichtigkeit ist, fortfahren, das Wesen der Einsicht zu untersuchen? Das ist äußerst wichtig, denn das könnte der Faktor sein, der unser Handeln revolutioniert und eine geistige Transformation im Gehirn selbst bewirkt. Wir haben gesagt, dass unsere Lebensweise etwas Mechanisches geworden ist. Die Vergangenheit mit all den angesammelten Erfahrungen und dem angesammelten Wissen, die der Ursprung des Denkens sind, lenken und beeinflussen jedes Handeln. Die Vergangenheit und die Zukunft hängen untrennbar zusammen, und der ganze Prozess des Denkens beruht darauf. Denken ist immer begrenzt und endlich. Auch wenn es vorgibt, den Himmel erreichen zu können, so befindet sich dieser Himmel immer noch im Rahmen des Denkens. Erinnerung ist ebenso messbar wie die Zeit. Diese Aktivitäten des Denkens können nie frisch, neu und originär sein. Daher muss ein Handeln, das auf Denken beruht, immer bruchstückhaft, unvollständig und widersprüchlich sein. Die ganze Aktivität des Denkens muss zutiefst verstanden werden, einschließlich seiner relativen Bedeutung für das Lebensnotwendige und für die Dinge, an die man sich erinnern muss. Welcher Art ist dann ein Handeln, das kein Fortführen der Erinnerung ist? Es ist Einsicht.

Einsicht beruht nicht auf einer sorgfältigen Folgerung des Denkens, einem analytischen Denkprozess oder auf der an die Zeit gebundenen Natur der Erinnerung. Einsicht ist ein unmittelbares Wahrnehmen ohne den Wahrnehmenden. Aus dieser Einsicht findet das Handeln statt. Eine Erklärung zu irgendeinem Problem aus dieser Einsicht heraus ist immer akkurat, endgültig und wahr. Es gibt kein Bedauern und keine Reaktionen. Einsicht ist etwas Absolutes. Ohne das Vorhandensein der Liebe kann es keine Einsicht geben. Einsicht ist keine intellektuelle Angelegenheit, die diskutiert oder patentiert werden kann. Diese Liebe ist die höchste Form der Empfindsamkeit, wenn sich alle Sinne gemeinsam entfalten. Ohne diese Empfindsamkeit, die nicht den eigenen Wünschen, Problemen und der Belanglosigkeit des eigenen Lebens gilt, ist Einsicht offensichtlich völlig unmöglich.

Einsicht ist holistisch. Holistisch bedeutet das Ganze, den ganzen Geist. Der Geist umfasst die gesamten Erfahrungen der Menschheit und das gewaltige angesammelte Wissen mit seinen technischen Fähigkeiten und mit seinen Sorgen, Ängsten, Schmerzen, seinem Kummer und seiner Einsamkeit. Einsicht dagegen geht über all das hinaus. Freiheit von Leid, Kummer und Einsamkeit ist unerlässlich für die Einsicht. Einsicht ist keine kontinuierliche Bewegung. Sie kann vom Denken nicht eingefangen werden. Einsicht ist höchste Intelligenz, und diese Intelligenz setzt das Denken als Werkzeug ein. Einsicht ist Intelligenz mit ihrer Schönheit und Liebe. Sie sind wirklich untrennbar verbunden, sie sind in Wirklichkeit eins. Dies ist das Ganze, welches das Heiligste ist.

17
Verlangen und Unordnung

Sind das Verlangen und seine wechselnden Objekte eine der Ursachen für unsere Unordnung?

Die Schule ist ein Ort, an dem man nicht nur das Wissen erwirbt, das für das tägliche Leben erforderlich ist, sondern auch die Kunst des Lebens mit all ihren Verwicklungen und Feinheiten erlernt. Wir scheinen das zu vergessen und verfangen uns vollständig in der Oberflächlichkeit des Wissens. Wissen ist immer oberflächlich und das Erlernen der Kunst des Lebens wird nicht als notwendig erachtet. Zu leben wird nicht als eine Kunst angesehen.

Wenn man die Schule verlässt, hört man auf zu lernen und lebt weiter von dem, was man als Wissen angesammelt hat. Wir bedenken nie, dass das ganze Leben ein einziger Lernprozess ist. Beobachtet man das Leben, so ist das tägliche Leben in ständiger Bewegung und Veränderung, und der Geist ist nicht schnell und sensibel genug, um seinen Feinheiten zu folgen. Man begegnet dem Leben mit vorgefertigten Reaktionen und Fixierungen. Kann das an diesen Schulen verhindert werden? Das heißt nicht, dass man einen offenen Geist haben muss. Im Allgemeinen ist ein offener Geist wie ein Sieb, das nur wenig oder nichts zurückhält. Notwendig ist ein Geist mit rascher Auffassungsgabe und der Fähigkeit rasch zu handeln. Deshalb haben wir uns mit der Einsicht und ihrem unmittelbaren Handeln befasst. Einsicht hinterlässt keine Narben in der Erinnerung. Im Allgemeinen hinterlässt eine Erfahrung, so wie sie verstanden wird, ihre Reste als Erinnerung, und ausgehend von diesen Resten handelt man. Das Handeln verstärkt die Reste und so wird das Handeln mechanisch. Einsicht ist keine mechanische Aktivität.

Kann also in der Schule vermittelt werden, dass das tägliche Leben ein fortwährender Prozess des Lernens und des Handelns in Beziehung zueinander ist, ohne die Reste zu verstärken, die Erinnerungen sind? Für die meisten von uns werden die darin enthaltenen Verletzungen das Allerwichtigste, und so entgeht uns der schnellfließende Strom des Lebens.

Sowohl die Schüler als auch die Erziehenden leben äußerlich wie innerlich in einem Zustand der Verwirrung und Unordnung. Man ist sich dieser Tatsache vielleicht nicht bewusst, und falls man es ist, bringt man die äußerlichen Dinge schnell in Ordnung, die innere Verwirrung und Unordnung nimmt man jedoch selten wahr.

Gott ist Unordnung. Denkt nur an die zahllosen Götter, die der Mensch erfunden hat, oder an den einen Gott, den einen Erlöser und nehmt das Durcheinander wahr, das dadurch in der Welt geschaffen wurde: die Kriege, die das mit sich gebracht hat, die zahllosen Spaltungen und die trennenden Glaubensrichtungen, Symbole und Bilder. Ist das keine Verwirrung und Unordnung?

Wir haben uns daran gewöhnt. Wir akzeptieren es bereitwillig, denn unser Leben ist so anstrengend und voller Langeweile und Schmerz, dass wir Trost bei den Göttern suchen, die das Denken hervorgezaubert hat. Das war jahrtausendelang unsere Lebensweise. Jede Zivilisation hat Götter erfunden, sie waren der Ursprung von schlimmen Gewaltherrschaften, Kriegen und Zerstörungen. Ihre Bauwerke mögen außerordentlich schön sein, aber die innere Verfassung dieser Zivilisationen ist Dunkelheit und die Quelle der Verwirrung.

Kann man diese Götter außer Acht lassen? Das muss man, wenn man eingehend prüfen will, warum der menschliche Geist in Politik, Religion und Wirtschaft Unordnung akzeptiert und darin lebt. Was ist der Ursprung dieser Unordnung – in Wirklichkeit und nicht gemäß einer theologischen Begründung? Kann man die Vorstellungen von Unordnung beiseitelassen und frei sein, die tatsächliche alltägliche Quelle unserer Unordnung zu untersuchen? Das heißt, nicht zu untersuchen was Ordnung, sondern was Unordnung ist. Was absolute Ordnung ist, können wir nur dann herausfinden, wenn wir eingehend die Unordnung untersucht und ihren Ursprung ermittelt haben. Wir sind so erpicht darauf herauszufinden was Ordnung ist, und so ungeduldig mit der Unordnung, dass wir dazu neigen, sie zu unterdrücken, und dabei meinen, dass wir dadurch Ordnung schaffen. Hier fragen wir nicht nur, ob in unserem täglichen Leben eine absolute Ordnung möglich ist, sondern auch, ob die Verwirrung enden kann. Unser vorrangiges Interesse gilt also der Unordnung und ihrem Ursprung. Ist es das Denken? Sind es widersprüchliche Wünsche? Ist es Angst und die Suche nach Sicherheit? Ist es das ständige Verlangen nach Vergnügen? Ist das Denken eine der Ursachen oder die Hauptursache für die Unordnung?

Bitte denkt immer daran: Nicht nur der Verfasser dieser Briefe, sondern auch ihr stellt diese Fragen. Ihr müsst den Ursprung selbst herausfinden und nicht den Ursprung genannt bekommen und dann die Worte wiederholen.

Wie wir bereits aufgezeigt haben, ist Denken endlich und begrenzt; und was begrenzt ist und wie weitreichend seine Aktivitäten auch sein mögen, es führt unweigerlich zu Verwirrung und Durcheinander. Was begrenzt ist, verursacht Spaltung und führt daher zu Zerstörung und Verwirrung. Wir haben uns ausreichend mit der Natur und Struktur des Denkens befasst. Eine Einsicht in die Natur des Denkens zu bekommen bedeutet, dass ihm sein richtiger Platz zugewiesen wird und es so seine übermächtige Dominanz verliert.

Sind das Verlangen und die wechselnden Objekte des Verlangens eine der Ursachen unserer Unordnung? Verlangen zu unterdrücken heißt, alle Gefühle und Empfindungen zu unterdrücken, was bedeutet, dass der Geist gelähmt wird. Wir glauben, dies sei der schnellste und einfachste Weg, das Verlangen zu beenden, aber man kann es nicht unterdrücken. Es ist viel zu stark und viel zu subtil. Ihr könnt es nicht mit euren Händen festhalten und es nach euren Wünschen zurechtbiegen, was ein weiteres Verlangen ist. Wir haben in einem vorhergehenden Brief über Verlangen gesprochen. Verlangen kann nie als ein richtiges oder falsches Verlangen unterdrückt, umgewandelt oder zerstört werden. Was immer ihr dagegen tut, Empfindungen und Verlangen bleiben immer das, was sie sind. Verlangen nach Erleuchtung und Verlangen nach Geld sind dasselbe, auch wenn die Objekte verschieden sind.

Kann man ohne Verlangen leben? Oder anders ausgedrückt, können die Sinne in höchstem Maße aktiv sein, ohne dass Verlangen hinzukommt? Es gibt sowohl psychisch wie physisch sensorische Vorgänge. Der Körper sucht Wärme, Nahrung und Sex; es gibt körperliche Schmerzen und so weiter. Diese Empfindungen sind natürlich, aber wenn sie in den Bereich der Psyche hineingeraten, beginnen die Schwierigkeiten. Hierin besteht unsere Verwirrung. Insbesondere wenn wir jung sind, ist es wichtig, dass wir das verstehen und die physischen Empfindungen beobachten, ohne sie zu unterdrücken oder zu intensivieren; und wichtig ist auch, dass wir auf der Hut sind und darauf achten, dass sie nicht in das innere Reich der Psyche einsickern, wo sie nicht hingehören – darin liegt unsere Schwierigkeit. Der ganze Vorgang geschieht so schnell, weil wir das nicht erkennen und auch nicht verstanden und nie wirklich untersucht haben, was tatsächlich geschieht.

Auf eine Herausforderung erfolgt eine unmittelbare Reaktion der Sinne und Gefühle. Diese Reaktion ist natürlich und steht nicht unter der Vorherrschaft des Denkens und des Verlangens. Schwierig wird es für uns, wenn diese Reaktionen der Sinne und Gefühle in den Bereich der Psyche hineingelangen. Die Herausforderung kann eine Frau oder ein Mann sein, etwas Angenehmes, Appetitanregendes oder ein schöner Garten. Die Reaktion darauf ist eine Empfindung, und wenn diese Empfindung in den Bereich der Psyche gelangt, beginnt das Verlangen und das Denken mit seinen Bildern sucht die Erfüllung des Verlangens.

Unsere Frage ist: Wie kann verhindert werden, dass die natürlichen physischen Reaktionen in die Psyche hineingelangen. Ist das möglich? Es ist nur möglich, wenn ihr sehr aufmerksam die Beschaffenheit der Herausforderung beobachtet und ganz genau auf eure Reaktionen achtet. Diese totale Aufmerksamkeit wird verhindern, dass die physischen Reaktionen in das Innere der Psyche gelangen.

Es geht uns um das Verlangen und darum, es zu verstehen, aber nicht um die Faktoren Verdrängen, Vermeiden und Sublimieren, die zur Verrohung führen. Ihr könnt nicht ohne Verlangen leben. Wenn ihr hungrig seid, braucht ihr etwas zu essen. Verlangen zu verstehen bedeutet, seine ganze Aktivität zu untersuchen. Durch dieses Verstehen wird ihm sein richtiger Platz eingeräumt. Dann wird Verlangen nicht zu einer Quelle der Unordnung in unserem täglichen Leben.

18
Unversehrte Ganzheit

Egoistische Abtrennung ist vielleicht die eigentliche Wurzel des Verfalls der Ganzheit des Geistes.

Was der Mensch dem Menschen angetan hat, kennt keine Grenzen. Er hat ihn gefoltert, er hat ihn verbrannt, er hat ihn umgebracht, er hat ihn auf alle möglichen Arten religiös, politisch und wirtschaftlich ausgebeutet. Das war die Geschichte, wie sich Menschen gegenüber Menschen verhalten haben: Die Schlauen beuten die Dummen und Unwissenden aus.

Alle Philosophien wurden vom Intellekt geschaffen und sind daher nichts Ganzes. Diese Philosophien haben die Menschen versklavt. Sie haben Vorstellungen entwickelt, wie die Gesellschaft sein sollte und die Menschen ihren Vorstellungen geopfert. Die Ideale der sogenannten Denker haben die Menschen entmenschlicht. Die Ausbeutung eines anderen, sei es ein Mann oder eine Frau, scheint in unserem täglichen Leben üblich zu sein. Wir benutzen einander, und jeder akzeptiert das.

Aus dieser eigenartigen Beziehung erwächst Abhängigkeit, mit all dem Elend, der Verwirrung und der Qual, die der Abhängigkeit innewohnen. Die Menschen waren sowohl innerlich wie äußerlich ungemein hinterlistig gegenüber sich selbst und anderen. Wie kann unter diesen Umständen Liebe möglich sein?

Es wird für die Erziehenden also sehr wichtig, dass sie nicht nur in ihrer persönlichen Beziehung zu den Schülern, sondern auch in ihrer Beziehung zur Menschheit eine allumfassende Verantwortlichkeit spüren. Sie sind die Menschheit. Wenn sie sich nicht für sich selbst in vollem Umfang verantwortlich fühlen, werden sie außerstande sein, die Leidenschaft der allumfassenden Verantwortung zu spüren, die Liebe ist.

Spürt ihr als Erziehende diese Verantwortung? Wenn nicht, weshalb nicht? Ihr fühlt euch vielleicht für eure Frau, euren Mann oder eure Kinder verantwortlich und ignoriert vielleicht andere oder fühlt euch nicht für sie verantwortlich. Wenn ihr euch jedoch in euch selbst voll verantwortlich fühlt, könnt ihr nicht anders, als für die gesamte Menschheit verantwortlich zu sein.

Die Frage, warum ihr euch nicht für andere verantwortlich fühlt, ist sehr wichtig. Verantwortlichkeit ist keine emotionale Reaktion. Sich verantwortlich fühlen ist nichts, was ihr euch selbst auferlegt. Dann wird es zur Pflicht, und Pflicht hat den Duft oder die Schönheit des inneren Zustands einer allumfassenden Verantwortlichkeit verloren. Ihr könnt Verantwortlichkeit nicht als einen Grundsatz oder eine Idee erzeugen und festhalten, wie man einen Stuhl oder eine Uhr besitzt. Eine Mutter kann sich für ihr Kind verantwortlich fühlen, kann fühlen, dass das Kind ihr eigenes Fleisch und Blut ist, und widmet daher einige Jahre ihre ganze Fürsorge und Aufmerksamkeit dem Kind. Ist dieser mütterliche Instinkt Verantwortlichkeit? Es könnte sein, dass wir diese spezielle Bindung an das Kind aus der Anfangszeit der Tiere geerbt haben. Sie kommt in der ganzen Natur vor, vom kleinsten Vogel bis zum majestätischen Elefanten. Und wir fragen, ob dieser Instinkt Verantwortlichkeit ist. Wenn es so wäre, würden sich Eltern für eine richtige Art der Erziehung verantwortlich fühlen und für eine völlig andere Gesellschaftsform. Sie würden dafür sorgen, dass es keine Kriege gibt und dass sie selbst im Guten aufblühen.

Es scheint also so zu sein, dass ein Mensch sich nicht um andere kümmert, sondern nur um sich selbst. Dieses Engagement ist völlig verantwortungslos. Seine eigenen Gefühle, seine eigenen persönlichen Wünsche, die Dinge an denen er hängt, sein Erfolg, sein Vorwärtskommen, all das wird sowohl zu offener wie subtiler Rücksichtslosigkeit führen. Sieht so wahre Verantwortlichkeit aus?

An diesen Schulen sind sowohl diejenigen, die geben, als auch diejenigen, die empfangen, gleichermaßen verantwortlich, sodass sie nie in die eigenartige Verfassung der Getrenntheit verfallen können. Egoistische Getrenntheit ist vielleicht die eigentliche Wurzel des Degenerierens der Ganzheit des Geistes, mit der wir uns eingehend befassen. Das bedeutet nicht, dass es keine persönlichen Beziehungen gibt, mit Zuneigung, mit Liebenswürdigkeit, mit Ermutigung und Unterstützung. Wenn aber persönliche Beziehungen zum Allerwichtigsten werden und die Verantwortlichkeit nur wenigen gilt, dann hat das Unheil schon begonnen. Dieser Sachverhalt ist jedem Menschen bekannt. Die Fragmentierung der Verbundenheit ist der Faktor in unserem Leben, der zur Degenerierung führt. Wir haben die Verbundenheit aufgespalten, sodass sie auf das Persönliche, auf eine Gruppe, eine Nation, gewisse Vorstellungen und Ähnliches begrenzt ist.

Was bruchstückhaft ist, kann die Ganzheit der Verantwortlichkeit nie erfassen. Vom Kleineren aus versuchen wir ständig das Größere zu ergreifen. Das Bessere ist nicht das Gute, und unser gesamtes Denken beruht auf dem Besseren, dem Mehr: besser in Prüfungen zu sein, bessere Jobs zu haben, einen höheren Rang, bessere Götter oder edlere Ideen. Das Bessere ergibt sich aus dem Vergleichen. Das bessere Bild, die bessere Technik, der größere Musiker, der Talentiertere, der Schönere und der Intelligentere beruhen auf Vergleichen. Wir schauen selten ein Bild, einen Mann oder eine Frau für sich allein an. Immer ist die Eigenschaft des Vergleichens dabei.

Ist Liebe Vergleichen? Könnt ihr jemals sagen, ihr liebt den einen mehr als den anderen? Ist das Liebe, wenn dieses Vergleichen mitspielt? Wenn das Gefühl des Mehr da ist, das auf Messen beruht, dann ist das Denken am Werk. Liebe ist kein Vorgang des Denkens. Dieses Messen ist Vergleichen. Wir werden unser ganzes Leben hindurch ermutigt zu vergleichen. Wenn ihr in eurer Schule A mit B vergleicht, zerstört ihr beide. Ist es also möglich, ohne jeden Hang zum Vergleichen zu unterrichten und zu erziehen?

Weshalb vergleichen wir? Wir vergleichen aus dem einfachen Grund, weil Messen und Bewerten unsere Art zu denken und zu leben ist. Wir werden in dieser Form der Korruption erzogen. Das Bessere ist immer hochwertiger als das, ›was ist‹, als das, was tatsächlich vor sich geht. Das, ›was ist‹, ohne Vergleichen und ohne Messen zu beobachten heißt, über das, was ist, hinauszugehen.

Wenn kein Vergleichen stattfindet, ist die Ganzheit unversehrt. Das bedeutet nicht, dass man sich selbst treu bleibt, was auch eine Form des Messens ist, sondern dass, wenn überhaupt kein Messen stattfindet, die Ganzheit da ist. Der Wesenskern des Ego, des ›Ich‹ ist Messen. Wo gemessen wird, kommt es zur Fragmentierung. Das muss von Grund auf erfasst werden, und zwar nicht als Vorstellung, sondern als etwas Wirkliches. Wenn ihr diese Aussage lest, macht ihr daraus vielleicht etwas Abstraktes in Form einer Idee oder einer Vorstellung, und diese Abstraktion ist eine weitere Form des Messens. Das, ›was ist‹, kann nicht gemessen werden.

Bitte setzt alles daran, dies zu verstehen. Wenn ihr die volle Bedeutung dieser Sache erfasst habt, wird eure Beziehung zu den

Schülern und zu eurer eigenen Familie ganz anders werden. Wenn ihr fragt, ob dieses Andere besser sein wird, dann bewegt ihr euch im Kreislauf des Messens. Dann seid ihr verloren. Ihr werdet den Unterschied feststellen, wenn ihr das tatsächlich ausprobiert. Das Wort ›Unterschied‹ beinhaltet zwar Messen, aber wir benutzen das Wort nicht im Sinne des Vergleichens. Fast jedes Wort, das wir benutzen, vermittelt den Eindruck des Messens. Auf diese Weise beeinflussen die Worte unsere Reaktionen, und Reaktionen vertiefen den Hang zum Vergleichen. Worte und Reaktionen hängen zusammen, und die Kunst besteht darin, nicht durch Worte konditioniert zu sein, das heißt, dass die Sprache uns nicht entscheidend beeinflusst. Benutzt Worte ohne die psychischen Reaktionen auf diese Worte.

Wie bereits gesagt, geht es uns darum, miteinander über die Natur der Degenerierung unseres Geistes und damit unserer Lebensweise zu kommunizieren. Begeisterung ist keine Leidenschaft. Ihr könnt euch an einem Tag für etwas begeistern und die Begeisterung am nächsten Tag verlieren. Ihr könnt euch für Fußballspielen begeistern und das Interesse verlieren, wenn es euch keinen Spaß mehr macht. Leidenschaft dagegen ist etwas völlig anderes. Sie kennt keine zeitliche Verzögerung.

19
Probleme

Physische und psychische Probleme vergeuden unsere Energie.

In der Regel haben Eltern sehr wenig Zeit für ihre Kinder, außer wenn sie Babys sind. Sie schicken sie in lokale Schulen oder in Internate, oder sie erlauben anderen, sich um sie zu kümmern. Sie haben vielleicht nicht die Zeit oder die erforderliche Geduld, sie zu Hause zu unterrichten und zu erziehen. Sie sind mit ihren eigenen Problemen beschäftigt. So werden unsere Schulen das Zuhause der Kinder und die Erziehenden werden zu ihren Eltern mit der ganzen, damit verbundenen Verantwortung. Wir haben darüber schon früher geschrieben, und es ist nicht unangebracht, es zu wiederholen: Das Zuhause ist ein Ort, an dem es eine gewisse Freiheit gibt, wo man sich sicher, versorgt und geborgen fühlt. Spüren die Kinder in diesen Schulen, dass sie sorgfältig betreut werden, dass ihnen viel Beachtung und Zuwendung geschenkt wird und dass man sich um ihr Verhalten, ihr Essen, ihre Kleidung und ihre Manieren kümmert? Wenn das so ist, dann wird die Schule zu einem Ort, an dem sich die Schüler wirklich zu Hause fühlen, mit allem, was dazugehört: dass es Menschen um sie herum gibt, die auf ihren Sinn für guten Geschmack achten und auf die Art, wie sie sprechen; dass sowohl physisch wie psychisch für sie gesorgt und ihnen geholfen wird, frei von Verletzungen und Angst zu sein. Das ist die Verantwortung eines jeden Lehrers an diesen Schulen und nicht nur die von einem oder zweien. Die ganze Schule ist dafür da, eine Atmosphäre zu bieten, in der sowohl die Erziehenden als auch die Schüler im Guten aufblühen.

Die Erziehenden brauchen Freiraum, um selbst zur Ruhe zu kommen, um die aufgewendete Energie zu sammeln und ihre persönlichen Probleme zu erkennen und zu lösen, damit sie, wenn sie die Schüler wieder treffen, nicht den Lärm ihres eigenen inneren Aufruhrs in sich tragen. Wie wir bereits aufgezeigt haben, sollte jedes Problem, das in unserem Leben auftritt, sofort oder so schnell wie möglich gelöst werden. Denn wenn Probleme von Tag zu Tag mitgeschleppt werden, verkümmert die Feinfühligkeit des gesamten

Geistes. Diese Feinfühligkeit ist unverzichtbar. Wir verlieren diese Feinfühligkeit, wenn wir die Schüler lediglich in einem Schulfach unterrichten. Wenn das Schulfach das einzig Wichtige wird, schwindet die Feinfühligkeit, und dann verliert ihr wirklich den Kontakt zu den Schülern. Die Schüler sind dann nur noch Sammelbehälter für Informationen. Dadurch werden sowohl euer Geist als auch der Geist der Schüler mechanisch.

Im Allgemeinen haben wir Verständnis für unsere eigenen Probleme, für unsere eigenen Wünsche und Gedanken und selten für die der anderen. Wenn wir in ständigem Kontakt mit den Schülern sind, besteht die Tendenz, ihnen unsere eigenen Bilder aufzudrängen, und wenn ein Schüler eigene feste Bilder hat, kommt es zum Konflikt zwischen diesen Bildern. Daher wird es sehr wichtig, dass die Erziehenden ihre Bilder zu Hause lassen und sich mit den Bildern befassen, die den Schülern von den Eltern oder der Gesellschaft aufgedrängt wurden oder die die Schüler selbst geschaffen haben.

Materielle und psychische Probleme vergeuden unsere Energie. Können die Erziehenden an diesen Schulen materiell sicher und zugleich frei von psychischen Problemen sein? Das zu verstehen ist wirklich wichtig. Wenn das Gefühl materieller Sicherheit nicht vorhanden ist, führt die Ungewissheit zu innerer Zerrissenheit. Das fördert das Abstumpfen des Geistes, wodurch die Leidenschaft verkümmert, die in unserem täglichen Leben so notwendig ist, und Begeisterung an ihre Stelle tritt. Begeisterung ist etwas Gefährliches, denn sie ist nie von Dauer. Ihre Wogen gehen hoch und glätten sich wieder. Das wird fälschlich für Ernsthaftigkeit gehalten. Ihr könnt eine Zeit lang etwas eifrig, aktiv und mit Begeisterung tun, aber in ihr steckt auch, dass sie wieder vergeht. Auch hier ist es wichtig, dass wir dies verstehen, denn die meisten Beziehungen sind anfällig für diese Energieverschwendung.

Leidenschaft ist etwas völlig anderes als Begehrlichkeit, Interesse oder Begeisterung. Das Interesse an einer Sache kann sehr tief gehen, und man kann das Interesse für Profit oder Macht nutzen, aber dieses Interesse ist keine Leidenschaft. Interesse kann durch ein Objekt oder eine Idee geweckt werden. Interesse ist eine Befriedigung des Selbst. Leidenschaft ist frei vom Selbst. Begeisterung dreht sich immer um etwas Bestimmtes. Leidenschaft ist eine eigenständige

Flamme. Begeisterung kann durch einen anderen, durch etwas außerhalb von euch geweckt werden. Leidenschaft ist die Gesamtheit der Energie, die nicht von irgendeiner Art von Stimulierung herrührt. Leidenschaft ist jenseits des Selbst.

Spüren die Lehrer diese Art der Leidenschaft? Denn aus ihr entsteht Schöpferisches. Beim Unterrichten von Schulfächern muss man neue Wege finden, wie Informationen vermittelt werden, ohne dass diese den Geist mechanisch machen. Könnt ihr das Fach Geschichte, in dem es um die Geschichte der Menschheit geht, so unterrichten, dass es keine indische, englische oder amerikanische Geschichte ist, sondern die globale Geschichte der Menschheit? Auf diese Weise ist der Geist der Erziehenden immer frisch und tatkräftig, und sie entdecken ein ganz anderes Herangehen an das Unterrichten. Dabei sind die Erziehenden auf intensive Weise lebendig, und mit dieser Lebendigkeit geht Leidenschaft einher.

Ist das an allen unseren Schulen möglich? Denn es geht uns darum, eine andere Gesellschaft zu schaffen, in der das Gute blüht und der Geist nicht mechanisch ist. Das ist wahre Erziehung und Bildung. Werdet ihr, die Erziehenden, diese Verantwortung übernehmen? In dieser Verantwortung liegt das Blühen des Guten in euch selbst und in den Schülern. Wir sind für die gesamte Menschheit verantwortlich, und die seid ihr und die Schüler. Da müsst ihr anfangen und es auf die ganze Erde ausweiten. Man kann sehr weit gehen, wenn man ganz nah beginnt. Das Naheliegendste seid ihr und eure Schüler. Wir beginnen in der Regel mit dem Entferntesten, dem höchsten Prinzip, dem großartigsten Ideal und verlieren uns in irgendeinem nebulösen Traum eines fantasievollen Denkens. Aber wenn ihr ganz nah beginnt, mit dem Naheliegendsten, das ihr selbst seid, dann steht die ganze Welt offen, denn ihr seid die Welt, und die Welt jenseits von euch ist nur die Natur. Die Natur ist keine Vorstellung, sie ist wirklich, und was ihr jetzt erlebt, ist wirklich. Ihr müsst beim Tatsächlichen beginnen, bei dem, was jetzt geschieht. Und das Jetzt ist zeitlos.

20
Status

Egoismus ist das Kernproblem in unserem Leben.

Die meisten Menschen sind egoistisch. Sie sind sich des eigenen Egoismus nicht bewusst, es ist ihre Lebensweise. Und wenn man sich bewusst ist, dass man egoistisch ist, verbirgt man es sehr sorgfältig und passt sich an die Gesellschaftsnorm an, die im Grunde egoistisch ist. Der egoistische Geist ist sehr gerissen. Entweder ist er brutal und offen egoistisch, oder er nimmt viele andere Formen an. Wenn man Politiker ist, strebt der Egoismus nach Macht, Ansehen und Popularität. Er identifiziert sich mit einer Idee, einer Mission und das alles zum Wohl der Allgemeinheit. Wenn man ein Tyrann ist, drückt sich der Egoismus in brutaler Herrschaft aus. Tendiert man dazu, religiös zu sein, zeigt er sich in Gestalt der Anbetung, der Hingabe und des Festhaltens an einem Glauben oder einem Dogma. Der Egoismus kommt auch in der Familie zum Ausdruck. Der Vater folgt seinem eigenen Egoismus in allen Lebenslagen und ebenso die Mutter.

Ruhm, Wohlstand und gutes Aussehen bilden eine Grundlage für die im Verborgenen schleichende Aktivität des Selbst. Sie ist in der hierarchischen Struktur der Priesterschaft zu finden, sosehr ihre Angehörigen auch ihre Liebe zu Gott und ihre Verbundenheit mit dem selbstgeschaffenen Bild ihrer jeweiligen Gottheit verkünden mögen. Die Industriekapitäne und die armen Büroangestellten haben diese sich ausweitende und gefühllos machende Lust am Selbst. Die Mönche, die dem Treiben der Welt entsagt haben, mögen alle Gegenden der Erde durchwandern oder in irgendeinem Kloster eingesperrt sein, die unaufhörlichen Aktivitäten des Selbst aber haben sie nicht aufgegeben. Sie können ihren Namen ändern, besondere Gewänder tragen oder Keuschheits- oder Schweigegelübde ablegen, aber sie sind entflammt für ein Ideal, für eine Vorstellung oder für ein Symbol. Bei den Wissenschaftlern, den Philosophen und den Professoren an den Universitäten ist es dasselbe. Diejenigen, die gute Werke vollbringen, die Heiligen und die Gurus, die Männer und Frauen, die unermüdlich für die Armen arbeiten: Alle versuchen, ganz in ihrer Arbeit aufzugehen, aber die Arbeit ist Teil des Selbst. Sie haben den Egoismus auf ihre Arbeit übertragen. Es beginnt in der Kindheit und setzt sich bis ins hohe Alter fort. Die Eitelkeit des Wissens, die eingeübte Bescheidenheit des Leiters, die sich unterordnende Frau und der dominante Mann haben alle diese Krankheit. Das Selbst identifiziert sich mit dem Staat, mit unzähligen Gruppen, unzähligen Ideen und Zielen, aber es bleibt das, was es von Anfang an war.

Die Menschen haben verschiedene Übungen, Methoden und Meditationen ausprobiert, um sich von diesem Zentrum zu befreien, das so viel Elend und Verwirrung verursacht, aber wie ein Schatten lässt es sich nie einfangen. Es ist immer da, und es entgleitet den Fingern und dem Geist. Je nach den Umständen wird es manchmal verstärkt oder es wird schwächer. Treibt man es hier in die Enge, taucht es dort wieder auf.

Man fragt sich, ob die Erziehenden, die für eine neue Generation verantwortlich sind, auf nonverbaler Ebene verstehen, was für eine bösartige Sache das Selbst ist, wie verderblich, verzerrend und gefährlich es sich auf unser Leben auswirkt. Sie wissen vielleicht nicht, wie sie davon frei sein können; sie wissen nicht einmal, dass es da ist. Aber wenn sie einmal erkannt haben, auf welche Art und Weise das Selbst aktiv ist, können die Erzieherinnen und Erzieher dann den Schülern die Feinheiten des Selbst verständlich machen? Und ist es nicht die Verantwortung der Erziehenden, das zu tun? Wissen kann vom Selbst für seine eigene Ausweitung, seine Aggressivität und seine angeborene Grausamkeit benutzt werden.

Egoismus ist das Kernproblem unseres Lebens. Anpassen und Nachahmen sind Bestandteile des Selbst, genauso wie das Konkurrieren und die Rücksichtslosigkeit des Talents. Wenn die Erziehenden an diesen Schulen sich dieses Problems ernsthaft annehmen, was sie hoffentlich tun, wie werden sie dann den Schülern helfen, selbstlos zu sein? Ihr könnt sagen, Selbstlosigkeit sei eine ›Gabe fremder Götter‹, oder es als unmöglich abtun. Wenn ihr es aber ernst nehmt, was man tun muss, und ihr euch für die Schüler voll verantwortlich fühlt, wie wollt ihr es dann angehen, den Geist von dieser uralten, bindenden Energie zu befreien, dem Selbst, das so viel Leid verursacht hat?

Würdet ihr nicht mit großer Sorgfalt, die Zuneigung beinhaltet, in einfachen Worten erklären, welche Konsequenzen es hat, wenn ein Schüler im Zorn spricht oder wenn er jemanden schlägt oder wenn er sich selbst für wichtig hält? Und wenn er darauf besteht: »Das gehört mir«, oder damit prahlt: »Das habe ich gemacht«, oder wenn er aus Angst bestimmte Aktivitäten vermeidet, ist es dann nicht möglich, ihm zu erklären, dass er dadurch Stein für Stein eine Mauer um sich herum errichtet? Und wenn seine Wünsche oder seine Gefühle sein rationales Denken überwältigen, ist es dann nicht möglich, ihn darauf hinzuweisen, dass der Schatten des Selbst zunimmt? Ist es nicht möglich ihm zu sagen, dass dort, wo das Selbst in welcher Gestalt auch immer herrscht, keine Liebe vorhanden ist?

Aber der Schüler könnte den Erziehenden fragen: »Haben Sie das alles erkannt oder spielen Sie nur mit Worten?« Genau diese Frage könnte eure eigene Intelligenz wecken, und diese Intelligenz wird euch das richtige Gespür und die richtigen Worte für die Antwort geben.

Als Erziehende seid ihr in keiner besonderen Position. Ihr seid Menschen mit allen Problemen des Lebens, wie die Schüler. In dem Moment, in dem ihr von einer besonderen Position aus sprecht, zerstört ihr die zwischenmenschliche Beziehung. Eine Position beinhaltet Macht, und wenn ihr das bewusst oder unbewusst anstrebt, geratet ihr in eine grausame Welt.

Ihr habt eine große Verantwortung, meine Freunde, und wenn ihr diese volle Verantwortung übernehmt, die Liebe ist, dann sind die Wurzeln des Selbst verschwunden. Dies wird nicht als Ermutigung gesagt oder um euch das Gefühl zu geben, dass ihr dies tun müsst, aber da wir alle Menschen sind und die ganze Menschheit repräsentieren, sind wir voll und ganz verantwortlich, ob wir das wollen oder nicht. Ihr könnt versuchen, euch der Verantwortung zu entziehen, aber genau in diesem Vorgang ist das Selbst aktiv. Die Klarheit des Wahrnehmens ist Freiheit vom Selbst.

21
Feingefühl

*Die Intelligenz des Körpers
wird über das eigene Wohlbefinden wachen.*

Das Blühen des Guten setzt unsere gesamte Energie frei. Es ist keine Kontrolle oder Unterdrückung der Energie, sondern vielmehr die vollständige Freiheit dieser gewaltigen Energie. Sie wird durch das Denken begrenzt und vermindert, ebenso wie durch die Aufspaltung unserer Sinneseindrücke. Das Denken selbst ist diese Energie und manövriert sich in enge Bahnen hinein, in ein Zentrum des Selbst. Ein Blühen des Guten ist nur möglich, wenn die Energie frei ist. Aber das Denken hat aufgrund seiner eigenen Natur diese Energie begrenzt, und daher findet die Aufspaltung der Sinneseindrücke statt. Folglich gibt es die Sinneseindrücke, Empfindungen, das Verlangen und die Vorstellungen, die das Denken aus dem Verlangen erschafft. All das ist eine Aufspaltung der Energie. Kann dieser begrenzte Prozess sich selbst wahrnehmen? Das heißt, können die Sinne sich selbst wahrnehmen? Kann das Verlangen sehen, wie es selbst aus den Sinnen und aus der Empfindung des Bildes hervorgeht, das vom Denken geschaffen wurde? Und kann das Denken sich seiner selbst und seiner Aktivitäten bewusst sein? All dies heißt: Kann der ganze physische Körper sich seiner selbst bewusst sein?

Unser Leben hängt von unseren Sinnen ab. Für gewöhnlich ist einer der Sinne vorherrschend: das Hören, das Sehen und das Schmecken scheinen voneinander getrennt zu sein; aber ist das tatsächlich so? Oder ist es so, dass wir dem einen oder anderen Sinn eine größere Wichtigkeit beigemessen haben oder genauer gesagt, dass das Denken ihm größere Bedeutung beigemessen hat? Man kann gute Musik hören und Freude daran haben und dennoch unempfänglich für andere Dinge sein. Man kann einen feinen Geschmackssinn haben und völlig unempfindlich für eine subtile Farbgebung sein. Das ist Fragmentierung. Wenn sich jedes Fragment nur seiner selbst bewusst ist, bleibt die Fragmentierung erhalten. Auf diese Weise wird die Energie aufgespalten. Wenn dies so ist, wie es scheint, gibt es dann ein nicht fragmentiertes Gewahrsein aller Sinne?

Das Denken ist Bestandteil der Sinne. Kann der Körper sich selbst wahrnehmen? Das heißt, nicht ihr nehmt euren eigenen Körper wahr, sondern der Körper selbst nimmt sich wahr. Es ist sehr wichtig, dass dies herausgefunden wird. Es kann einem von keinem anderen beigebracht werden, denn dann ist es eine Information aus zweiter Hand, die das Denken sich selbst auferlegt. Ihr müsst selbst entdecken, ob der ganze Organismus, das physische Gebilde, sich selbst wahrnehmen kann. Ihr könnt vielleicht die Bewegung eines Armes, eines Beines oder des Kopfes wahrnehmen und dadurch spüren, dass ihr des Ganzen gewahr werdet, aber unsere Frage ist: Kann sich der Körper auch ohne jede Bewegung selbst wahrnehmen? Das herauszufinden ist von grundlegender Bedeutung, denn das Denken hat dem Körper seine Muster aufgezwungen: was es für die richtigen Übungen oder die richtige Ernährung hält und was sonst noch alles. Das Denken dominiert also den Organismus. Bewusst oder unbewusst gibt es einen Kampf zwischen dem Denken und dem Körper. Auf diese Weise zerstört das Denken die natürliche Intelligenz des Körpers.

Hat der Körper, der physische Organismus seine eigene Intelligenz? Er hat sie, wenn alle Sinne in Harmonie zusammenwirken, sodass es keine Anstrengung und keine emotionalen oder sinnlichen Forderungen des Verlangens gibt. Man isst, wenn man hungrig ist, aber in der Regel bestimmt das Geschmacksempfinden, das von der Gewohnheit gebildet wurde, was man isst. Es findet also eine Auftrennung statt. Ein gesunder Körper ist nur durch die Harmonie aller Sinne möglich, und das ist die eigene Intelligenz des Körpers. Unsere Frage ist: Führt Disharmonie nicht zu Energieverschwendung? Kann die eigene Intelligenz des Organismus geweckt werden, die durch das Denken unterdrückt oder zerstört wurde?

Erinnerungen haben eine verheerende Wirkung auf den Körper. Die Erinnerung an das gestrige Vergnügen macht das Denken zum Herrn über den Körper. Der Körper wir dann zum Sklaven des Herrn, und seine Intelligenz wird abgelehnt. Es kommt also zum Konflikt. Dieser Kampf kann sich in Form von Faulheit, Müdigkeit, Gleichgültigkeit oder neurotischen Reaktionen äußern. Wenn der Körper seine eigene Intelligenz vom Denken befreit hat, obwohl das Denken ein Teil von ihm ist, wird diese Intelligenz über sein eigenes Wohlbefinden wachen.

Vergnügen beherrscht unser Leben von seinen primitivsten bis zu den kultiviertesten Formen; und Vergnügen besteht im Wesentlichen aus Erinnerungen, aus dem, was gewesen ist oder dem, was erwartet wird. Vergnügen findet nie im gegenwärtigen Augenblick statt. Wenn Vergnügen abgelehnt, unterdrückt oder blockiert wird, kommt es durch diese Frustration zu neurotischen Handlungen, wie beispielsweise Gewalt oder Hass. Dann sucht das Vergnügen andere Formen und Ventile; Zufriedenheit und Unzufriedenheit entstehen. Um sich all dieser körperlichen und psychischen Aktivitäten bewusst zu sein, ist es erforderlich, die ganzen Vorgänge des eigenen Lebens zu beobachten.

Wenn der Körper sich selbst wahrnimmt, können wir eine weitere und vielleicht schwierigere Frage stellen: Kann das Denken, das dieses ganze Bewusstsein zusammengefügt hat, sich selbst wahrnehmen? Die meiste Zeit dominiert das Denken den Körper, und so verliert der Körper seine Vitalität, seine Intelligenz und seine eigene, ihm innewohnende Energie und reagiert daher neurotisch. Ist die Intelligenz des Körpers etwas anderes als die gesamte Intelligenz, die nur zum Vorschein kommen kann, wenn das Denken durch Erkennen seiner eigenen Begrenzung seinen Platz findet?

Wie wir bereits am Anfang des Briefes gesagt haben, kann das Blühen des Guten nur stattfinden, wenn die gesamte Energie freigesetzt wird. In diesem Freisetzen gibt es keine Energieverluste. Nur in dieser allerhöchsten unzerteilten Intelligenz findet dieses Blühen statt. Diese Intelligenz ist kein Kind der Vernunft. Die Gesamtheit dieser Intelligenz ist Mitgefühl.

Die Menschheit hat versucht, diese immense Energie durch verschiedene Formen der Kontrolle freizusetzen, durch kräftezehrende Selbstdisziplin, durch Fasten, durch aufopferungsvolle Entsagungen, die irgendeiner höchsten Instanz oder Gott dargebracht werden, oder durch Manipulieren dieser Energie mittels verschiedener [innerer] Zustände. All dies beinhaltet eine Manipulation des Denkens hin zu einem erwünschten Ziel. Aber was wir sagen, ist das genaue Gegenteil. Kann all das den Schülern vermittelt werden? Es liegt in eurer Verantwortung, dies zu tun.

22
Selbstbezogenheit

Kann der Geist sich selbst aus dem Gefängnis befreien, das er geschaffen hat?

Es ist das Anliegen dieser Schulen, eine neue Generation von Menschen hervorzubringen, die frei von selbstbezogenem Handeln sind. Keine anderen Bildungseinrichtungen befassen sich damit. Es ist unsere Verantwortung als Erziehende, einen Geist hervorzubringen, der in sich selbst keinen Konflikt hat, und die Kämpfe und Konflikte in der Welt um uns herum zu beenden.

Kann der Geist, der ein vielschichtiges Gebilde mit komplexen Vorgängen ist, sich selbst aus dem Netz befreien, das er gewoben hat? Jeder intelligente Mensch stellt sich die Frage, ob es möglich ist, die Konflikte zwischen den Menschen zu beenden. Einige sind dem intellektuell auf den Grund gegangen; andere sehen es als hoffnungslos an, werden verbittert und zynisch oder erwarten von irgendeiner Instanz außerhalb, sie von ihrem eigenen Chaos und Elend zu erlösen. Wenn wir fragen, ob der Geist sich selbst aus dem Gefängnis befreien kann, das er selbst geschaffen hat, so ist dies keine intellektuelle oder rhetorische Frage. Sie wird mit vollem Ernst gestellt. Sie ist eine Herausforderung, auf die ihr antworten müsst, nicht nach eurem Belieben oder eurer Bequemlichkeit, sondern entsprechend der Dimension dieser Herausforderung. Sie kann nicht aufgeschoben werden.

Eine Herausforderung fragt nicht, ob es möglich ist oder nicht, dass der Geist fähig ist sich selbst zu befreien. Die Herausforderung ist, wenn sie überhaupt etwas bedeutet, akut und äußerst intensiv. Um darauf zu antworten, müsst ihr diese Art von Intensität und Dringlichkeit spüren können. Wenn diese intensive Herangehensweise gegeben ist, dann hat die Frage enorme Auswirkungen. Die Herausforderung verlangt das Höchste und Beste von euch, nicht nur intellektuell, sondern von allen Fähigkeiten eures Wesens. Die Herausforderung befindet sich nicht außerhalb von euch. Bitte verlagert sie nicht nach außen, was bedeuten würde, dass ihr eine Vorstellung aus ihr macht. Wenn ihr von euch die Gesamtheit all eurer Energie fordert, so wischt genau diese Forderung jede Kontrolle, alle

Widersprüche und Widerstände in euch selbst beiseite. Sie bringt unversehrte Ganzheit und völlige Harmonie mit sich. Das ist der Wesenskern der Selbstlosigkeit.

Der Geist mit seinen emotionalen Reaktionen und mit all den Dingen, die das Denken zusammengefügt hat, ist unser Bewusstsein. Dieses Bewusstsein mit seinem Inhalt ist das Bewusstsein eines jeden Menschen. Es ist abgewandelt, nicht ganz gleich, in Nuancen und Feinheiten unterschiedlich, aber prinzipiell sind die Grundlagen seiner Daseinsform uns allen gemeinsam. Wissenschaftler und Psychologen untersuchen dieses Bewusstsein, und die Gurus spielen damit für ihre eigenen Zwecke. Die Ernsthaften untersuchen das Bewusstsein in Form einer Theorie oder mittels Laborversuchen. Sie untersuchen die Reaktionen des Gehirns, Alphawellen und so weiter, als wäre es etwas, das außerhalb von ihnen ist.

Wir befassen uns aber nicht mit den Theorien, Vorstellungen und Gedanken über unser Bewusstsein. Wir befassen uns mit seinen Aktivitäten in unserem täglichen Leben. Wenn wir diese Aktivitäten, die tagtäglichen Reaktionen und Konflikte verstehen, werden wir einen Einblick in die Natur und Struktur unseres eigenen Bewusstseins erhalten. Wie wir bereits aufgezeigt haben, ist die grundlegende Realität dieses Bewusstseins uns allen gemeinsam. Es ist nicht euer individuelles Bewusstsein oder meines. Wir haben es geerbt, und wir modifizieren es, ändern es hier und da ab, aber seine grundlegenden Vorgänge sind allen Menschen gemeinsam.

Dieses Bewusstsein macht unseren Geist aus, mit all den komplexen Feinheiten des Denkens, mit den Emotionen, den Reaktionen der Sinne, dem angesammelten Wissen, dem Leiden, dem Schmerz, der Angst, der Gewalt. All das ist unser Bewusstsein. Das Gehirn ist uralt und wurde durch Jahrtausende der Evolution, durch alle möglichen Erfahrungen konditioniert, was durch weitere Ansammlungen von Wissen fortgesetzt wird. All das ist das Bewusstsein, das jeden Augenblick unseres Lebens in Aktion ist. Es ist die Beziehung zwischen den Menschen mit all den Freuden und Leiden, mit der Verwirrung durch widersprüchliche Gefühle und der Befriedigung des Verlangens, mit seinem Schmerz. So verläuft unser Leben. Wir fragen – und das muss als Herausforderung gesehen werden –, ob dieses uralte Geschehen jemals zu einem Ende kommen kann. Denn es wurde zu einer automatischen Aktivität und einer traditionellen

Lebensweise. Im Enden gibt es ein Beginnen, und nur dann gibt es weder Enden noch Beginnen.

Das Bewusstsein scheint eine sehr komplexe Angelegenheit zu sein, aber eigentlich ist es sehr einfach. Das Denken hat den gesamten Inhalt unseres Bewusstseins, seine Sicherheit, seine Ungewissheit, seine Hoffnungen und Ängste, die Depressionen und Hochgefühle, die Ideale und die Illusionen zusammengefügt. Wird einmal begriffen, dass das Denken für den gesamten Inhalt unseres Bewusstseins verantwortlich ist, dann stellt sich die unvermeidliche Frage, ob das Denken eingestellt werden kann. Viele Versuche wurden unternommen, religiöse und methodische, um das Denken zu beenden. Aber auch die Forderung nach dem Ende des Denkens ist Teil der Aktivitäten des Denkens. Auch hinter der Suche nach dem Überbewusstsein steckt immer noch der Wertmaßstab des Denkens. Die Götter, die Rituale, alle emotional gefärbten Illusionen der Kirchen, Tempel und Moscheen mit ihrer wunderbaren Architektur sind nach wie vor Erzeugnisse des Denkens. Gott wird vom Denken in den Himmel gesetzt. Die Natur wurde nicht vom Denken gemacht, sie ist real. Der Stuhl ist auch real, und er wurde vom Denken hergestellt. Alles was die Technik hervorgebracht hat, ist real. Illusionen entziehen sich dem Tatsächlichen, dem was jetzt geschieht. Aber Illusionen werden zur Wirklichkeit, weil unser Leben darauf beruht. Der Hund wird nicht vom Denken geschaffen, aber unser Wunsch, wie der Hund sein soll, ist ein Vorgang des Denkens. Denken ist Messen und Bewerten. Denken ist Zeit. Das alles zusammen ist unser Bewusstsein. Der Geist, das Gehirn, die Sinne sind Teil davon. Wir fragen, ob dieses Geschehen ein Ende haben kann.

Das Denken ist die Wurzel unseres ganzen Leids, unserer ganzen Hässlichkeit. Was wir verlangen, ist das Ende der Dinge, die das Denken zusammengefügt hat. Also nicht das Ende des Denkens, sondern das Ende unserer Angst, des Kummers, des Schmerzes, der Macht und Gewalt. Wenn diese Dinge ein Ende haben, findet das Denken seinen rechtmäßigen, begrenzten Platz – für das alltägliche Wissen und das Gedächtnis, das man haben muss. Wenn die Inhalte des Bewusstseins, die vom Denken zusammengefügt wurden, nicht länger aktiv sind, dann ist ein riesiger Raum vorhanden und damit wird auch eine immense Energie freigesetzt, die durch das Bewusstsein begrenzt wurde. Liebe ist jenseits dieses Bewusstseins.

23
Die Kunst zu leben

Innere Verbundenheit macht die Kunst zu leben aus.

Fragesteller: Darf ich Sie in aller Ernsthaftigkeit fragen, was für Sie zu den wichtigsten Dingen im Leben zählt? Ich habe viel darüber nachgedacht und es gibt so viele Dinge im Leben, die alle wichtig zu sein scheinen.

Krishnamurti: Vielleicht ist es die Kunst zu leben. Wir verwenden das Wort ›Kunst‹ im weitesten Sinne. Da das Leben so vielschichtig ist, ist es immer schwierig und irreführend, einen Aspekt herauszugreifen und zu sagen, er sei der wichtigste. Bereits das Auswählen und Unterscheiden führt, wenn ich darauf hinweisen darf, zu weiterer Verwirrung. Wenn Sie sagen, dass dies der wichtigste Aspekt sei, dann verweisen Sie die anderen Tatsachen des Lebens auf einen untergeordneten Rang. Entweder betrachten wir die gesamten Vorgänge des Lebens als eine Einheit, was den meisten Menschen sehr schwerfällt, oder wir nehmen einen grundlegenden Aspekt, in dem, wenn möglich, alle anderen Aspekte enthalten sind. Wenn Sie damit einverstanden sind, können wir unser Gespräch fortsetzen.

F: Wollen Sie damit sagen, dass ein Aspekt das ganze Spektrum des Lebens abdecken kann? Ist das möglich?

K: Es ist möglich. Wir sollten ganz langsam und mit Bedacht an die Sache herangehen. Zunächst einmal müssen wir beide nachforschen und nicht sofort zu irgendeiner Schlussfolgerung kommen, die in der Regel recht oberflächlich ist. Wir erforschen gemeinsam eine Facette des Lebens, und wenn wir diese verstehen, können wir dabei vielleicht das ganze Spektrum des Lebens erfassen. Um untersuchen zu können, müssen wir von unseren Vorurteilen, persönlichen Erfahrungen und bereits feststehenden Schlussfolgerungen frei sein. Wie ein guter Wissenschaftler brauchen wir einen Geist, der ungetrübt ist von dem Wissen, das wir bereits angesammelt haben. Wir müssen uns dieser Sache von Neuem nähern, ohne auf das zu reagieren, was beobachtet wird. Das ist eines der Erfordernisse bei dieser Art des Untersuchens, bei dem weder eine Idee noch eine Reihe von philosophischen Konzepten untersucht wird, sondern unser eigener Geist. Das ist unbedingt erforderlich, sonst wird unser Untersuchen von unseren eigenen Ängsten, Hoffnungen und Wünschen beeinflusst.

F: Verlangen Sie nicht zu viel? Ist es möglich, einen solchen Geist zu haben?

K: Bereits der Antrieb zu untersuchen und dessen Intensität befreien den Geist von seiner Beeinflussung. Wie bereits gesagt, ist die Kunst zu leben eines der wichtigsten Dinge. Gibt es eine Art und Weise, unser tägliches Leben zu leben, die völlig anders ist als die normale Lebensweise? Wir kennen alle die übliche. Gibt es eine Lebensweise ohne jede Kontrolle, ohne jeden Konflikt und ohne eine Anpassung, die auf disziplinarischem Druck beruht? Wie finde ich das heraus? Ich kann es nur herausfinden, wenn mein ganzer Geist sich genau dem zuwendet, was jetzt geschieht. Das heißt, dass ich nur dann herausfinden kann, was es bedeutet, ohne Konflikte zu leben, wenn das, was jetzt geschieht, beobachtet werden kann. Dieses Beobachten ist keine Angelegenheit des Intellekts oder der Gefühle, sondern es ist ein exaktes, klares und scharfes Wahrnehmen, in der es keine Dualität gibt. Es gibt nur das Tatsächliche und nichts anderes.

F: Was meinen Sie in diesem Fall mit Dualität?

K: Dass es in dem, was vor sich geht, keinen Widerstand oder Widerspruch gibt. Dualität tritt nur auf, wenn es zu einer Flucht vor dem kommt, ›was ist‹. Diese Flucht erzeugt das Gegenteil, und so entsteht ein Konflikt. Es gibt nur das Tatsächliche und nichts anderes.

F: Wollen Sie damit sagen, dass der Geist nicht mit Assoziationen und Reaktionen hinzukommen darf, wenn etwas wahrgenommen wird, was jetzt geschieht?

K: Ja, das meinen wir. Die Assoziationen und Reaktionen auf das, was geschieht, kommen aus der Konditionierung des Geistes. Diese Konditionierung verhindert, das beobachten zu können, was jetzt geschieht. Was jetzt geschieht, ist frei von Zeit. Zeit ist die Entwicklung unserer Konditionierung. Sie ist das Erbe der Menschheit, die Bürde, die keinen Anfang hat.
Wenn es zu einem intensiven Beobachten des gegenwärtigen Geschehens kommt, löst sich das, was beobachtet wird, in Nicht-

sein auf. Das Beobachten der Wut, die sich jetzt ereignet, enthüllt die gesamte Natur und Struktur der Gewalt. Diese Einsicht ist das Ende jeder Gewalt. Sie wird nicht durch irgendetwas anderes ersetzt. Und darin besteht auch unsere Schwierigkeit. Unser ganzes Verlangen und unser Bestreben sind darauf ausgerichtet, ein endgültiges Ziel zu finden. In diesem Ziel steckt ein trügerisches Gefühl der Sicherheit.

F: Für viele von uns ist es schwierig, die Wut zu beobachten, denn die Emotionen und Reaktionen scheinen untrennbar Teil dieser Wut zu sein. Man spürt keine Wut ohne Assoziationen und Inhalt.

K: Hinter der Wut stecken viele Geschichten. Sie ist kein unabhängiges Ereignis. Wie Sie gesagt haben, enthält sie sehr viele Assoziationen. Und diese Assoziationen mit ihren Emotionen verhindern ein wirkliches Beobachten. Bei der Wut ist der Inhalt die Wut selbst. Die Wut ist der Inhalt. Wut und Inhalt sind keine getrennten Dinge. Der Inhalt ist die Konditionierung. Im intensiven Beobachten dessen, was tatsächlich vor sich geht, das heißt, im Beobachten der Aktivitäten der Konditionierung, wird die Natur und Struktur der Konditionierung aufgelöst.

F: Wollen Sie damit sagen, dass sofort der rasende Strom der Assoziationen im Geist einsetzt, wenn ein Ereignis stattfindet? Und dass das Beobachten das Geschehen stoppt und es weg ist, wenn man sofort sieht, wie es anfängt? Ist es das, was Sie meinen?

K: Ja, es ist wirklich einfach, so einfach, dass Sie diese Einfachheit übersehen und damit auch ihre Feinheit. Was wir sagen ist, dass bei allem, was geschieht – wenn Sie gehen, sprechen oder ›meditieren‹ – das stattfindende Ereignis zu beobachten ist. Wenn der Geist umherwandert, beendet bereits das Beobachten sein Geschwätz. Es gibt also zu keiner Zeit eine Ablenkung.

F: Es scheint, als würden Sie sagen, dass der Inhalt des Denkens in der Kunst zu leben im Grunde keine Bedeutung hat.

K: Ja. Erinnern hat keinen Platz in der Kunst zu leben. Innere Verbundenheit macht die Kunst zu leben aus. Wenn in Beziehungen Erinnerungen mitspielen, sind es keine Beziehungen. Beziehungen bestehen zwischen Menschen und nicht zwischen ihren Erinnerungen. Diese Erinnerungen trennen, und somit kommt es zum Streit und zur Gegnerschaft zwischen dem Du und dem Ich. Daher hat das Denken, das auf Erinnerungen beruht, in der

Beziehung überhaupt keinen Platz. Das ist die Kunst zu leben. Beziehung besteht zu allen Dingen – zur Natur, zu den Vögeln, den Felsen, zu allem um uns herum und über uns, zu den Wolken, den Sternen und zum blauen Himmel. Das ganze Dasein ist Beziehung. Ohne sie können Sie nicht leben. Weil wir die Beziehung verdorben haben, leben wir in einer Gesellschaft, die zerfällt. Zur Kunst zu leben kann es nur kommen, wenn die Liebe nicht vom Denken verunreinigt wird. Können sich die Lehrer an diesen Schulen voll und ganz für diese Kunst einsetzen?

24
Worte

Worte verhindern das Wahrnehmen der Wirklichkeit.

Krishnamurti: Die größte Kunst ist die Kunst zu leben. Sie ist größer als alles, was die Menschen mit ihrem Geist oder ihren Händen geschaffen haben, größer als alle Schriften und ihre Gottheiten. Nur durch die Kunst zu leben kann eine neue Kultur entstehen. Es ist die Verantwortung jeder Lehrerin und jedes Lehrers, insbesondere an diesen Schulen, das zustande zu bringen. Diese Kunst zu leben kann nur aus völliger Freiheit hervorgehen.

Diese Freiheit ist kein Ideal oder etwas, das irgendwann stattfinden wird. Der erste Schritt in die Freiheit ist der letzte Schritt in die Freiheit. Es ist der erste Schritt, der zählt, nicht der letzte. Was Sie jetzt tun, ist weitaus bedeutsamer als das, was Sie zu einem späteren Zeitpunkt tun. Leben ist das, was in diesem Augenblick geschieht und nicht in einem vorgestellten Augenblick. Es ist nicht das, was das Denken sich ausgedacht hat. Daher ist es der erste Schritt, den Sie jetzt machen, der wichtig ist. Wenn dieser Schritt in die richtige Richtung geht, dann steht ihnen das Leben offen. Die richtige Richtung führt nicht zu einem Ideal oder zu einem vorher festgelegten Ziel. Sie ist untrennbar mit dem verbunden, was jetzt geschieht. Dies ist keine Philosophie oder eine Reihe von Theorien. Es ist genau das, was das Wort ›Philosophie‹ bedeutet: die Liebe zur Wahrheit und die Liebe zum Leben. Man kann nicht auf eine Universität gehen, um das zu lernen. Wir lernen etwas über die Kunst zu leben in unserem Alltag.

Wir leben mit Worten und Worte werden zu unserem Gefängnis. Worte sind notwendig, um zu kommunizieren, aber das Wort ist nie die Sache. Das Tatsächliche ist nicht das Wort, aber das Wort bekommt entscheidende Bedeutung, wenn es die Stelle dessen eingenommen hat, ›was ist‹. Sie können dieses Phänomen beobachten, wenn die Beschreibung anstelle der Sache selbst zur Realität geworden ist, das heißt das Symbol, das wir anbeten, der Schatten, dem wir nachjagen, oder die Illusion, an die wir uns klammern. Worte und die Sprache prägen unsere Reaktionen.

Sprache wird zur treibenden Kraft und unser Geist wird durch Worte geformt und kontrolliert. Die Worte ›Nation‹, ›Staat‹, ›Gott‹, ›Familie‹ und so weiter umgeben uns mit all ihren Assoziationen, und so wird unser Geist durch die Last der Worte zu ihrem Sklaven.

Fragesteller: Wie kann das vermieden werden?

K: Das Wort ist nie die Sache. Das Wort ›Ehefrau‹ ist nie die Person. Das Wort ›Tür‹ ist nicht die Tür. Das Wort verhindert das tatsächliche Wahrnehmen der Sache oder der Person, denn ein Wort hat viele Assoziationen. Diese Assoziationen, die eigentlich Erinnerungen sind, verfälschen nicht nur das visuelle Beobachten, sondern auch das Beobachten der psychischen Vorgänge. Worte werden dann zu einem Hindernis für den freien Fluss des Beobachtens. Nehmen Sie die Worte ›Premierminister‹ und ›Sachbearbeiter‹. Sie beschreiben Funktionen, aber das Wort ›Premierminister‹ hat eine enorme Bedeutung im Sinne von Macht, Status und Wichtigkeit, während mit dem Wort ›Sachbearbeiter‹ Assoziationen wie Unwichtigkeit, geringer Status und keine Macht einhergehen. Das Wort hindert Sie also daran, beide als Menschen zu betrachten. In den meisten von uns ist eine tief verwurzelte Überheblichkeit vorhanden, und zu sehen, was Worte unserem Denken angetan haben, und sich dessen ohne auszuwählen bewusst zu sein, bedeutet, die Kunst des Beobachtens zu lernen, das heißt, ohne Assoziationen zu beobachten.

F: Ich verstehe, was Sie sagen, aber die Assoziationen tauchen so schlagartig auf, dass die Reaktionen stattfinden, bevor man sie erkennt. Ist es möglich, das zu verhindern?

K: Ist das nicht eine falsche Frage? Wer soll das verhindern? Ist es ein weiteres Symbol, ein weiteres Wort oder eine weitere Idee? Wenn dem so ist, dann hat man noch nicht die volle Bedeutung der Versklavung des Geistes durch Worte und Sprache erkannt. Sehen Sie, wir benutzen Worte gefühlsmäßig. Es ist eine Form des emotionalen Denkens, abgesehen vom Gebrauch technischer Begriffe, wie Zahlen und Maße, die präzise sind. In zwischenmenschlichen Beziehungen und Aktivitäten spielen Gefühle eine große Rolle. Ein Verlangen, das vom Denken durch Vorstellungen aufrechterhalten wird, ist sehr stark. Vorstellungen bestehen aus Worten und Bildern, und diese sind eine Folge unseres Vergnügens und unseres Verlangens. So wird der ganze Lauf unseres Lebens von Worten und ihren Assoziationen geprägt. Diesen gesamten Prozess als ein Ganzes zu sehen heißt, die Wahrheit zu erkennen, wie Denken das Wahrnehmen verhindert.

F: Wollen Sie damit sagen, dass es ohne Worte kein Denken gibt?

K: Ja, mehr oder weniger. Bitte vergessen Sie nicht, dass wir über die Kunst zu leben sprechen und etwas darüber lernen, aber uns nicht die Worte merken. Wir sind dabei zu Lernen, wobei ich Ihnen nichts beibringe und Sie zum dummen Schüler werden. Ihre Frage war, ob es ein Denken ohne Worte gibt. Das ist eine sehr wichtige Frage. Unser gesamtes Denken beruht auf dem Gedächtnis, und das Gedächtnis beruht auf Worten, Vorstellungen, Symbolen und Bildern. All das sind Worte.

F: Aber das, woran man sich erinnert, ist kein Wort. Es ist eine Erfahrung, ein emotionales Ereignis, das Bild einer Person oder eines Ortes. Das Wort ist eine zweitrangige Assoziation.

K: Wir benutzen Worte um all das zu beschreiben. Schließlich ist ein Wort ein Symbol, das darauf hinweist, was geschehen ist oder gerade geschieht, das etwas kommuniziert oder hervorruft. Gibt es ein Denken ohne diesen ganzen Vorgang? Ja, das gibt es, aber es sollte nicht als Denken bezeichnet werden. Denken beinhaltet ein Fortbestehen des Gedächtnisses, Wahrnehmen hingegen ist keine Aktivität des Denkens. Es ist in Wirklichkeit Einsicht in die gesamte Natur und das Räderwerk der Worte, Symbole und Bilder mit ihren emotionalen Verstrickungen. Das in seiner Ganzheit zu sehen heißt, den Worten den richtigen Platz zuzuweisen.

F: Aber was bedeutet es, das Ganze zu sehen? Das sagen Sie oft. Was meinen Sie damit?

K: Das Denken wirkt spaltend, weil es seiner Natur nach begrenzt ist. Ganzheitlich zu beobachten beinhaltet, dass sich das Denken nicht einmischt und das Beobachten nicht durch die Vergangenheit in Form von Wissen blockiert wird. Dann existiert kein Beobachter, denn der Beobachter ist die Vergangenheit, die wahre Natur des Denkens.

F: Fordern Sie uns auf, mit dem Denken aufzuhören?

K: Das ist, wenn wir darauf hinweisen dürfen, wieder eine falsche Frage. Wenn das Denken sich selbst auffordert, mit dem Denken aufzuhören, erzeugt es einen Zwiespalt und Konflikt. Genau das ist der Prozess der Spaltung durch das Denken. Wenn Sie wirklich erfassen, dass dies die Wahrheit ist, dann ist das Denken auf natürliche Weise außer Kraft gesetzt. Das Denken hat dann seinen eigenen begrenzten Platz. Das Denken übernimmt dann nicht den ganzen Raum des Lebens, wie es das jetzt tut.

F: Ich erkenne welche außergewöhnliche Aufmerksamkeit erforderlich ist. Bin ich zu dieser Aufmerksamkeit wirklich fähig? Bin ich ernsthaft genug, meine gesamte Energie dafür einzusetzen?

K: Kann Energie überhaupt aufgeteilt werden? Energie wird aufgewendet, wenn man seinen Lebensunterhalt verdient, Familie hat und ernsthaft genug ist, um zu begreifen, was gesagt wird. All das ist Energie, aber das Denken teilt sie auf, und so wenden wir viel Energie für die Art und Weise auf, wie wir leben, und sehr wenig für das andere. Die Kunst zu leben ist eine Kunst, in der es kein Aufteilen gibt. Sie ist die Ganzheit des Lebens.

25
Der Intellekt

Lernt aus dem Buch eurer eigenen Geschichte,
denn ihr seid die ganze Menschheit.

Weshalb werden wir erzogen und ausgebildet? Vielleicht habt ihr diese Frage noch nie gestellt, aber wie lautet eure Antwort, wenn ihr sie stellt? Für die Notwendigkeit einer Erziehung und Bildung werden viele Gründe vorgebracht, vernünftige, zwingende und banale Argumente. Die üblichen Antworten sind: um einen Arbeitsplatz zu bekommen, eine erfolgreiche Karriere zu machen oder um sich handwerkliche Fertigkeiten oder intellektuelle Kenntnisse anzueignen. Großer Wert wird auf die geistigen Fähigkeiten gelegt, um einen guten, einträglichen Beruf zu finden. Ist man intellektuell nicht so begabt, wird das handwerkliche Können wichtig. Man sagt, Bildung und Erziehung seien notwendig, um die Gesellschaft so zu erhalten, wie sie ist, und um sich an ein Denk- und Verhaltensmuster anzupassen, das vom sogenannten Establishment, sei es traditionell oder hochmodern, vorgegeben wird. Der gebildete Geist hat eine großartige Fähigkeit, über nahezu jedes Sachgebiet Informationen anzusammeln, über Kunst, Wissenschaft und so weiter. Dieser kenntnisreiche Geist ist gelehrt, professionell und philosophisch gebildet. Diese Art Gelehrsamkeit wird hoch gelobt und geehrt. Wenn man beim Lernen wissbegierig, klug und schnell von Begriff ist, sichert einem diese Bildung eine glänzende Zukunft, wobei der Glanz abhängig ist von der sozialen Lage und dem Umfeld. Ist man in diesem Bildungssystem nicht so intelligent, wird man Bau- oder Fabrikarbeiter, oder man muss einen Platz am unteren Ende dieser sehr vielschichtigen Gesellschaft finden. So sieht im Großen und Ganzen unsere Bildung und Erziehung aus.

Was ist [wirkliche] Erziehung und Bildung? Im Grunde ist es die Kunst zu lernen, und zwar nicht nur aus Büchern, sondern auch aus den gesamten Vorgängen des Lebens. Das gedruckte Wort hat entscheidende Bedeutung bekommen, die alles andere verdrängt. Man eignet sich Kenntnisse an über das, was andere Menschen denken: über ihre Meinungen, ihre Werte, ihre Beurteilungen und über eine Reihe ihrer zahllosen Erfahrungen. Die Büchersammlung ist wichtiger als der Mensch, der sie besitzt. Er ist selbst zur Büchersammlung geworden, und er geht davon aus, dass er durch ständiges Lesen lernt. Diese Ansammlung von Informationen wie in einem Computer wird als gebildeter und kultivierter Geist betrachtet. Daneben gibt es diejenigen, die gar nicht lesen und jene eher verachten, die es tun, und in ihren eigenen ichbezogenen Erfahrungen und rechthaberischen Meinungen gefangen sind.

Wenn man all das erkennt, welche Funktion hat dann ein ganzheitlicher Geist? Wir meinen mit ›Geist‹ alle Reaktionen der Sinne, die Emotionen, die etwas ganz anderes sind als Liebe, und die intellektuellen Fähigkeiten. Derzeit messen wir dem Intellekt eine phänomenale Bedeutung bei. Mit ›Intellekt‹ bezeichnen wir die Fähigkeit, logisch, vernünftig oder unvernünftig, objektiv oder aus persönlicher Sicht zu denken. Es ist der Intellekt, der mit seinen gedanklichen Aktivitäten die Fragmentierung unseres Menschseins herbeiführt. Der Intellekt hat die Welt durch Sprachen, Nationen und Religionen gespalten und die Menschen voneinander getrennt. Überall auf der Welt ist der Intellekt der zentrale Faktor für den geistigen Verfall der Menschheit, denn der Intellekt macht nur einen Teil des Menschseins und der menschlichen Fähigkeiten aus. Wird dieser Teil verherrlicht, gepriesen und ausgezeichnet und beansprucht er entscheidende Bedeutung, dann wird unser Leben, also unsere Beziehungen, Handlungen und Verhaltensweisen, widersprüchlich und heuchlerisch. Dann kommen Ängste und Schuldgefühle zum Vorschein. Der Intellekt hat seinen Platz, beispielsweise in der Wissenschaft, aber der Mensch hat wissenschaftliche Erkenntnisse nicht nur zu seinem Nutzen angewendet, sondern er hat damit auch Waffen für Kriege produziert und die Umwelt verschmutzt. Der Intellekt kann zwar seine eigenen Aktivitäten wahrnehmen, die zum geistigen Verfall führen, aber da er letztlich nur ein Teilstück ist, ist er völlig unfähig, seinem eigenen Niedergang ein Ende zu bereiten.

Wie gesagt, die Schulung des Geistes ist der Wesenskern des Lernens. Die Natur des Intellekts kennenzulernen, seine Dominanz, seine Aktivitäten, seine gewaltigen Fähigkeiten und seine zerstörerische Kraft, ist [wahre] Bildung. Die Natur des Denkens, das die ureigene Aktivität des Intellekts ist, nicht aus einem Buch kennenzulernen, sondern durch Beobachten der Welt um euch herum und zu erkennen, was da genau geschieht, und zwar ohne Theorien, Vorurteile und Wertvorstellungen, das ist Bildung. Etwas aus Büchern zu lernen ist wichtig, aber viel wichtiger ist es, aus dem Buch der eigenen Geschichte zu lernen, denn ihr seid die ganze Menschheit. Dieses Buch zu lesen, das ist die Kunst zu lernen. Es ist alles darin enthalten: die Institutionen, der ausgeübte Druck, die religiösen Zwänge und Grundsätze, ihre Grausamkeit, ihre Glaubensvorstellungen. Die soziale Struktur aller Gesellschaften wird durch die Beziehungen zwischen den Menschen mit ihrer Gier, ihrem Ehrgeiz, ihrer Gewalt, ihren Freuden und ihren Ängsten gebildet. Es liegt vor euch, wenn ihr wisst, wie man schaut.

Das Buch ist nicht da draußen oder in euch selbst verborgen; es ist überall um euch herum; ihr gehört zu diesem Buch. Das Buch erzählt euch die Geschichte des Menschen, und lesen müsst ihr es in euren Beziehungen, in euren Reaktionen, in euren Vorstellungen und Wertmaßstäben. Das Buch ist das wahre Zentrum eures Wesens, und Lernen besteht darin, dieses Buch mit äußerster Sorgfalt zu lesen. Das Buch erzählt euch die Geschichte der Vergangenheit, wie die Vergangenheit euren Geist, euer Herz und eure Sinne prägt. Die Vergangenheit beeinflusst die Gegenwart, indem sie sich entsprechend der Herausforderung des Augenblicks modifiziert. Und in dieser endlosen Aktivität der Zeit sind die Menschen gefangen. Das ist die Konditionierung des Menschen.

Diese Konditionierung war [schon immer] eine nicht enden wollende Belastung für die Menschen, für euch und eure Mitmenschen. Die Philosophen, Theologen und die Heiligen haben diese Konditionierung akzeptiert oder haben zugelassen, dass sie akzeptiert wurde, und haben das Beste daraus gemacht. Oder sie haben Fluchtmöglichkeiten in Fantasievorstellungen von mystischen Erfahrungen oder von Göttern und Himmeln angeboten. Erziehung und Bildung ist die Kunst, etwas über diese Konditionierung zu lernen und wie man aus ihr herausfindet, das heißt, wie man von dieser Bürde frei wird. Es gibt einen Ausweg, der keine Flucht ist und die Dinge nicht so akzeptiert, wie sie sind. Es ist weder ein Vermeiden noch ein Unterdrücken der Konditionierung. Es ist die Auflösung der Konditionierung.

Wenn ihr das lest oder hört, achtet darauf, ob das mit der Fähigkeit des Intellekts geschieht, Worte zu verstehen, oder ob ihr mit der

Sorgfalt der Aufmerksamkeit lest oder zuhört. Wenn absolute Aufmerksamkeit vorhanden ist, gibt es keine Vergangenheit mehr, sondern nur noch das reine Beobachten der tatsächlichen Vorgänge.

26
Bewerten und Vergleichen

Wenn die Erziehenden das Bewerten und Vergleichen weglassen, dann ist ihre Beziehung zu den Schülern völlig anders.

Man neigt dazu, die Verantwortung der Erziehenden zu vergessen oder zu missachten, dass sie eine neue Generation von Menschen hervorbringen sollen, die psychisch, im Inneren, frei von Kummer, Ängsten und Stress sind. Es ist eine heilige Verantwortung, die nicht einfach zugunsten der eigenen Ambitionen, des eigenen Ansehens oder der eigenen Machtbefugnisse außer Acht gelassen werden kann. Wenn die Erziehenden die Größe, Tiefe und Schönheit einer solchen Verantwortung spüren, werden sie die Fähigkeit bekommen, zu unterrichten und dabei ihre Energie zu bewahren.

Das erfordert ein hohes Maß an Gewissenhaftigkeit und ist nicht mit gelegentlichen, halbherzigen Bemühungen machbar. Allein die Tiefe der Verantwortlichkeit wird das Feuer entfachen, durch das die Erziehenden als vollständige Menschen und große Lehrer bestehen bleiben. Da die Welt sehr schnell degeneriert, muss es in all diesen Schulen eine Gruppe von Lehrern und Schülern geben, die sich für eine radikale Veränderung der Menschen durch richtige Erziehung und Bildung einsetzen.

Das Wort ›richtig‹ ist keine Ansichtssache, keine Frage der Einschätzung oder ein vom Intellekt entwickeltes Konzept. Das Wort ›richtig‹ bezeichnet ein Handeln, das alles umfasst, in dem alle selbstbezogenen Beweggründe wegfallen. Allein schon die dominierende Verantwortlichkeit, die nicht nur den Erziehenden ein Anliegen ist, sondern auch den Schülern, vertreibt die sich selbst erhaltenden Probleme. Wie unreif der Geist auch sein mag – wenn ihr einmal diese Verantwortung übernommen habt, führt allein schon das Übernehmen zum Aufblühen des Geistes. Dieses Blühen findet in der Beziehung zwischen den Schülern und den Erziehenden statt. Es ist keine einseitige Angelgenheit.

Wenn ihr das lest, widmet dem bitte eure ganze Aufmerksamkeit und spürt die Dringlichkeit und Intensität dieser Verantwortlichkeit. Macht daraus bitte keine abstrakte Vorstellung oder Idee, sondern beobachtet die realen Fakten, das was beim Lesen wirklich geschieht.

Fast alle Menschen verlangen in ihrem Leben nach Macht und Reichtum. Wenn Reichtum vorhanden ist, ist ein gewisses Gefühl der Freiheit da und man geht dem Vergnügen nach. Das Verlangen nach Macht scheint ein Instinkt zu sein, der sich in vielerlei Hinsicht ausdrückt. Er ist im Priester, im Guru, im Ehemann und in der Ehefrau oder im Verhalten eines Schülers gegenüber einem anderen zu finden. Der Drang, zu dominieren oder sich zu unterwerfen, ist eine der geistigen Verfassungen der Menschheit und wahrscheinlich ein tierisches Erbe. Diese Aggressivität und dass ihr nachgegeben wird, verdirbt das ganze Leben hindurch alle Beziehungen. Das war seit Anbeginn der Zeit das gängige Verhaltensmuster. Die Menschheit hat das als eine natürliche Lebensweise akzeptiert, mit all den Konflikten und dem ganzen Elend, das sie mit sich bringt.

Im Grunde ist Messen und Bewerten daran beteiligt – das Mehr und das Weniger, das Größere und das Kleinere, was im Wesentlichen ein Vergleichen ist. Man vergleicht sich immer mit anderen, vergleicht ein Gemälde mit einem anderen. Ein Vergleich findet auch zwischen mehr und weniger Macht oder zwischen dem Schüchternen und dem Aggressiven statt. Dieses ständige Messen der Macht, der Stellung und des Vermögens beginnt beinahe schon bei der Geburt und setzt sich das ganze Leben hindurch fort. Es wird an Schulen, Colleges und Universitäten gefördert. Ihr gesamtes System der Einstufung beruht auf dem vergleichenden Bewerten des Wissens. Wenn A mit B verglichen wird, der klug, intelligent und selbstbewusst ist, dann wird A durch diesen Vergleich zerstört. Diese Zerstörung zeigt sich in Form einer Rivalität, eines Nachahmens und des Anpassens an die von B vorgegebenen Muster. Bewusst oder unbewusst erzeugt dies Feindseligkeit, Eifersucht, Furcht und sogar Angst. Und dies wird der Zustand, in dem A für den Rest seines Lebens lebt. Er ist immer dabei zu messen und psychisch und physisch zu vergleichen.

Dieses Vergleichen ist einer der vielen Aspekte der Gewalt. Das Wort ›mehr‹ ist immer ein Vergleich, genauso wie das Wort ›besser‹. Die Frage ist also: Können die Erziehenden beim Unterrichten jedes Vergleichen und jedes Bewerten beiseitelassen? Können sie die Schüler nehmen, wie sie sind, und nicht so, wie sie sein sollten, und keine Beurteilungen abgeben, die auf vergleichendem Bewerten beruhen? Denn nur wenn es einen Vergleich gibt zwischen demjenigen, den man als klug und dem anderen, den man als dumm bezeichnet, gibt es eine solche Eigenschaft wie Dummheit.

Ist jemand ein Idiot wegen des Vergleichens oder weil er unfähig ist bestimmte Dinge zu tun? Wir legen gewisse Normen fest, die auf Bewertungen beruhen, und diejenigen, die sie nicht erreichen, gelten als minderbemittelt. Wenn die Erziehenden das Bewerten und Vergleichen weglassen, dann befassen sie sich mit den Schülern so, wie sie sind, und ihre Beziehung zu den Schülern ist direkt und völlig anders. Das zu verstehen ist wirklich wichtig. Liebe vergleicht nicht. Sie hat keinen Wertmaßstab.

Bewerten und Vergleichen sind Vorgehensweisen des Intellekts, die spalten und trennen. Wenn das von Grund auf erfasst wird, und zwar nicht nur die Bedeutung der Worte, sondern die tatsächliche Wahrheit des Ganzen, dann erfährt die Beziehung zwischen Lehrern und Schülern eine radikale Veränderung. Die letztendliche Prüfung der Bewertungen sind die Examen, die von Angst und Aufregung begleitet werden und das zukünftige Leben der Schüler stark beeinflussen. Die gesamte Atmosphäre einer Schule verändert sich, wenn kein Sinn für das Konkurrieren und Vergleichen vorhanden ist.

27
Werte

*Lebt mit jener Klarheit,
die keine Wertvorstellung ist.*

Wertvorstellungen zu kultivieren ist eine der Eigentümlichkeiten der Menschen. Von Kindheit an werden wir ermutigt, für uns selbst gewisse tief verwurzelte Werte festzulegen. Jeder Mensch hat seine eigenen langlebigen Ziele und Absichten und natürlicherweise unterscheiden sich die Wertvorstellungen des einen von denen des anderen. Sie werden entweder vom Verlangen oder vom Intellekt entwickelt und sind entweder wirklichkeitsfremd, bequem, tröstlich oder sachlich. Diese Wertvorstellungen fördern offensichtlich die Spaltung zwischen den Menschen. Je nach den eigenen Vorurteilen und Absichten sind Wertvorstellungen verachtenswert oder ehrbar.

Ohne die verschiedenen Arten der Wertvorstellungen aufzulisten, stellt sich die Frage, warum die Menschen Wertvorstellungen haben und welche Folgen sich aus ihnen ergeben. Die Grundbedeutung des [englischen] Wortes ›value‹ (Wert) ist Stärke. Es kommt von ›valour‹ (Mut). Stärke ist keine Wertvorstellung. Sie wird zu einer Wertvorstellung, wenn sie das Gegenteil von Schwäche ist. [Wahre] Stärke, also nicht die Stärke des Charakters, die ein Ergebnis des gesellschaftlichen Drucks ist, ist die Grundlage der Klarheit. Klares Denken ist vorurteilslos und unvoreingenommen; es ist ein Beobachten ohne Verfälschung. Stärke oder Mut ist keine Sache, die man so kultivieren kann, wie man eine Pflanze oder eine neue Rasse züchten würde. Sie ist kein Resultat. Ein Resultat hat eine Ursache, und wenn etwas einen Beweggrund hat, weist dies auf eine Schwäche hin. Die Folgen einer Schwäche sind Widerstand oder Nachgeben. Klarheit hat keine Ursache. Klarheit ist keine Folgeerscheinung und kein Resultat; sie ist reines Beobachten des Denkens und seiner gesamten Aktivität. Diese Klarheit ist Stärke.

Weshalb haben Menschen Wertvorstellungen entwickelt? Sollen sie ihnen in ihrem Alltagsleben den Weg weisen? Sollen sie ihnen einen Sinn vermitteln, weil sonst das Leben ungewiss, vage und orientierungslos ist? Aber die Orientierung wird vom Intellekt oder dem Verlangen vorgegeben, und so wird eben diese Orientierung zu einer Verfälschung. Diese Verfälschungen variieren von Mensch zu Mensch, und die Menschen klammern sich an sie im rastlosen Ozean der Verwirrung. Man kann sehen, welche Konsequenzen sich ergeben, wenn man Wertvorstellungen hat. Sie trennen die Menschen voneinander und bringen sie gegeneinander auf. Darüber hinaus führt dies zu Elend, zu Gewalt und letztendlich zum Krieg.

Ideale sind Wertvorstellungen. Ideale jeglicher Art bestehen aus einer Reihe von nationalen, religiösen, kollektiven oder persönlichen Wertvorstellungen. Die Konsequenzen dieser Ideale kann man an ihren Auswirkungen in der Welt wahrnehmen. Wenn man die wahre Natur dieser Sache erkennt, wird der Geist von allen Wertvorstellungen befreit. Für einen solchen Geist gibt es nur Klarheit. Ein Geist, der sich an eine Erfahrung klammert oder sie begehrt, unterliegt dem Irrglauben an Wertvorstellungen und zieht sich auf sich selbst zurück, wird verschlossen und spaltet sich ab.

Könnt ihr als Erziehende den Schülern erklären, dass sie keinerlei Wertvorstellungen haben, sondern mit jener Klarheit leben sollten, die keine Wertvorstellung ist? Dies lässt sich nur vollbringen, wenn die Erziehenden selbst zutiefst gefühlt haben, dass dies die Wahrheit ist. Wenn nicht, wird daraus nur eine verbale Erklärung ohne jede tiefere Bedeutung. Das muss nicht nur den älteren Schülern vermittelt werden, sondern auch den ganz jungen. Die älteren Schüler sind durch den Druck der Gesellschaft und der Eltern mit ihren Wertvorstellungen bereits schwer konditioniert, oder sie haben bereits ihre eigenen Ziele entwickelt, die zu ihrem Gefängnis werden. Bei den ganz jungen Schülern ist es wichtig, dass ihnen geholfen wird, sich von psychischen Zwängen und Problemen zu befreien. Gegenwärtig werden die ganz jungen Schüler in komplizierten intellektuellen Aufgaben unterrichtet. Ihr Unterricht wird fachlich immer anspruchsvoller. Man vermittelt ihnen immer mehr abstrakte Informationen, und ihren Gehirnen werden verschiedene Arten von Wissen aufgedrängt, wodurch sie von Kindheit an konditioniert werden.

Uns dagegen geht es darum, den ganz Jungen dabei zu helfen, dass sie keine psychischen Probleme haben, von Angst, Sorgen und Grausamkeit frei sind und Fürsorge, Großzügigkeit und Zuneigung entwickeln. Das ist weitaus wichtiger als ihrem jungen Geist Wissen aufzubürden. Das heißt nicht, dass die Kinder nicht lesen, schreiben und Ähnliches lernen sollten, sondern dass das Schwergewicht auf der psychischen Freiheit liegt anstatt auf der Aneignung von Wissen, auch wenn das notwendig ist. Diese Freiheit bedeutet nicht, dass die Kinder machen können, was sie wollen, sondern dass ihnen geholfen wird, die Natur ihrer Reaktionen und Wünsche zu verstehen.

Dies erfordert sehr viel Einsicht aufseiten der Lehrerinnen und Lehrer. Schließlich wollt ihr, dass die Schüler vollständige Menschen ohne irgendwelche psychischen Probleme werden. Andernfalls werden sie jedes Wissen, das ihnen vermittelt wird, missbrauchen. Unsere Erziehung und Bildung besteht darin, im Bekannten zu leben und so ein Sklave der Vergangenheit mit all ihren Traditionen, Erinnerungen und Erfahrungen zu sein. Unser Leben bewegt sich vom Bekannten zum Bekannten, und so kommt es nie zur Freiheit vom Bekannten. Wenn man ständig im Bekannten lebt, gibt es nichts Neues, nichts Ursprüngliches, nichts, das vom Denken nicht verunreinigt ist. Denken ist das Bekannte. Wenn unsere Erziehung ein ständiges Ansammeln von Bekanntem ist, dann werden unser Geist und Herz zu etwas Mechanischem, ohne die immense Vitalität des Unbekannten. Das, was als Wissen Kontinuität hat, ist für immer begrenzt; und das Begrenzte muss fortwährend Probleme erzeugen. Das Ende der Kontinuität, die Zeit ist, lässt das Zeitlose aufblühen.

28
Zentren des Lichts und der Weisheit

Diese Orte sind für die Aufklärung der Menschheit da.

Lehrkräfte und Erziehende sind Menschen. Es ist ihre Aufgabe, den Schülern zu helfen, nicht nur das eine oder andere Fachgebiet zu erlernen, sondern die gesamte Aktivität des Lernens zu verstehen. Das heißt, nicht nur Informationen über verschiedene Fachgebiete zu sammeln, sondern in erster Linie vollständige Menschen zu sein. Diese Schulen sind nicht bloße Zentren des Lernens, sondern sie müssen Zentren des Guten sein und einen religiösen Geist hervorbringen.

Überall auf der Welt degenerieren die Menschen mehr oder weniger stark. Wenn das persönliche oder kollektive Vergnügen zum dominierenden Interesse im Leben wird – das Vergnügen am Sex, das Vergnügen, den eigenen Willen durchzusetzen, das Vergnügen an aufregenden Erfahrungen, das Vergnügen am Eigeninteresse, das Vergnügen an Macht und Status, das beharrliche Verlangen, die eigenen Wünsche zu erfüllen –, dann kommt es zur Degeneration. Wenn menschliche Beziehungen allzu zwanglos werden und auf Vergnügen beruhen, kommt es zu Degeneration. Wenn Verantwortlichkeit völlig ihre Bedeutung verloren hat, wenn keine Rücksicht auf andere oder auf die Erde und auf das Leben im Meer genommen wird, ist diese Missachtung von Himmel und Erde eine weitere Form der Degeneration. Wenn in hohen Positionen Heuchelei herrscht, wenn es Unehrlichkeit im Wirtschaftsleben gibt, wenn Lügen zum Alltag gehören, wenn die Tyrannei der Wenigen regiert, wenn nur materielle Dinge im Vordergrund stehen, ist dies der Verrat am ganzen Leben. Dann wird das Töten die einzige Sprache im Leben. Wenn das Vergnügen für Liebe gehalten wird, dann haben sich die Menschen selbst von der Schönheit und Heiligkeit des Lebens abgeschnitten.

Das Vergnügen ist immer etwas Persönliches und ein isolierender Vorgang. Obwohl man meint, dass Vergnügen etwas sei, das durch Befriedigung eines Verlangens mit anderen geteilt wird, ist es in Wahrheit eine sich abkapselnde und isolierende Aktivität des Ego, des ›Ich‹. Je größer das Vergnügen, desto mehr wird das ›Ich‹ gestärkt. Bei der Jagd nach Vergnügen nutzen sich die Menschen gegenseitig aus. Wenn das Vergnügen unser Leben beherrscht, werden Beziehungen zu diesem Zweck ausgenutzt, und daher besteht keine wirkliche Beziehung zu anderen. Dann wird Beziehung zu einem Handelsobjekt. Der Drang nach Erfüllung beruht auf Vergnügen, und wenn dieses Vergnügen verweigert wird oder keine Möglichkeit gefunden hat, sich auszudrücken, dann kommt es zu Wut, Zynismus, Hass oder Bitterkeit. Diese unaufhörliche Jagd nach Vergnügen ist im Grunde Verrücktheit.

Deutet nicht all das darauf hin, dass die Menschheit trotz ihres immensen Wissens und ihrer außergewöhnlichen Fähigkeiten, mit ihrem Tatendrang und ihrem aggressiven Vorgehen im Niedergang begriffen ist? Diese berechnende Selbstbezogenheit mit ihren Ängsten, Freuden und Sorgen ist überall auf der Welt deutlich sichtbar.

Was ist angesichts dessen die absolute Verantwortung dieser Schulen? Sie müssen ganz gewiss zentrale Orte für das Erlernen einer Lebensweise sein, die nicht auf Vergnügen und selbstbezogenen Aktivitäten beruht, sondern auf dem Sinn für korrektes Handeln, die Tiefe und Schönheit der Beziehungen und für die Heiligkeit eines religiösen Lebens. Wenn die Welt um uns herum dermaßen destruktiv und ohne Bedeutung ist, müssen diese Schulen, diese Zentren zu Orten des Lichts und der Weisheit werden. Dies zustande zu bringen liegt in der Verantwortung derjenigen, die für diese Orte zuständig sind.

Da dies dringend ist, haben Ausreden keine Bedeutung. Entweder sind die Zentren wie ein Fels, der von den Wassern der Zerstörung umspült wird, oder sie werden von der Strömung des Verfalls erfasst. Diese Orte sind für die Aufklärung der Menschheit da.

29
Das Überleben der Menschheit

Wir können unmöglich überleben, wenn wir uns nur um unser eigenes Überleben kümmern.

In einer Welt, in der sich die Menschheit durch gesellschaftliche Umwälzungen, Überbevölkerung, Kriege, entsetzliche Gewalt und Gefühllosigkeit bedroht fühlt, sorgt sich jeder Mensch mehr denn je um sein eigenes Überleben. Überleben bedeutet, gesund, glücklich und ohne großen Druck und ohne große Anstrengung zu leben. Jeder von uns interpretiert Überleben nach seinen eigenen speziellen Vorstellungen. Der Idealist stellt sich eine Lebensweise vor, die nicht der Wirklichkeit entspricht; die Theoretiker, gleichgültig, ob mit einer marxistischen, religiösen oder irgendeiner anderen speziellen Überzeugung, haben Modelle für ein Überleben entwickelt; und die Nationalisten halten das Überleben nur in einer bestimmten Gruppe oder Gemeinschaft für möglich. Diese ideologischen Unterschiede, Ideale und Überzeugungen sind die Wurzeln einer Spaltung, die dabei ist, das Überleben der Menschen zu verhindern.

Menschen wollen auf ihre eigene Art und Weise überleben, die ihren engstirnigen Reaktionen, ihren unmittelbaren Vorlieben oder irgendwelchen Glaubensvorstellungen entsprechen oder dem, was irgendwelche religiösen Erlöser, Propheten oder Heilige vorgeben. Keines dieser Dinge kann Sicherheit bieten. Es steckt in ihnen, dass sie trennen, andere ausschließen und begrenzt sind. In der Hoffnung auf Überleben einer Tradition zu folgen ist sinnlos, wie uralt oder modern die Tradition auch sein mag. Partielle Lösungen gleich welcher Art, ob aus der Wissenschaft, Religion, Politik oder Wirtschaft, können der Menschheit nicht mehr das Überleben sichern. Der Mensch hat sich schon immer um sein eigenes persönliches Überleben gekümmert, um seine Familie, seine Gruppe, sein Volk oder seine Nation. Und da all das zu Spaltung und Trennung führt, ist dies in Wirklichkeit eine Bedrohung für sein Überleben.

Die derzeitigen Spaltungen in Nationalitäten, Hautfarben, Kulturen und Religionen sind die Ursachen für die Verunsicherung der Menschen im Hinblick auf ihr Überleben. In den Turbulenzen der heutigen Welt hat die Unsicherheit die Menschen dazu gebracht, sich an Autoritäten zu wenden, an politische, religiöse oder wirtschaftliche Experten. Die Spezialisten sind unvermeidlich eine Gefahr, denn ihre Antworten sind zwangsläufig immer partiell und begrenzt. Die Menschen sind keine getrennten Einzelwesen. Was sich auf wenige auswirkt, wirkt sich auf die gesamte Menschheit aus. Diesem Problem kann man nicht entkommen oder ausweichen. Ihr könnt euch nicht mehr der alles umfassenden menschlichen Notlage entziehen.

Wir haben das Problem und die Ursache dargelegt, und jetzt müssen wir die Lösung finden. Diese Lösung darf nicht von irgendeiner Form von sozialem, religiösem, wirtschaftlichem, politischem Druck oder von irgendeiner Organisation abhängen. Wir können unmöglich überleben, wenn wir uns nur um unser eigenes Überleben kümmern. Alle Menschen auf der ganzen Welt stehen heute miteinander in einem Zusammenhang. Was in einem Land geschieht, wirkt sich auch auf die anderen Länder aus. Der Mensch hat sich als ein Einzelwesen betrachtet, das von den anderen getrennt ist, aber in psychischer Hinsicht ist ein Mensch untrennbar mit der gesamten Menschheit verbunden.

So etwas wie ein Überleben der Psyche gibt es nicht. Wenn der Wunsch besteht, zu überleben oder sich zu verwirklichen, erzeugt ihr psychisch einen Zustand, der nicht nur trennt, sondern auch völlig unrealistisch ist. In psychischer Hinsicht könnt ihr euch nicht von den anderen abgrenzen. Der Wunsch, sich psychisch zu unterscheiden, ist der wahre Ursprung der Gefahr und der Zerstörung. Jeder Mensch, der sich durchsetzt, bedroht seine eigene Existenz. Wenn erkannt und verstanden wird, dass dies wahr ist, verändert sich das Verantwortungsbewusstsein eines Menschen radikal, nicht nur für seine unmittelbare Umgebung, sondern für alle Lebewesen. Diese umfassende Verantwortlichkeit ist Mitempfinden. Dieses Mitempfinden handelt mit Hilfe der Intelligenz. Diese Intelligenz ist nicht partiell, individuell oder abgegrenzt. Mitempfinden gilt nie nur einem Teil. Mitempfinden gilt der Heiligkeit aller Lebewesen.

30
Der Geist der Zusammenarbeit

Wie könnt ihr mit dem Universum zusammenarbeiten, wenn ihr nur um euch selbst besorgt seid?

Wir sollten nicht nur an diesen Schulen, sondern auch als Menschen sehr ernsthaft die Fähigkeit zur Zusammenarbeit betrachten, zur Zusammenarbeit mit der Natur, mit den Lebewesen auf Erden und auch mit anderen Menschen. Als soziale Wesen sind wir für uns selbst da. Unsere Gesetze, unsere Regierungen und unsere Religionen verstärken alle die Trennung zwischen den Menschen, die sich im Laufe der Jahrhunderte zu einem Gegeneinander der Menschen entwickelt hat. Wenn wir überleben wollen, wird es immer wichtiger, dass ein Geist der Zusammenarbeit mit dem Universum und mit allen Wesen im Meer und auf dem Land vorhanden ist.

In allen Gesellschaftsformen kann man die zerstörende Wirkung der Aufspaltung in Fragmente sehen: Nation gegen Nation, eine Gruppe gegen die andere, eine Familie gegen eine andere Familie, ein Einzelner gegen einen anderen. Es ist überall dasselbe: in den Religionen, in der Gesellschaft und in der Wirtschaft. Jeder bemüht sich um sich selbst, um seine Klasse oder um sein spezielles Interesse in einer Gemeinschaft. Diese Spaltung der Menschen durch Überzeugungen, Ideale, Entschlüsse und Vorurteile verhindert, dass der Geist der Zusammenarbeit erblühen kann.

Wir sind Menschen und keine Mitglieder eines Volksstamms, die andere ausschließen und sich abtrennen. Wir sind Menschen, die in Schlussfolgerungen, Theorien und Glaubensvorstellungen gefangen sind. Wir sind lebende Wesen, die sich nicht in Schubladen stecken lassen. Es sind unsere menschlichen Lebensumstände, die uns dazu bringen, auf Kosten anderer nach Nahrung, Kleidung und Unterkunft zu suchen. Allein schon unser Denken trennt, und alles Handeln, das aus diesem begrenzten Denken hervorgeht, muss eine Zusammenarbeit verhindern. Die wirtschaftlichen und gesellschaftlichen Strukturen, die heute bestehen, einschließlich der Religionsgemeinschaften, verstärken die Ausgrenzung und Abtrennung. Dieser Mangel an Zusammenarbeit führt letztendlich zu Kriegen und zur Zerstörung der Menschheit. Nur in Zeiten von Krisen oder

Katastrophen scheinen wir zusammenzufinden, und wenn sie vorbei sind, verfallen wir wieder in unseren alten Zustand.

Wir scheinen unfähig zu sein, in Harmonie miteinander zu leben und zu arbeiten. Kam es zu diesem isolierenden und aggressiven Prozess, weil unser Gehirn, das Zentrum unseres Denkens und Fühlens, von alters her durch die äußeren Zwänge so konditioniert wurde, dass es nach seinem eigenen persönlichen Überleben strebt? Liegt es daran, dass sich dieser isolierende Prozess mit der Familie und mit dem Stamm identifiziert hat und zum verherrlichten Nationalismus wurde? Ist nicht jede Isolierung mit einem Bedürfnis nach Identifizierung und Selbstverwirklichung verbunden? Wurde die Bedeutung des Selbst nicht durch die Entwicklung des Gegensatzes zwischen ›ich‹ und ›du‹, zwischen ›wir‹ und ›die anderen‹ geschaffen? Haben nicht alle Religionen die persönliche Erlösung, die persönliche Erleuchtung oder die persönliche Leistung, sowohl in religiöser Hinsicht als auch in der Welt, hervorgehoben? Ist Zusammenarbeit unmöglich geworden, weil wir dem Talent, der Spezialisierung, der Leistung, dem Erfolg so viel Bedeutung beigemessen haben, die alle die Getrenntheit fördern? Liegt es daran, dass bei der Zusammenarbeit von Menschen immer irgendeine Art von Autorität einer Regierung oder Religion, oder eine Ideologie oder ein Beschluss im Mittelpunkt stand, was dann unweigerlich das eigene destruktive Gegenteil hervorbringt?

Was bedeutet es, zusammenzuarbeiten? Gemeint ist nicht das Wort, sondern die Geisteshaltung. Ihr könnt unmöglich mit einem anderen, mit der Erde und ihren Meeren und Gewässern zusammenarbeiten, es sei denn, ihr seid in euch selbst harmonisch, nicht zerrissen und nicht voller Widersprüche. Ihr könnt nicht kooperieren, wenn ihr selbst unter Stress und Druck steht und in Konflikten steckt. Wie könnt ihr mit dem Universum zusammenarbeiten, wenn ihr um euch selbst, eure Probleme und Ambitionen besorgt seid? Es kann keine Zusammenarbeit geben, wenn all eure Aktivitäten selbstbezogen sind und ihr mit eurem Egoismus, mit euren eigenen geheimen Wünschen und Vergnügungen beschäftigt seid. Solange der Intellekt mit seinen Gedanken euer ganzes Handeln beherrscht, kann es natürlich keine Zusammenarbeit geben, denn das Denken ist parteiisch, engstirnig und ewig spaltend. Zusammenarbeit erfordert große Aufrichtigkeit.

Aufrichtigkeit hat kein Motiv. Aufrichtigkeit ist kein Ideal und kein Glaube. Aufrichtigkeit ist Klarheit, das klare Wahrnehmen der Dinge, so wie sie sind. Wahrnehmen ist Aufmerksamkeit. Diese Aufmerksamkeit wirft mit all ihrer Energie ein Licht auf das, was beobachtet wird. Dieses Licht des Wahrnehmens bewirkt eine Umwandlung der beobachteten Sache.

Es gibt kein System, durch das ihr lernt, wie man zusammenarbeitet. Zusammenarbeit lässt sich nicht strukturieren und klassifizieren. Ihr Wesen verlangt, dass Liebe vorhanden ist, und diese Liebe lässt sich nicht messen; denn wenn man vergleicht, was das Wesen des Messens ist, hat sich das Denken eingeschaltet. Wo das Denken zugegen ist, ist keine Liebe da.

Kann dies den Schülern vermittelt werden, und kann es eine Zusammenarbeit zwischen den Erziehenden an diesen Schulen geben? Diese Schulen sind Zentren für eine neue Generation mit einer neuen Einstellung, mit einem neuen Gefühl dafür, Bürger der Welt zu sein, die an allen Lebewesen dieser Welt Anteil nehmen. Es ist eure große Verantwortung, diesen Geist der Zusammenarbeit hervorzubringen.

31
Intelligenz

Empfindsamkeit ist das wahre Wesen der Intelligenz, und diese Empfindsamkeit ist Liebe.

Intelligenz und die Fähigkeiten des Intellekts sind zwei völlig verschiedene Dinge. Vielleicht stammen die beiden Worte ›Intelligenz‹ und ›Intellekt‹aus derselben Wurzel, aber um die volle Bedeutung des Mitempfindens zu klären, müssen wir imstande sein, ihre unterschiedliche Bedeutung zu erkennen. Der Intellekt ist die Fähigkeit zu verstehen, sich etwas vorzustellen und Illusionen zu erzeugen sowie logisch und klar aber auch unsachlich und subjektiv zu denken. Der Intellekt wird allgemein als etwas anderes angesehen als das Gefühl, aber wir verwenden das Wort ›Intellekt‹, um die gesamte menschliche Denkfähigkeit zu beschreiben. Denken besteht aus Reaktionen des Gedächtnisses, in dem verschiedene reale und eingebildete Erfahrungen angesammelt wurden, die als Wissen im Gehirn gespeichert sind. Die Fähigkeit des Intellekts ist also zu denken. Denken ist auf jeden Fall begrenzt, und wenn der Intellekt unsere Aktivitäten sowohl in der äußeren als auch in der inneren Welt beherrscht, muss natürlich unser Handeln partiell und unvollständig sein. Die Folge davon sind Reue, Angst und Schmerz.

Alle Theorien und Ideologien sind ihrer Natur nach unvollständig, und wenn Wissenschaftler, Techniker und sogenannte Philosophen unsere Gesellschaft, unsere Moral und damit unser tägliches Leben beherrschen, dann sind wir nie mit den Realitäten der tatsächlichen Vorgänge konfrontiert. Diese Einflüsse verfälschen unsere Wahrnehmungen und wirken sich auf unser unmittelbares Verstehen aus. Der Intellekt findet sowohl für Verfehlungen als auch für korrektes Handeln Erklärungen. Er rechtfertigt Fehlverhalten, Töten und Kriege. Er legt ›gut‹ als das Gegenteil von ›schlecht‹ fest. Dabei hat das Gute kein Gegenteil. Wenn das Gute mit dem Schlechten zusammenhängen würde, dann hätte das Gute den Keim des Schlechten in sich. Dann wäre es nicht das Gute. Aufgrund der ihm eigenen Fähigkeit zu spalten und zu trennen ist der Intellekt jedoch unfähig, die ganze Fülle des Guten zu verstehen.

Der Intellekt, also das Denken, ist ständig dabei zu vergleichen, zu bewerten, zu konkurrieren oder nachzuahmen; dadurch werden wir zu angepassten Menschen aus zweiter Hand. Der Intellekt hat der Menschheit enorme Vorteile gebracht, aber auch sehr viel Zerstörungen. Er hat die Kriegskunst weiterentwickelt, ist aber nicht in der Lage, die Barrieren zwischen den Menschen zu beseitigen. Angst ist Bestandteil der Natur des Intellekts wie auch Verletzungen, denn der Intellekt, der Denken ist, erzeugt das Bild, das dann verletzt werden kann.

Wenn man die ganze Natur und die Aktivitäten des Intellekts und des Denkens versteht, kann man anfangen zu untersuchen, was Intelligenz ist. Intelligenz ist die Fähigkeit, das Ganze wahrzunehmen. Die Intelligenz ist außerstande, die Sinne, die Gefühle und den Intellekt voneinander zu trennen; sie betrachtet diese Vorgänge als eine Einheit. Weil die Intelligenz immer die Ganzheit wahrnimmt, ist sie unfähig, die Menschen voneinander zu trennen und die Menschen gegen die Natur handeln zu lassen. Weil die Intelligenz ihrer Natur nach das Ganze umfasst, ist sie unfähig zu töten.

Praktisch alle Religionen haben gesagt: Du sollst nicht töten, aber das Töten haben sie nie verhindert. Einige Religionen haben gesagt, dass die Dinge der Erde, einschließlich der Lebewesen, für den Gebrauch durch den Menschen da sind – also tötet und vernichtet sie. Töten zum Vergnügen, Töten um Geschäfte zu machen, Töten aus Nationalismus, Töten für Ideologien, Töten aus Glaubensgründen, all das wird als Lebensweise akzeptiert. Da wir die Lebewesen der Erde und der Meere töten, isolieren wir uns mehr und mehr, und in dieser Isolation werden wir immer gieriger und suchen Vergnügen in jeder Form. Der Intellekt mag dies wahrnehmen, aber er ist nicht zu einem vollständigen Handeln fähig. Intelligenz, die untrennbar mit Liebe verbunden ist, wird niemals töten. Wenn ›nicht töten‹ eine Vorstellung oder ein Ideal ist, ist es keine Intelligenz.

Wenn Intelligenz in unserem täglichen Leben aktiv ist, wird sie uns sagen, wann wir zusammenarbeiten sollen und wann nicht. Empfindsamkeit ist die wahre Natur der Intelligenz, und diese Empfindsamkeit ist Liebe. Ohne diese Intelligenz kann es kein Mitempfinden geben. Mitempfinden heißt nicht, mildtätig zu handeln oder soziale Reformen durchzuführen; Mitempfinden ist frei von Stimmungen, romantischen Gefühlen und emotionaler Begeisterung. Es ist so stark wie der Tod. Es ist wie ein großer unbeweglicher Fels inmitten von Verwirrung, Elend und Angst. Ohne dieses Mitempfinden kann keine neue Kultur oder Gesellschaft entstehen.

Mitempfinden und Intelligenz gehören zusammen, sie sind nicht getrennt. Mitempfinden handelt mit Hilfe der Intelligenz. Es kann niemals mit Hilfe des Intellekts handeln. Mitempfinden ist die Essenz der Ganzheit des Lebens.

32
Die Aktivitäten des Denkens

Beherrscht das Denken alle unsere Aktivitäten und Beziehungen, führt das zu einer Welt voller Konflikte, Gewalt und Elend.

Überall auf der Welt haben die Menschen den Intellekt zu einem der wichtigsten Faktoren in unserem täglichen Leben gemacht. Die alten Inder, Ägypter und Griechen haben alle den Intellekt als das wichtigste Werkzeug im Leben betrachtet. Selbst die Buddhisten messen ihm Wichtigkeit bei. An allen Universitäten, Colleges und Schulen überall auf der Welt, sowohl in totalitären Regimen, als auch in sogenannten Demokratien, spielt der Intellekt eine dominierende Rolle.

Mit Intellekt meinen wir die Fähigkeit zu verstehen, zu erkennen, zu entscheiden und abzuwägen, so wie dies in allen Technologiebereichen der modernen Wissenschaft geschieht. Besteht der Intellekt nicht im Grunde aus den ganzen Aktivitäten des Denkens? Denken beherrscht die Welt sowohl im äußeren als auch im inneren Leben.

Das Denken hat alle Gottheiten dieser Welt, alle Rituale, Dogmen und Glaubensinhalte geschaffen. Das Denken hat auch die Kathedralen, die Tempel, die Moscheen mit ihrer wunderbaren Architektur und die lokalen Grabmäler der Heiligen erbaut. Das Denken war verantwortlich für die nicht endende und sich ausweitende Entwicklung der Technik, für die Kriege und das Kriegsmaterial sowie für die Spaltung der Menschen in Nationen, Klassen und Völker. Das Denken war und ist wahrscheinlich immer noch der Initiator der Folter im Namen Gottes, des Friedens oder der Ordnung. Es war auch verantwortlich für Revolutionen, für die Terroristen, für die Vorstellung von einer höchsten Instanz und für pragmatische Ideale. Wir leben mit Hilfe des Denkens. Unser Handeln beruht auf Denken und unsere Beziehungen ebenfalls. Deshalb wurde der Intellekt zu allen Zeiten verehrt.

Das Denken hat allerdings nicht die Natur geschaffen: den Himmel mit der endlosen Weite der Sterne oder die Erde mit ihrer ganzen Schönheit, mit ihren riesigen Ozeanen und grünen Landschaften. Das Denken hat nicht die Bäume geschaffen, aber es hat die

Bäume benutzt, um Häuser zu bauen und Stühle herzustellen. Das Denken benutzt und zerstört.

Denken kann keine Liebe, keine Zuneigung und auch keine natürliche Schönheit hervorbringen. Es hat ein Netz aus Illusionen und Tatsachen gewoben. Wenn wir nur mit Hilfe des Denkens leben, mit seiner ganzen komplizierten Vielschichtigkeit und seinen Feinheiten, mit seinen Absichten und seiner führenden Rolle, geht uns die immense Tiefe des Lebens verloren, weil das Denken oberflächlich ist. Obwohl es vorgibt, in die Tiefe zu gehen, ist das Werkzeug Denken nicht in der Lage, die Tiefe jenseits seiner eigenen Grenzen zu ergründen. Es kann sich die Zukunft vorstellen, aber diese Zukunft hat ihre Wurzeln in der Vergangenheit. Die Dinge, die das Denken geschaffen hat, sind etwas Wirkliches, Reales, wie der Tisch oder wie das Bild, das angebetet wird. Das Bild, das Symbol, das angebetet wird, und viele romantische, idealistische, humanistische Vorstellungen werden vom Denken geschaffen. Die Menschen glauben an die Erzeugnisse des Denkens und leben damit: Geld, Stellung, Status und dem Luxus einer Freiheit, die das Geld mit sich bringt. Das Ganze ist die Aktivität des Denkens und des Intellekts und durch dieses kleine Fenster unseres Lebens blicken wir auf die Welt.

Gibt es irgendetwas, das nicht aus dem Intellekt und dem Denken hervorgeht? Dies war die Frage vieler religiöser, philosophischer und wissenschaftlicher Bemühungen. Wenn wir das Wort ›Religion‹ benutzen, meinen wir nicht den Unsinn eines Glaubens, den Unsinn von Ritualen, Dogmen und hierarchischen Strukturen. Wir meinen mit religiösen Männern oder Frauen diejenigen, die sich von der jahrhundertelangen Propaganda und von der toten Last einer alten oder modernen Tradition befreit haben. Die Philosophen, die sich in Theorien, Vorstellungen und der Beschäftigung mit Ideen ergehen, können bei ihrem Forschen unmöglich über das begrenzte Fenster des Denkens hinausgehen; und auch nicht der Wissenschaftler mit seinen außergewöhnlichen Fähigkeiten, seinem vielleicht eigenständigen Denken und seinem immensen Wissen. Wissen ist das Depot der Erinnerungen. Es bedarf aber der Freiheit vom Bekannten, um das zu erkunden, was darüber hinausgeht. Um das zu erforschen, ist Freiheit erforderlich, ohne alle Fesseln, ohne jedes Hängen an den eigenen Erfahrungen, den eigenen Schlussfolgerungen und an all dem, was der Mensch sich selbst auferlegt hat. Für dieses Forschen muss der Intellekt ganz still und in absoluter Ruhe sein, ohne die leiseste Regung des Denkens.

Unsere Erziehung und Bildung beruhen derzeit auf der Entwicklung des Intellekts, des Denkens und des Wissens, die im Bereich unseres täglichen Handelns erforderlich sind. In den psychischen Beziehungen zu anderen haben sie jedoch keinen Platz, denn Denken führt seiner Natur nach zu Spaltung und Zerstörung. Wenn das Denken unsere gesamten Aktivitäten und Beziehungen beherrscht, so führt das zu einer Welt voller Gewalt, Terror, Konflikte und Elend.

An diesen Schulen muss die Vorherrschaft des Denkens etwas sein, das uns alle angeht, jung wie alt.

33
Sich selbst kennenlernen

Ihr müsst gute Menschen sein,
denn ihr seid die Zukunft.

Wir sollten gleich zu Beginn dieses neuen Jahres verstehen, dass wir uns in erster Linie mit dem psychischen Aspekt unseres Lebens beschäftigen, auch wenn wir die physische, biologische Seite nicht vernachlässigen werden. Was man im Inneren ist, wird letztendlich zu einer guten Gesellschaft oder zu einer allmählichen Verschlechterung der menschlichen Beziehungen führen. Wir beschäftigen uns mit beiden Aspekten des Lebens, ohne dem einen oder dem anderen den Vorrang einzuräumen, obwohl das Psychische, also das, was wir im Inneren sind, unser Verhalten und unsere Beziehungen zu anderen bestimmt.

Wir scheinen die tieferen und umfassenderen Tatsachen des Lebens völlig zu vernachlässigen und messen den physischen Aspekten und den alltäglichen Aktivitäten, wie relevant oder irrelevant sie auch sein mögen, weitaus größere Bedeutung bei. Denkt also bitte daran, dass wir uns in diesen Briefen unserem Dasein von innen nach außen nähern, nicht umgekehrt. Obwohl die meisten Menschen sich mit dem Äußeren beschäftigen, muss unsere Erziehung darauf ausgerichtet sein, eine Harmonie zwischen dem Äußeren und dem Inneren herbeizuführen. Dies kann unmöglich geschehen, wenn unser Blick nur auf das Äußere gerichtet ist.

Mit dem Inneren meinen wir alle Aktivitäten des Denkens, unsere vernünftigen und unvernünftigen Gefühle, unsere Vorstellungen und Überzeugungen, unser glückliches und unglückliches Hängen an allem Möglichen, unsere geheimen Wünsche mit ihren Widersprüchen, unsere Erfahrungen, unser Misstrauen, unsere Gewalt und so weiter. Die verborgenen Ambitionen, die Illusionen, an die sich der Geist klammert, die abergläubischen Inhalte der Religionen und der scheinbar ewige Konflikt in uns selbst sind ebenfalls Teil unserer psychischen Struktur. Wenn wir dafür blind sind oder das als unvermeidlichen Teil unserer menschlichen Natur akzeptieren, lassen wir eine Gesellschaft zu, in der wir selbst zu Gefangenen werden. Es ist also wirklich wichtig, dass dies verstanden wird.

Sicherlich sieht jeder Schüler überall auf der Welt die Auswirkungen der chaotischen Zustände um uns herum und hofft, sich in eine Art äußere Ordnung flüchten zu können, auch wenn er in sich selbst vielleicht völlig durcheinander ist. Er will das Äußere verändern, ohne sich selbst verändern zu müssen, dabei ist er selbst der Ursprung und das Fortbestehen der Unordnung. Das ist eine Tatsache und keine persönliche Einschätzung. Wir befassen uns also in unserer Erziehung mit der Veränderung des Ursprungs der Unordnung und ihrem Fortbestehen. Die Gesellschaft wird von den Menschen geschaffen und nicht von ein paar Göttern in irgendeinem Himmel.

Also beginnen wir mit den Schülern. Das Wort ›Schüler‹ beinhaltet Studieren, Lernen und Handeln. Die Grundlage der Bildung und Erziehung besteht darin, nicht nur aus Büchern und von Lehrern zu lernen, sondern auch sich selbst zu studieren und kennenzulernen. Wenn ihr euch selbst nicht kennt und euren Geist mit Fakten über das Universum füllt, akzeptiert ihr lediglich die Unordnung und setzt sie fort. Wahrscheinlich seid ihr als Schüler daran nicht interessiert. Ihr wollt Spaß haben und eure eigenen Interessen verfolgen. Ihr seid gezwungen, nur unter Druck zu lernen und akzeptiert die unvermeidlichen Vergleiche und Resultate, weil euer Augenmerk auf irgendeinen Beruf gerichtet ist. Das ist euer Hauptinteresse, was normal zu sein scheint, weil eure Eltern und Großeltern den gleichen Weg eingeschlagen haben – Beruf, Heirat, Kinder, Verantwortung. Solange ihr euch sicher fühlt, kümmert ihr euch kaum um das, was um euch herum vorgeht. Das ist eure gegenwärtige Beziehung zu der Welt, die von den Menschen geschaffen wurde. Das Naheliegende ist für euch weit realer, wichtiger und herausfordernder als das Ganze.

Aber euer Interesse und das der Erziehenden ist und muss es sein, das gesamte menschliche Dasein zu verstehen, also nicht nur einen Teil, sondern das Ganze. Der Teil besteht nur aus dem Wissen, das durch die materiellen Entdeckungen des Menschen zustande kommt. Aber hier, in diesen Briefen, beginnen wir in erster Linie mit euch, den Schülern und den Erziehenden, die euch helfen, euch selbst kennenzulernen. Das ist die [eigentliche] Aufgabe jeder Erziehung. Wir müssen eine gute Gesellschaft schaffen, in der alle Menschen in Frieden, Sicherheit und ohne Gewalt glücklich leben können. Ihr als Schüler seid dafür verantwortlich. Eine gute Gesellschaft entsteht nicht durch irgendein Ideal, einen Helden oder einen Führer oder ein sorgfältig ausgearbeitetes System. Ihr müsst gute Menschen sein, denn ihr seid die Zukunft. Ihr werdet die Welt entweder so gestalten, wie sie ist, wenn auch in abgewandelter Form oder als eine Welt, in der ihr und andere ohne Kriege, ohne Grausamkeiten, mit Großzügigkeit und Zuneigung leben könnt.

Was also werdet ihr tun? Ihr habt das Problem verstanden, was nicht schwer ist, was werdet ihr also tun? Die meisten von euch sind von sich aus freundlich und gut und wollen helfen, es sei denn, ihr wurdet allzu schlecht behandelt und charakterlich verbogen, was ihr hoffentlich nicht seid.

Also, was werdet ihr tun? Wenn die Erziehenden ihr Geld wert sind, werden sie euch helfen wollen. Dann lautet die Frage: Was werdet ihr gemeinsam tun, um euch zu helfen, euch selbst zu studieren, euch selbst kennenzulernen und zu handeln?

Wir beenden hier diesen Brief und fahren in unserem nächsten Brief fort.

34
Zuneigung

Wenn ihr fürsorglich seid,
verschwindet jede Form von Gewalt aus euch.

Wir wollen an das anknüpfen, was wir in unserem letzten Brief gesagt haben, in dem wir auf eure Verantwortung hingewiesen haben, zu studieren, zu lernen und zu handeln. Da ihr jung und vielleicht unverdorben seid und gern Spiele und aufregende Sachen macht, wird euch das Wort ›Verantwortung‹ ziemlich beängstigend und als beschwerliche Last erscheinen. Aber wir benutzen dieses Wort, um Rücksicht und Fürsorge für unsere Welt mit einzubeziehen. Wenn wir dieses Wort verwenden, müssen sich die Schülerinnen und Schüler keineswegs schuldig fühlen, falls sie diese Fürsorge und Aufmerksamkeit nicht gezeigt haben. Schließlich haben eure Eltern, die sich dafür verantwortlich fühlen, dass ihr studiert und euch für euer zukünftiges Leben rüstet, keine Schuldgefühle, obwohl sie vielleicht enttäuscht oder unglücklich sind, dass ihr ihren Erwartungen nicht entsprecht. Es muss uns klar sein, dass, wenn wir das Wort ›Verantwortung‹ benutzen, es keine Schuldgefühle geben darf. Beim Gebrauch dieses Wortes achten wir ganz besonders darauf, es ohne die unglückselige Last eines Wortes wie ›Pflicht‹ zu benutzen. Wenn das klar ist, können wir das Wort ›Verantwortung‹ ohne seine herkömmliche Bürde benutzen.

Ihr geht also in die Schule mit der Verantwortung zu studieren, zu lernen und zu handeln. Das ist der Hauptzweck der Erziehung und Bildung.

In unserem vorhergehenden Brief haben wir die Frage gestellt: Wie werdet ihr mit euch selbst und eurer Beziehung zur Welt umgehen? Wie bereits gesagt, sind die Erziehenden, die Lehrerinnen und Lehrer dafür verantwortlich, euch zu helfen, euch selbst und damit auch die Welt zu verstehen. Wir stellen euch die Frage, damit ihr selbst herausfinden könnt, wie eure Erwiderung lautet. Es ist eine Herausforderung, der ihr euch stellen müsst. Ihr müsst bei euch selbst anfangen und euch selbst verstehen. Wie sieht diesbezüglich der erste Schritt aus? Ist es nicht Zuneigung? Wahrscheinlich habt ihr diese Eigenschaft, wenn ihr jung seid, aber ihr scheint sie sehr schnell zu verlieren. Warum? Geschieht das durch den Druck des Lernens, den Druck des Wettbewerbs, den Druck beim Versuch ein bestimmtes Niveau in euren Fächern zu erreichen, weil ihr euch mit anderen vergleicht und vielleicht von anderen Schülern schikaniert werdet? Seid ihr nicht durch diese ganzen Belastungen gezwungen, euch um euch selbst zu kümmern? Und wenn ihr auf diese Weise mit euch selbst beschäftigt seid, verliert ihr unweigerlich die Fähigkeit zur Zuneigung. Es ist sehr wichtig, dass ihr versteht, wie die Umstände, das Umfeld, der Druck von euren Eltern und euer eigener Drang euch anzupassen, allmählich die unermessliche Schönheit des Lebens auf das kleine Blickfeld eures Ichs verengen. Wenn ihr die Zuneigung in eurer Jugend verliert, verhärten sich das Herz und der Geist. Es ist etwas Seltenes, wenn die Zuneigung, ohne verdorben zu werden, das ganze Leben hindurch bewahrt wird. Zuneigung ist also das Erste, was ihr braucht.

Zuneigung beinhaltet Sorgfalt, eine gewissenhafte Sorgfalt und Achtsamkeit bei allem, was ihr tut: Sorgfalt bei dem, was ihr sagt, wie ihr euch kleidet, in eurem Benehmen beim Essen, wie ihr euch um euren Körper kümmert; Achtsamkeit in eurem Verhalten gegenüber anderen, ohne zwischen Übergeordneten und Untergeordneten zu unterscheiden, und Achtsamkeit darauf, wie ihr über andere Menschen denkt. Höflichkeit ist Rücksichtnahme auf andere, und diese Rücksichtnahme ist Fürsorge, sei es für euren jüngeren Bruder oder für eure älteste Schwester. Wenn ihr fürsorglich seid, verschwindet jede Form von Gewalt in euch: eure Wut, eure Feindseligkeit und euer Stolz. Diese Fürsorge beinhaltet Aufmerksamkeit. Aufmerksamkeit bedeutet zu schauen, zu beobachten, zuzuhören und zu lernen. Es gibt vieles, was man aus Büchern lernen kann, es gibt jedoch auch eine Art des Lernens, die unendlich klar, blitzschnell und ohne jede Unwissenheit ist. Aufmerksamkeit beinhaltet Empfindsamkeit und diese verleiht dem Wahrnehmen eine Tiefe, die kein Wissen mit der dazugehörenden Unwissenheit vermitteln kann. Das müsst ihr studieren, aber nicht in einem Buch, sondern indem ihr mit Hilfe der Erziehenden lernt, die Dinge um euch herum zu beobachten: was in der Welt geschieht, was mit einem Mitschüler geschieht oder was in einem armen Dorf oder Slum passiert und mit dem Mann, der sich auf einer schmutzigen Straße dahinschleppt.

Beobachten ist keine Gewohnheit. Ihr könnt euch das nicht antrainieren, um es dann automatisch zu tun. Beobachten ist der frische Blick voll Interesse, Sorgfalt und Empfindsamkeit. Ihr könnt euch nicht beibringen, empfindsam zu sein. Wenn ihr jung seid, seid ihr empfindsam und schnell in eurem Wahrnehmen, aber das verliert sich, wenn ihr älter werdet. Daher müsst ihr euch selbst studieren, und vielleicht werden euch eure Lehrer dabei helfen. Wenn sie es nicht tun, spielt es keine Rolle, denn es ist eure eigene Verantwortung, euch selbst zu studieren und so zu entdecken, was ihr seid. Und wenn Zuneigung vorhanden ist, wird euer Handeln aus ihrer Reinheit hervorgehen. All das klingt vielleicht sehr schwierig, ist es aber nicht. Wir haben diese Seite des Lebens völlig vernachlässigt. Wir sind so sehr mit unserer zukünftigen Karriere beschäftigt, mit unserem eigenen Vergnügen und mit unserer eigenen Bedeutung, dass wir die großartige Schönheit der Zuneigung außer Acht lassen.

Es gibt zwei Worte, an die man sich immer wieder erinnern muss: Gewissenhaftigkeit und Nachlässigkeit. Wir setzen unseren Verstand gewissenhaft ein, um uns aus Büchern und von Lehrern Wissen anzueignen. Wir verbringen zwanzig oder mehr Jahre unseres Lebens damit und versäumen es, den tieferen Sinn unseres eigenen Lebens zu studieren. Wir haben sowohl ein äußeres als auch ein inneres Leben. Das innere erfordert mehr Sorgfalt als das äußere. Es ist eine dringende Notwendigkeit. Und die Sorgfalt zeigt sich im liebevollen Studium dessen, was man ist.

35
Grausamkeit

Wenn Zuneigung vorhanden ist,
hat Grausamkeit nie einen Platz in unserem Leben.

Grausamkeit ist eine ansteckende Krankheit, und man muss sich unbedingt davor hüten. Einige Schüler scheinen diese eigenartige ansteckende Krankheit zu haben, und irgendwie dominieren sie allmählich die anderen. Wahrscheinlich empfinden sie es als sehr männlich, denn die Älteren unter sind oft grausam in ihren Worten, in ihren Einstellungen, in ihren Gebärden und in ihrem Stolz. Diese Grausamkeit ist weltweit verbreitet. Die Verantwortung der Schüler – und bitte denkt daran, in welchem Sinne wir das Wort ›Verantwortung‹ verwenden – besteht darin, jede Form von Grausamkeit zu vermeiden.

Vor vielen Jahren wurde ich einmal eingeladen, an einer Schule in Kalifornien zu sprechen, und als ich die Schule betrat, ging ein Junge von etwa zehn Jahren mit einem großen Vogel an mir vorüber, dessen gebrochene Beine in einer Falle gefangen waren. Ich hielt an und sah den Jungen an, ohne ein Wort zu sagen. Sein Gesicht spiegelte Angst, und als ich die Rede beendet hatte und herauskam, kam der fremde Junge mit Tränen in den Augen auf mich zu und sagte: »Sir, es wird nie wieder vorkommen.« Er hatte Angst, dass ich es dem Schulleiter erzählen könnte und ihm deswegen eine Szene gemacht würde. Aber da ich weder zu dem Jungen noch dem Schulleiter ein Wort über den grausamen Vorfall gesagt hatte, brachte ihn sein Bewusstwerden der schrecklichen Sache, die er angestellt hatte, dazu, die Ungeheuerlichkeit der Tat zu erkennen.

Es ist wichtig, dass man sich seiner eigenen Aktivitäten bewusst ist. Wenn Zuneigung vorhanden ist, hat Grausamkeit nie einen Platz in unserem Leben. In westlichen Ländern sieht man, wie Vögel sorgfältig gefüttert und in der Jagdsaison zum sportlichen Vergnügen geschossen und dann gegessen werden. Die Grausamkeit der Jagd und das Töten von Kleintieren ist ebenso Teil unserer Zivilisation geworden wie Krieg, Folter und die Taten der Terroristen und Entführer. Auch in unseren intimen, persönlichen Beziehungen kommt es zu sehr viel Grausamkeit, Wut und gegenseitigem Verletzen.

Die Welt ist ein Ort geworden, an dem man gefährlich lebt. An unseren Schulen müssen jede Form des Zwangs, der Drohung und des Zorns absolut und vollständig vermieden werden, denn all das verhärtet Herz und Geist, und Zuneigung kann nicht neben Grausamkeit bestehen. Ihr als Schüler versteht, wie wichtig es ist, dass man erkennt, wie jede Form von Grausamkeit nicht nur euer Herz verhärtet, sondern auch euer Denken verdirbt und euer Handeln ins Negative verkehrt. Der Geist ist, wie das Herz, ein empfindliches Instrument, das feinfühlig und sehr leistungsfähig ist, und wenn es mit Grausamkeit und Unterdrückung in Berührung kommt, dann verhärtet sich das Selbst. Zuneigung und Liebe haben kein Selbst als Zentrum.

Was werdet ihr nun tun, nachdem ihr all das gelesen und soweit verstanden habt, was gesagt wurde? Ihr habt das Gesagte studiert und ihr seid dabei den Inhalt dieser Worte zu erfassen. Was macht ihr dann? Eure Reaktion besteht nicht nur darin, zu studieren und zu lernen, sondern auch darin, zu handeln. Die meisten von uns kennen die ganzen Auswirkungen der Grausamkeit und sind sich ihrer bewusst und auch dessen, was die Grausamkeit tatsächlich in der Innen- und in der Außenwelt anrichtet. Wir lassen es aber dabei bewenden, ohne etwas zu unternehmen, wir denken das eine und tun genau das Gegenteil. Das führt nicht nur zu vielen Konflikten, sondern auch zu Heuchelei. Die meisten Schülerinnen und Schüler wollen keine Heuchler sein; sie befassen sich gerne mit Fakten, aber sie handeln nicht immer. Die Verantwortung der Schüler besteht also darin, die Fakten über die Grausamkeit zu erkennen und, ohne dass man sie überzeugt oder ihnen gut zuredet, zu verstehen, was sie mit sich bringt, und etwas dagegen zu unternehmen. Das Handeln ist vielleicht die größere Verantwortung. Menschen leben im Allgemeinen mit Vorstellungen und Überzeugungen, die nichts damit zu tun haben, wie sie ihr tägliches Leben führen, und dieses wird so natürlich zu einer Heuchelei. Seid also keine Heuchler, was nicht heißt, dass ihr grob, aggressiv oder übermäßig kritisch sein müsst. Wo Zuneigung vorhanden ist, gibt es unweigerlich auch Höflichkeit ohne Heuchelei.

Welche Verantwortung haben die Lehrerinnen und Lehrer, die studiert und gelernt haben und handeln, gegenüber den Schülerinnen und Schülern? Grausamkeit hat viele Formen: Sie kann in einem

Blick, einer Geste, einer scharfen Bemerkung und vor allem im Vergleichen zum Ausdruck kommen. Unser gesamtes Bildungssystem basiert auf Vergleichen. Wir sagen, dass A besser ist als B, und somit muss sich B nach A richten oder es ihm gleichtun. Das ist im Grunde genommen Grausamkeit, die letztlich ihren Ausdruck in Prüfungen findet. Welche Verantwortung haben also die Erziehenden, die sehen, dass dies wahr ist? Wie werden sie ein Fach unterrichten, ohne Belohnung und Strafe anzuwenden, obwohl sie wissen, dass es eine Art Zeugnis geben muss, das die Leistungsfähigkeit der Schüler zeigt? Können die Lehrer das tun? Ist das mit Zuneigung vereinbar? Wenn Zuneigung als grundlegende Wirklichkeit vorhanden ist, hat dann Vergleichen überhaupt einen Platz? Können die Lehrer in sich selbst den [eigenen] Schmerz des Vergleichens beseitigen? Unsere gesamte Zivilisation beruht in der Innen- wie der Außenwelt auf hierarchischem Vergleichen, wodurch das Gefühl tiefer Zuneigung verhindert wird. Können wir das ›Bessere‹, das ›Mehr‹, das ›Dumme‹, das ›Kluge‹, also das ganze vergleichende Denken, aus unserem Geist tilgen? Wenn die Lehrer den Schmerz durch Vergleichen verstanden haben, wie sieht dann ihre Verantwortung in ihrem Unterrichten und in ihrem Handeln aus?

Jemand, der die Bedeutung des Schmerzes durch Vergleichen erfasst hat, handelt aus der Intelligenz.

36
Das Studium des eigenen Selbst

Daran sind die Erziehenden sowie die Schüler beteiligt, und hier endet die Autorität.

In all diesen Briefen haben wir immer wieder darauf hingewiesen, dass für die Kooperation zwischen den Erziehenden und Schülern beide Seiten verantwortlich sind. Das Wort ›Kooperation‹ bedeutet Zusammenarbeit, aber wir können nicht zusammenarbeiten, wenn wir nicht mit den gleichen Augen und dem gleichen Geist in die gleiche Richtung schauen. Das Wort ›gleich‹ bedeutet in der Form, wie wir es verwenden, unter gar keinen Umständen Einförmigkeit und Konformität oder Akzeptieren, Gehorchen und Nachahmen. Beim Zusammenarbeiten muss die Beziehung zwischen Schülern und Lehrern grundsätzlich auf Zuneigung beruhen. Die meisten Menschen arbeiten zusammen, wenn sie etwas bauen, wenn sie in einer Mannschaft spielen, wenn sie an wissenschaftlichen Forschungen beteiligt sind oder wenn sie zusammen für ein Ideal, einen Glauben oder irgendein Vorhaben tätig sind, das einem persönlichen oder kollektiven Interesse dienen soll. Oder sie haben eine religiöse oder politische Autorität, in deren Umfeld sie kooperieren.

Beim Studieren, Lernen und Handeln ist eine Zusammenarbeit zwischen den Lehrern und Schülern erforderlich. Beide Seiten sind daran beteiligt. Die Lehrer wissen wahrscheinlich über viele Fachgebiete und Fakten Bescheid, wenn jedoch keine Zuneigung vorhanden ist, wird das Weitergeben der Fakten an die Schüler zu einem Kampf zwischen den beiden. Wir befassen uns nicht nur mit dem Wissen über die Welt, sondern auch mit dem Studium des eigenen Selbst, in das Lernen und Handeln einbezogen sind. Sowohl die Erziehenden wie die Schüler sind daran beteiligt, und hier endet die Autorität. Um sich selbst kennenzulernen, befassen sich die Erziehenden nicht nur mit sich selbst, sondern auch mit den Schülern. In dieser Interaktion mit ihren Reaktionen beginnt man, die Natur des eigenen Selbst zu erkennen – die Gedanken, die Wünsche, all das, woran man hängt, die Identifizierungen und so weiter. Jeder fungiert als Spiegel für die anderen. Jeder nimmt im Spiegel genau das wahr, was er ist, denn, wie bereits erwähnt, ist das Verstehen der eigenen Psyche viel wichtiger als Fakten zu sammeln und sie als Wissen abzuspeichern, um kompetent handeln zu können. Das Innere überwindet immer das Äußere. Darüber müssen sich sowohl die Erziehenden als auch die Schüler völlig klar sein. Das Äußere hat den Menschen nicht verändert. Äußere Maßnahmen, wie physische Revolutionen oder die physische Kontrolle durch das Umfeld, haben den Menschen, seine Vorurteile und seine abergläubischen Vorstellungen nicht wirklich verändert. Tief im Inneren bleiben die Menschen so, wie sie es seit Jahrtausenden waren. Richtige Erziehung besteht darin, diesen grundlegenden Zustand umzuwandeln. Wenn die Erziehenden dies wirklich erfasst haben, muss ihr Hauptinteresse, auch wenn sie Fächer zu unterrichten haben, der radikalen Revolution in der Psyche, im ›Du‹ und im ›Ich‹ gelten.

Und hier spielt die Zusammenarbeit zwischen beiden Seiten, die gemeinsam studieren, lernen und handeln, eine wichtige Rolle. Es ist kein Teamgeist, kein Familiensinn oder die Identifizierung mit einer Gruppe oder Nation. Es ist ein freies Forschen in uns selbst, ohne die Barriere zwischen denen, die etwas wissen, und denen, die nichts wissen. Das ist die destruktivste Barriere, die es gibt, insbesondere wenn es darum geht, sich selbst kennenzulernen. In dieser Angelegenheit gibt es weder einen Führer noch jemanden, der geführt wird. Wenn dies vollständig und mit Zuneigung erfasst wird, dann wird die Kommunikation zwischen Schülern und Lehrern einfach, klar und spielt sich nicht nur auf der Ebene der Worte ab. Zuneigung übt keinen Druck aus; sie ist nie unaufrichtig. Sie ist direkt und einfach.

Nachdem all das gesagt wurde, und wenn ihr, die Lehrer und Schüler, das Mitgeteilte studiert habt, in welcher Verfassung befindet sich dann euer Geist und euer Herz? Ist es zu einer Veränderung gekommen, die nicht durch Beeinflussung oder bloße Stimulierung hervorgerufen wurde und nur die Illusion einer Veränderung vermittelt? Stimulierung ist wie eine Droge, ihre Wirkung lässt nach und ihr seid wieder dort, wo ihr wart. Auch jede Form von Druck oder Beeinflussung wirkt auf die gleiche Weise. Wenn ihr unter diesen Umständen handelt, studiert ihr euch nicht wirklich, und ihr lernt euch auch nicht wirklich selbst kennen. Ein Handeln, das auf Belohnung und Bestrafung, Beeinflussung oder Druck beruht, führt unweigerlich zu Konflikten. Das ist so, aber nur wenige Menschen erkennen, dass dies wahr ist, und daher geben sie auf oder sagen, dass es im praktischen Leben unmöglich sei, dass es idealistisch oder irgendein utopisches Konzept sei. Aber das ist es nicht. Es ist äußerst praktisch und praktikabel. Lasst euch also nicht von den Traditionalisten, den Konservativen oder von denen abschrecken, die sich an die Illusion klammern, dass Veränderung nur von außen kommen kann.

Wenn ihr euch selbst studiert und kennenlernt, entsteht eine außergewöhnliche Stärke, die auf Klarheit beruht und dem ganzen Unsinn der etablierten Gesellschaft standhalten kann. Diese Stärke ist keine Form des Widerstands oder eine egozentrische Sturheit oder Willenskraft, sondern ein eingehendes Beobachten der Außen- und der Innenwelt. Es ist die Stärke der Zuneigung und der Intelligenz.

37
Disziplin

Disziplin bedeutet
eure Reaktionen und euren Hintergrund kennenzulernen
und darüber hinauszugehen.

Ihr kommt mit eurem eigenen geistigen Hintergrund in diese Schulen. Dieser Hintergrund kann traditionell oder frei sein, mit und ohne Disziplin, ihr seid gehorsam oder widerwillig und ungehorsam, ihr lehnt euch auf oder passt euch an. Eure Eltern kümmern sich entweder nachlässig oder sehr gewissenhaft um euch. Einige fühlen sich vielleicht sehr verantwortlich, andere nicht. Ihr bringt all diese Schwierigkeiten mit, kommt aus zerbrochenen Familien, seid unsicher oder selbstbewusst, wollt es so haben, wie es euch passt oder willigt schüchtern ein und rebelliert dabei innerlich.

An diesen Schulen seid ihr frei, und alle Störungen eures jungen Lebens kommen ans Licht. Ihr wollt es so haben, wie es euch passt und niemand auf der Welt kann es so haben, wie es ihm passt. Ihr müsst das ernst nehmen: Ihr könnt es nicht so haben, wie es euch passt. Entweder ihr lernt, euch mit Verständnis und Vernunft einzuordnen, oder die neue Umgebung, in die ihr hineinkommt, wird euch zerbrechen. Das zu verstehen ist sehr wichtig.

An diesen Schulen wird von den Erziehenden alles eingehend erklärt und ihr könnt mit ihnen darüber diskutieren oder ein Gespräch führen und herausfinden, weshalb bestimmte Dinge getan werden müssen. Wenn man in einer kleinen Gemeinschaft von Lehrern und Schülern lebt, ist es notwendig, dass sie ein gutes Verhältnis zueinander haben, das freundlich und liebevoll ist und ein gewisses Maß an aufmerksamem Verständnis zeigt. Niemand mag Regeln, besonders nicht heutzutage in einer freien Gesellschaft. Dabei werden Regeln völlig überflüssig, wenn ihr und die erwachsenen Erziehenden nicht nur verbal und intellektuell, sondern auch mit eurem Herzen versteht, dass eine gewisse Disziplin notwendig ist. Das Wort ›Disziplin‹ wurde von autoritären Menschen missbraucht. Jedes Handwerk hat seine eigene Disziplin, sein eigenes Können. Das Wort ›Disziplin‹ geht zurück auf das Wort ›discipulus‹ Lehrling, Schüler. Disziplin bedeutet also zu lernen und nicht sich anzupassen oder zu rebellieren, sondern eure eigenen Reaktionen und euren eigenen Hintergrund kennenzulernen und zu sehen, wie diese euch begrenzen und über sie hinauszugehen.

Die Essenz des Lernens ist eine fortlaufende Bewegung ohne einen festen Bezugspunkt. Wenn eure Vorurteile, Meinungen und Schlussfolgerungen zum Fixpunkt des Lernens werden und ihr mit dieser Beeinträchtigung beginnt, dann hört ihr auf zu lernen. Lernen ist endlos. Der Geist, der ständig dabei ist zu lernen, geht über alles Wissen hinaus. Ihr seid also hier, um zu lernen und auch um zu kommunizieren.

Kommunikation ist nicht nur ein Austausch von Worten, wie verständlich und klar diese auch sein mögen. Sie reicht weit tiefer als das. Kommunikation bedeutet, voneinander zu lernen und einander zu verstehen; und das hört auf, wenn ihr einen festen Standpunkt in einer belanglosen oder nicht ganz durchdachten Handlung vertretet.

Wenn man jung ist, besteht ein Drang, mit anderen übereinzustimmen und nicht außerhalb zu stehen. Das Erkennen der Natur und der Auswirkungen des Anpassens bringt seine eigene Form der Disziplin mit sich. Bitte denkt immer daran: Wenn wir das Wort ›Disziplin‹ verwenden, geht es darum, dass zwischen den Schülern und Erziehenden eine Beziehung besteht, die auf Lernen beruht und nicht auf Behauptungen und der Bereitschaft sie zu übernehmen. Wenn das klar geworden ist, werden Regeln überflüssig. Wenn nicht, müssen Regeln aufgestellt werden. Ihr könnt euch gegen Regeln auflehnen, gegen die Anweisung, was ihr tun oder nicht tun sollt. Wenn ihr jedoch das Wesen des Lernens schnell versteht, werden Regeln ganz verschwinden. Nur die Hartnäckigen und Rechthaberischen stellen Regeln auf, so wie ›Du sollst …‹ und ›Du sollst nicht …‹.

[Wirkliches] Lernen entsteht nicht aus Neugierde. Ihr seid vielleicht neugierig, was Sexualität angeht. Diese Neugier beruht auf Lust, auf einer Art Erregung oder auf den Ansichten anderer. Dasselbe gilt für Alkohol, Drogen und Rauchen. [Wirkliches] Lernen ist weitaus tiefer und viel umfassender. Aus Vergnügen oder Neugier erfahrt ihr nichts über das Universum, sondern nur aus eurer Beziehung zur Welt. Wir haben das Lernen in verschiedene Kategorien eingeteilt, die von den Anforderungen der Gesellschaft oder euren persönlichen Neigungen abhängen. Wir sprechen nicht über das Erlernen bestimmter Dinge, sondern über die Beschaffenheit eines

Geistes, der bereit ist zu lernen. Ihr könnt lernen, wie man ein guter Schreiner, Gärtner oder Ingenieur wird. Wenn ihr euch in diesen Dingen Fähigkeiten angeeignet habt, habt ihr euren Geist auf ein Werkzeug reduziert, das vielleicht in einem bestimmten Rahmen fachgerecht funktionieren kann. Das wird gemeinhin als Lernen bezeichnet. Es gibt eine gewisse finanzielle Sicherheit, und vielleicht ist das alles, was man will, und so schaffen wir eine Gesellschaft, die das bietet, was wir von ihr verlangt haben. Wenn aber diese besondere Form des Lernens und Erfahrens vorhanden ist, die sich nichts Bestimmtes aneignet, dann habt ihr einen Geist und natürlich auch ein Herz, die zeitlos lebendig sind.

Disziplin ist weder Kontrolle noch Unterwerfung. [Wirkliches] Lernen beinhaltet Aufmerksamkeit, das heißt, es erfordert gewissenhaft zu sein. Nur der nachlässige Geist lernt nie. Er zwingt sich selbst, es hinzunehmen, wenn er oberflächlich, nachlässig und gleichgültig ist. Ein gewissenhafter Geist schaut intensiv, beobachtet und verliert sich nie in übernommenen Werten und Überzeugungen. Ein Geist, der ständig lernt, ist ein freier Geist, und Freiheit erfordert die Verantwortlichkeit des Lernens. Der Geist, der von sich eingenommen ist, der in irgendeinem Wissen festhängt, verlangt vielleicht nach Freiheit. Was er jedoch unter Freiheit versteht, ist Ausdruck seiner persönlichen Einstellungen und Schlussfolgerungen, und wenn diese Freiheit verhindert wird, schreit er nach Erfüllung seiner Hoffnungen und Ambitionen. Freiheit kennt kein Verlangen nach Erfüllung. Sie ist frei.

Wenn ihr also an diese Schulen kommt, oder eigentlich an jede Schule, muss diese behutsame Art des Lernens vorhanden sein, begleitet von einem tiefen Gefühl der Zuneigung. Wenn ihr wirklich und zutiefst liebevoll seid, dann seid ihr dabei zu Lernen.

Teil 2
Briefe von 1982 bis 1983

Die Briefe 38 bis 55 waren wie folgt datiert:
38-41 vom 15. November 1981 bis 15. Februar 1982
jeweils zum 15. eines Monats;
42-50 vom 1. Oktober 1982 bis 15. Februar 1983
und 51-55 vom 1. Oktober bis 15. November 1983
jeweils zum 1. und 15. eines Monats.

Krishnamurti zusammen mit Schulkindern an der Oak Grove School in Ojai Kalifornien 1979

38
Sich selbst bilden und erziehen

Um etwas über die Bilder und Vorstellungen zu erfahren, die wir haben, ist Selbst-Erkenntnis erforderlich.

Jeder Beruf hat seine Disziplin, sein Fachgebiet, jedes Handeln ist zielorientiert und jeder Gedanke hat seinen Zweck. Das ist der Kreislauf, in dem der menschliche Geist gefangen ist. Als Sklave des Bekannten versucht der Geist ständig, sein Wissen zu erweitern, sowie sein Handeln in diesem Bereich und sein Denken, das seine eigenen Ziele und Zwecke verfolgt. An allen Schulen wird Disziplin als ein Rahmen für den Geist und sein Handeln angesehen, und in den letzten Jahren wurde gegen jede Form von Kontrolle, Einschränkung oder Mäßigung rebelliert. Dies hat zu allen möglichen Formen der Freizügigkeit und Unanständigkeit und zu einer Jagd nach Vergnügen um jeden Preis geführt. Niemand hat noch Achtung vor irgendjemandem. Es scheint, dass alle Formen von persönlicher Würde und tiefer Integrität verloren gegangen sind. Milliarden werden für Drogen und für das Zerstören des eigenen Körpers und Geistes ausgegeben. Diese allgemeine Freizügigkeit wurde gesellschaftsfähig und als Verhaltensnorm unseres Lebens akzeptiert.

Um einen guten Geist zu entwickeln, einen Geist, der fähig ist, das Leben als eine Einheit wahrzunehmen, der ungebrochen und daher ein guter Geist ist, dazu ist es notwendig, dass an all unseren Schulen eine bestimmte Art von Disziplin herrschen muss. Wir müssen gemeinsam die eigentliche Bedeutung der heute verhassten und vielleicht verachteten Begriffe ›Disziplin‹ und ›Regeln‹ verstehen.

Um zu lernen, benötigt man Aufmerksamkeit. Um zu lernen, darf man nicht nur mit den Ohren hören, sondern muss auch im Inneren erfassen, was gesagt wird. Um zu lernen, ist es notwendig zu beobachten. Wenn ihr diese Aussagen hört oder lest, müsst ihr ihnen eine Aufmerksamkeit schenken, die nicht erzwungen ist und weder irgendeinem Druck durch Bestrafung noch einer Erwartung auf Belohnung unterliegt. Disziplin bedeutet, dass man lernt und nicht, dass man sich anpasst. Wenn ihr ein guter Tischler werden wollt, müsst ihr bei einem Tischlermeister lernen, welche Werkzeuge für die verschiedenen Holzarten benutzt werden. Wenn ihr ein guter Arzt werden wollt, müsst ihr etliche Jahre studieren und alle Einzelheiten über den Körper und seine vielen Funktionen lernen, über Heilverfahren und was sonst noch dazugehört. Jeder Beruf verlangt, dass man so viel wie möglich über ihn lernt. Dieses Lernen zielt darauf ab, Wissen anzusammeln und es so gekonnt wie möglich anzuwenden.

Lernen ist das Wesen der Disziplin. Indem man lernt, weshalb man pünktlich zu den Mahlzeiten kommen sollte, welches die richtige Zeit zum Ausruhen ist und so weiter, lernt man etwas über Ordnung im Leben. In einer Welt der Unordnung, in der so viel Durcheinander in der Politik, der Gesellschaft und selbst in den Religionen herrscht, müssen unsere Schulen Zentren der Ordnung und für das Ausbilden der Intelligenz sein. Eine Schule ist ein heiliger Ort, an dem alle etwas über die Komplexität des Lebens und seine Einfachheit lernen.

Lernen erfordert also Anwendung und Ordnung. Disziplin ist nie Anpassung, habt also keine Angst vor dem Wort und rebelliert nicht dagegen. Worte sind in unserem Leben sehr wichtig geworden. Für die meisten Menschen ist das Wort ›Gott‹ sehr wichtig geworden, oder das Wort ›Nation‹ oder der Name eines Politikers. Worte erzeugen das Image des Politikers. Die Vorstellungen von Gott wurden im Verlauf von tausenden von Jahren des Denkens und der Angst geschaffen. Wir leben mit Bildern und Vorstellungen, die vom Kopf oder von geschickten Händen geschaffen wurden. Um etwas über die Bilder und Vorstellungen zu erfahren, die man übernommen oder selbst geschaffen hat, ist Selbsterkenntnis erforderlich.

Bildung und Erziehung bedeuten daher nicht nur, die Inhalte von Schulfächern zu lernen, sondern auch, das Innere selbst auszubilden und zu schulen.

39
Unordnung

Wie können die Erziehenden den Schülern das Wesen der Ordnung vermitteln?

Eine Schule ist ein Ort des Lernens und daher ist sie heilig. Die Tempel, Kirchen und Moscheen sind nicht heilig, denn dort hat man aufgehört zu lernen. Man glaubt und vertraut auf etwas, und das ist eine totale Absage an die große Kunst des Lernens. Eine Schule wie diejenigen, an die dieser Brief versendet wird, muss sich dagegen vollständig dem Lernen widmen, und zwar nicht nur um etwas über die Welt um uns herum zu lernen, sondern vor allem anderen darüber, was wir Menschen sind, weshalb wir uns so verhalten, wie wir es tun, und über die komplizierte Vielschichtigkeit des Denkens.

Es ist die uralte Tradition der Menschheit gewesen, nicht nur etwas aus Büchern zu lernen, sondern auch über die Natur und Struktur der psychischen Verfassung des Menschen. Da wir dies völlig vernachlässigt haben, herrscht Unordnung in der Welt und es kommt zu Terror, Gewalt und all den Grausamkeiten, die sich abspielen. Wir haben die Angelegenheiten der Außenwelt an die erste Stelle gesetzt und nicht das Innere. Wenn das Innere nicht verstanden, ausgebildet und umgewandelt wird, wird es immer das Äußere überwinden, ganz gleich, wie gut das Äußere politisch, ökonomisch und sozial geregelt sein mag. Das ist eine Wahrheit, die viele zu vergessen scheinen. Wir versuchen mit politischen, gesetzlichen und gesellschaftlichen Mitteln Ordnung in der Außenwelt zu schaffen, in der wir leben, und im Inneren sind wir verwirrt, unsicher, ängstlich und voller Konflikte. Ohne innere Ordnung wird das Leben der Menschen immer in Gefahr sein.

Was verstehen wir unter ›Ordnung‹? Im höchsten Sinne hat das Universum nie Unordnung gekannt. In der Natur herrscht immer Ordnung, wie furchterregend sie für den Menschen auch sein mag. Die Natur gerät nur in Unordnung, wenn die Menschen störend eingreifen. Nur der Mensch scheint seit Anbeginn der Zeit in ständigen Kämpfen und Konflikten zu leben. Das Universum bewegt sich in seiner eigenen Zeit. Erst wenn der Mensch sein Leben geordnet hat, wird er die ewige Ordnung erkennen.

Weshalb hat die Menschheit Unordnung akzeptiert und geduldet? Weshalb zerfällt alles, was der Mensch anfasst, weshalb wird es verdorben und gerät durcheinander? Weshalb hat sich die Menschheit von der Ordnung der Natur, den Wolken, den Winden, den Tieren und den Flüssen abgewendet? Wir müssen lernen, was Unordnung und was Ordnung ist. Unordnung beruht im Grunde auf Konflikten, inneren Widersprüchen und der Trennung zwischen Werden und Sein. Ordnung ist ein Zustand, in dem es nie Unordnung gegeben hat.

Sklave der Zeit zu sein ist Unordnung. Zeit ist für uns sehr wichtig. Wir leben in der Vergangenheit, in der Erinnerung an Vergangenes, an vergangene Verletzungen und Freuden. Unser Denken ist Vergangenheit. Es modifiziert sich ständig selbst in Reaktionen auf die Gegenwart und versetzt sich in die Zukunft, doch die tief verwurzelte Vergangenheit ist immer dabei. Das ist die bindende Kraft der Zeit. Wir müssen diesen tatsächlichen Vorgang in uns selbst beobachten und uns seiner begrenzenden Wirkung bewusst sein. Was begrenzt ist, muss sich immer im Konflikt befinden.

Die Vergangenheit ist Wissen, das auf Erfahrungen, Handlungen und psychischen Reaktionen beruht. Dieses Wissen, das einem bewusst oder auch nicht bewusst sein kann, ist die wahre Natur der Lebensweise des Menschen. So erhält die Vergangenheit eine entscheidende Bedeutung, ganz gleich, ob es sich um eine Tradition, Erfahrung oder Erinnerung mit ihren vielen Bildern und Vorstellungen handelt. Aber alles Wissen, ob in der Zukunft oder in der Vergangenheit, ist begrenzt. Es kann kein vollständiges Wissen geben. Wissen und Unwissenheit gehören zusammen.

Wenn man darüber etwas lernt, ist eben dieses Lernen Ordnung. Ordnung ist nichts, was geplant wird und an das man sich halten kann. In einer Schule sind geregelte Abläufe erforderlich, aber das ist keine Ordnung. Eine gut konstruierte Maschine arbeitet effektiv. Die effiziente Organisation einer Schule ist absolut notwendig, aber diese Effizienz ist kein Selbstzweck und darf nicht mit der Ordnung verwechselt werden, die frei von Konflikten ist.

Wie können die Erziehenden, wenn sie all das in ganzer Tiefe aufgenommen haben, den Schülern das Wesen der Ordnung vermitteln? Wenn ihr eigenes inneres Leben in Unordnung ist und sie über Ordnung sprechen, werden sie nicht nur Heuchler sein, was an sich schon ein Konflikt ist, sondern die Schüler werden erkennen, dass dies unaufrichtig ist, und dem Gesagten daher nicht die geringste Aufmerksamkeit schenken. Wenn die Erziehenden in ihrem Verstehen unerschütterlich sind, werden die Schüler genau diese Eigenschaft erfassen. Wenn man absolut ehrlich ist, teilt sich diese Ehrlichkeit einem anderen mit.

40
Gemeinsam denken

Freiheit ist der Wesenskern des gemeinsamen Denkens.

Ich halte es für wichtig, die Kunst des gemeinsamen Denkens zu erlernen. Die Wissenschaftler und auch die völlig ungebildeten Menschen denken. Sie denken entsprechend ihrem Beruf, ihrer Spezialisierung und entsprechend ihren Überzeugungen und Erfahrungen. Wir denken alle objektiv oder entsprechend unseren eigenen speziellen Neigungen, aber wir scheinen nie gemeinsam zu denken und gemeinsam zu beobachten. Wir denken vielleicht über etwas nach, ein bestimmtes Problem oder eine Erfahrung, aber dieses Denken geht nicht über seine eigenen Begrenzungen hinaus.

Gemeinsames Denken ist etwas völlig anderes, es geht nicht um ein bestimmtes Thema, sondern um die Fähigkeit gemeinsam zu denken. Gemeinsam zu denken ist notwendig, wenn ihr euch die große Krise anseht, die in der Welt stattfindet, mit der Gefahr, dem Terror und der absoluten Brutalität des Krieges. Das gemeinsam zu betrachten und nicht als Kapitalist, Sozialist, extremer Linker oder Rechter, erfordert nicht nur, dass wir verstehen, wie wir in diesen erbärmlichen Zustand geraten sind, sondern auch, dass wir gemeinsam einen Ausweg erkennen. Der Geschäftsmann oder der Politiker betrachten dieses Problem aus einer eingeschränkten Perspektive. Wir dagegen sagen, dass wir das Leben als etwas Ganzes betrachten müssen und nicht als Briten, Franzosen oder Chinesen.

Was bedeutet es, das Leben als Ganzes zu betrachten? Es bedeutet, den Menschen, also uns selbst, ohne Einteilung in Nationalitäten wahrzunehmen und das Leben als eine einzige Bewegung ohne Anfang und ohne Ende, ohne Zeit und ohne den Tod zu sehen. Es ist schwer, das zu verstehen, denn wir denken nur an die Teile und nicht an das Gesamte. Wir zerlegen das Ganze und hoffen es durch seine Einzelteile zu verstehen.

Die Kunst des gemeinsamen Denkens muss sorgfältig studiert und untersucht werden, um zu sehen, ob es überhaupt möglich ist. Jeder klammert sich an seine eigene Denkweise, die auf seinen eigenen individuellen Reaktionen, Erfahrungen und Vorurteilen beruht.

So sind wir konditioniert und das blockiert die Fähigkeit gemeinsam zu denken. Gemeinsam denken bedeutet nicht, einer Meinung zu sein. Gedanklich können wir uns wegen eines Ideals, einer historischen Erkenntnis oder eines philosophischen Leitgedankens zusammenschließen und uns dafür einsetzen, aber dies beruht im Grunde auf Autorität. Der Wesenskern des gemeinsamen Denkens ist Freiheit. Ihr müsst von euren Vorstellungen, Vorurteilen und dergleichen frei sein. Auch ich muss frei sein, und in dieser Freiheit kommen wir zusammen. Das heißt, dass wir unsere gesamten Konditionierungen ablegen müssen. Gemeinsam denken beinhaltet vollständige Aufmerksamkeit, ohne jede Vergangenheit. Die gegenwärtige weltweite Krise erfordert das vollständige Aufgeben unserer Gruppeninstinkte, die sich zu übersteigerten Nationalgefühlen entwickelt haben. Gemeinsam denken bedeutet, dass wir das Eigeninteresse und unsere Identifizierung als Briten, Araber, Russen und dergleichen völlig aufgeben.

Was kann ein Mensch nun angesichts der Gefahr des Separatismus und des Eigeninteresses tun? Es gibt die wirtschaftlichen oder politischen Expansionsbestrebungen der einen oder anderen Macht oder von einem oder zwei bornierten, neurotischen Führern. Was kann ein Mensch tun, der damit konfrontiert ist? Entweder wendet man sich davon ab und zieht sich in die Gleichgültigkeit zurück, oder man schließt sich einer politischen Aktion an oder flüchtet sich in eine religiöse Gruppe. Ihr könnt dem nicht entkommen. Es ist da.

Was soll ich tun? Ich lehne das gegenwärtige Muster der gesellschaftlichen Strukturen ab, die unsinnigen, irreligiösen Gepflogenheiten. Das alles lehne ich ab. Somit bin ich völlig isoliert. Diese Isolation ist weder eine Flucht noch eine Art Elfenbeinturm und auch keine romantische Illusion. Weil ich die Sinnlosigkeit, die Spaltung, das Verfolgen des Eigeninteresses im Nationalismus, im Expansionsdrang und in der irreligiösen Lebensweise sehe, lehne ich die gesamte Destruktivität dieser Gesellschaft ab. Also stehe ich allein da. Da ich dann psychisch nichts zum destruktiven Bewusstsein der Menschheit beitrage, bin ich im Strom des Guten, des Mitempfindens und der Intelligenz. Diese Intelligenz handelt und stellt sich dem Wahnsinn der heutigen Welt. Diese Intelligenz wird überall dort handeln, wo das Hässliche ist.

41
Aufmerksamkeit

Aufmerksamkeit bedeutet,
der Dominanz des Intellekts gewahr zu werden.

Wir sollten gemeinsam darüber nachdenken, was wir unter Aufmerksamkeit verstehen. Die meisten von uns lernen, was Konzentration ist. Von Kindheit an werden wir gezwungen, uns auf etwas zu konzentrieren, was uns normalerweise nicht gefällt. Dies führt zu einer Art Rebellion, weil wir gezwungen werden, etwas zu tun, was wir nicht leiden können. Bildung und Erziehung haben sich zu einem Eintrichtern vieler Lerninhalte in unsere Gehirne entwickelt, was uns daran gewöhnt hat, uns anzupassen. Millionen Menschen auf der ganzen Welt werden ausgebildet, finden aber keine Arbeit. Das gesamte Gesellschaftssystem in dem wir leben, ist dermaßen anormal und gefährlich geworden, dass wir zu einer neuen Art des Zusammenlebens finden müssen. Dies erfordert Feingefühl und ein sehr objektives Beobachten und Denken. Man fragt sich, ob Konzentration, die eine Einengung des Wahrnehmens ist, einen Beitrag zu einer anderen Qualität des Geistes leisten kann.

Wofür werdet ihr erzogen und ausgebildet? Was für ein Mensch soll aus euch werden? Von den höchsten politischen Rängen bis zum höchsten religiösen Establishment hat Mittelmäßigkeit die Oberhand gewonnen. Werdet ihr dazu erzogen, euch in dieses System einzuordnen? Wollt ihr mittelmäßige Menschen ohne jede Leidenschaft werden, die sich im Konflikt mit sich selbst und der Welt befinden? Das ist wirklich eine ernste Frage, die ihr euch selbst stellen müsst. Können konzentrierte, aggressive und wettbewerbsorientierte Menschen eine andere Ordnung in unser Dasein bringen?

Wie bereits gesagt, sollten wir uns überlegen, was es heißt, aufmerksam zu sein. Das könnte der Schlüssel zu einem harmonischen Leben sein. So wie es aussieht, dominiert der Intellekt, die ganze Aktivität des Gehirns, die aus Denken besteht, unser Dasein. Das führt in uns natürlich zu Widersprüchen, zu einem eigenartigen Verhalten. Wenn nur ein Teil unseres gesamten Wesens dominiert, führt dies unweigerlich zu einem neurotischen Verhalten. Aufmerksamkeit bedeutet, der Dominanz des Intellekts gewahr zu werden, ohne den instinktiven Drang, den Intellekt zu kontrollieren oder Gefühlen zu erlauben, an seine Stelle zu treten. Dieses Gewahrsein führt zu Feingefühl und geistiger Klarheit.

Zwischen Konzentration und Aufmerksamkeit besteht ein Unterschied. Konzentration heißt, dass die ganze Energie auf einen bestimmten Punkt fokussiert wird. Aufmerksamkeit ist nicht auf einen Punkt fokussiert. Mit dem einen sind wir sehr vertraut, aber nicht mit dem anderen. Wenn ihr auf euren Körper achtet, wird der Körper ruhig und reguliert sich selbst. Er ist entspannt, aber nicht träge und er hat die Energie der Harmonie. Wenn Aufmerksamkeit herrscht, gibt es keine Widersprüche und damit keinen Konflikt.

Während ihr dies lest, achtet darauf, wie ihr sitzt, wie ihr zuhört, wie ihr aufnehmt, was der Brief euch mitteilt, wie ihr auf das reagiert, was gesagt wird, und warum es euch schwerfällt, aufzupassen. Ihr lernt dabei nicht, wie man aufpasst. Wenn ihr das Wie des Aufpassens lernt, dann wird es zu einer Methode, zu etwas, woran das Gehirn gewöhnt ist, und so macht ihr aus der Aufmerksamkeit etwas Mechanisches und sich Wiederholendes. Aufmerksamkeit ist jedoch nicht mechanisch und wiederholt sich nicht. Auf diese Weise ist es möglich, euer ganzes Leben ohne das Zentrum des Eigeninteresses zu betrachten.

42
Familie und Gesellschaft

Ist das Leben ein Strom voll Schmerz und Angst, in dem gelegentlich Freude und Glück aufleuchten?

Für jeden Menschen, für Jung und Alt, scheint die Zukunft düster und beängstigend zu sein. Auch die Gesellschaft ist gefährlich und völlig unmoralisch geworden. Wenn sich ein junger Mensch die Welt ansieht, hat er ziemliche Angst vor dem, was ihm im Laufe seines Lebens widerfahren wird. Seine Eltern schicken ihn in die Schule und, wenn sie Geld haben, auf die Universität, und sie sind darauf bedacht, dass er eine feste Arbeitsstelle findet, heiratet, Kinder bekommt und so weiter.

In der östlichen Welt spielen die Familien, die Eltern eine wesentliche Rolle im Leben ihrer Kinder. Der Familienverband besteht noch immer und auch wenn die Jungen in verschiedenen Teilen der Welt ihren Lebensunterhalt verdienen, bleibt die Familie das Zentrum ihres Lebens.

In der westlichen Welt verschwindet das rapide. In vielen Teilen der Welt haben die Eltern sehr wenig Zeit für ihre Kinder. Wenige Jahre nach der Geburt haben die Eltern sich von ihren Kindern entfernt und kaum noch eine Beziehung zu ihnen. Sie machen sich Sorgen um ihre eigenen Probleme, Ambitionen und dergleichen, und die Kinder sind den Lehrern ausgeliefert, die selbst eine Erziehung nötig haben. Die Lehrer mögen fachlich hervorragend sein und sind auch darauf bedacht, dass ihre Schüler die bestmöglichen Schulabschlüsse machen und dass die Schule den besten Ruf hat, aber die Lehrer haben ihre eigenen Probleme. In den meisten Ländern sind ihre Gehälter eher niedrig und gesellschaftlich stehen sie in keinem hohen Ansehen.

Diejenigen, die erzogen und unterrichtet werden, machen also mit ihren Eltern, Lehrern und Mitschülern recht schwierige Zeiten durch. Die Flut der Konflikte, Sorgen, Ängste und Rivalitäten hat schon eingesetzt. Sie müssen sich einer überbevölkerten Welt mit unterernährten Menschen stellen, einer Welt voller Kriege, mit zunehmendem Terrorismus, unfähigen Regierungen, Korruption und drohender Armut. Diese Bedrohung ist in wohlhabenden und recht gut durchorganisierten Gesellschaften weniger offensichtlich, aber sie ist in den Teilen der Welt zu spüren, in denen es enorme Armut, Überbevölkerung und die Gleichgültigkeit unfähiger Herrscher gibt. Das ist die Welt, der sich die Jugendlichen stellen müssen, und natürlicherweise haben sie wirklich Angst. Ihrer Vorstellung nach sollten sie frei sein, unabhängig von geregelten Tagesabläufen und nicht bevormundet von den Älteren. Und sie schrecken vor jeder Autorität zurück. Freiheit bedeutet für sie, selbst wählen zu können, was sie tun wollen. Dabei sind sie verwirrt, unsicher und möchten gezeigt bekommen, was sie tun sollen. Die Schüler sind gefangen zwischen ihrem eigenen Wunsch, frei entscheiden zu können, was sie tun wollen, und den Forderungen der Gesellschaft nach Anpassung an ihre Bedürfnisse, wonach sie Ingenieure, Wissenschaftler, Soldaten oder irgendwelche Spezialisten werden sollen. Das ist die Welt, der sich die Schüler stellen müssen und deren Teil sie mit Hilfe ihrer Ausbildung werden sollen. Es ist eine Furcht erregende Welt. Wir alle wollen sowohl physische als auch emotionale Sicherheit und das zu bekommen, wird immer schwieriger und anstrengender.

Wenn uns, der älteren Generation, also überhaupt etwas an unseren Kindern liegt, müssen wir uns fragen, was denn Erziehung und Bildung eigentlich bedeuten. Wenn die heute allgemein übliche Erziehung die Kinder darauf vorbereiten soll, in ständigen Bemühungen, in Konflikten und Angst zu leben, dann müssen wir uns fragen, welchen Sinn das Ganze hat. Ist der Lauf des Lebens ein Strom voll Schmerz und Angst und ungeweinten Tränen, in dem gelegentlich Freude und Glück aufleuchten? Unglücklicherweise stellen wir, die ältere Generation, diese Fragen nicht, und ebenso wenig tun dies die Erziehenden. Somit sind Erziehung und Bildung, wie sie gegenwärtig aussehen, ein Prozess mit der Aussicht auf ein trostloses, eingeengtes und bedeutungsloses Dasein. Wir möchten jedoch dem Leben einen Sinn geben. Das Leben selbst scheint keinen Sinn zu haben, aber wir wollen ihm einen Sinn geben. Daher erfinden wir Götter, verschiedene Formen der Religion und andere Unterhaltungen, einschließlich des Nationalismus und der Möglichkeiten, einander zu töten, um unserem monotonen Leben zu entfliehen. Dies ist das Leben der älteren Generation und wird auch das Leben der jungen Leute sein.

Wir, die Eltern und Erziehenden müssen uns dieser Tatsache stellen, ohne in Theorien zu flüchten oder nach weiteren Formen der Bildung und Erziehung und der Gesellschaftsstrukturen zu suchen. Wenn unser Verstand sich nicht darüber im Klaren ist, womit wir konfrontiert sind, werden wir unweigerlich bewusst oder unbewusst in die Untätigkeit abgleiten und uns fragen, was wir dagegen tun sollen. Es gibt tausende von Leuten, die uns sagen, was wir tun sollen: die Spezialisten und die Spinner. Noch bevor wir die enorme Komplexität des Problems verstehen, wollen wir es anpacken. Wir sind mehr daran interessiert zu handeln, als die Problematik im Ganzen zu erkennen.

Die wirkliche Frage ist die Beschaffenheit unseres Geistes, und zwar nicht sein Wissen, sondern die Tiefe des Geistes, der dem Wissen begegnet. Der Geist ist unendlich, er ist das Wesen des Universums, das seine eigene Ordnung und seine eigene unermessliche Energie hat. Er ist ewig frei. Das Gehirn ist in seiner jetzigen Verfassung der Sklave des Wissens und daher ist es begrenzt, endlich und bruchstückhaft. Wenn das Gehirn sich selbst von seiner Konditionierung befreit, dann ist das Gehirn unendlich. Nur dann gibt es zwischen dem Geist und dem Gehirn keine Trennung. Erziehung ist dann Freiheit von der Konditionierung, von dem riesigen angesammelten Wissen der Tradition. Das ist keine Ablehnung der Schulfächer, die ihren eigenen, angemessenen Platz im Leben haben.

43
Die Unermesslichkeit des Lebens

Die Vorgänge des Himmels, der Erde
und des menschlichen Daseins sind untrennbar.

Wir haben gesagt, dass Erziehung und Bildung nicht nur in den schulischen Fächern effizient sein müssen, sondern dass sie auch die Konditionierung des menschlichen Verhaltens zu erforschen haben. Dieses Verhalten ist das Ergebnis vieler Jahrhunderte voller Ängste, Sorgen, Konflikte und der Suche nach Sicherheit sowohl im Inneren als auch in der Außenwelt, sowohl biologisch als auch psychisch. Durch diese Vorgänge wird das Gehirn konditioniert. Das Gehirn ist ein Ergebnis der Evolution, das heißt der Zeit. Sowohl religiös wie auch in unserem täglichen Leben sind wir das Resultat der angesammelten Vergangenheit. Es beruht auf Belohnung und Bestrafung, wie beim Dressieren eines Hundes oder eines anderen Tieres.

Unser Gehirn ist ein außergewöhnliches Instrument mit enormer Energie und immensen Fähigkeiten. Seht euch an, was es in der äußeren Welt vollbracht hat, in der Welt, die uns umgibt. Es hat die Welt in verschiedene Rassen, Religionen und Nationalitäten aufgespalten. Das hat es getan, um Sicherheit zu erlangen. Es hat diese Sicherheit in religiöser, politischer und wirtschaftlicher Isolation gesucht, im Kreis der Familie, in kleinen Gemeinschaften und Vereinigungen. Es hat diesen Schutz in Organisationen und Einrichtungen gesucht.

Nationalismus war eine der Hauptursachen für Kriege. Unsere Politiker sind bestrebt, den Nationalismus in der Wirtschaft beizubehalten, und die Nation so abzuschotten. Wo eine Abschottung stattfindet, muss es zu Gegenwehr und Angriffen kommen, und gute Beziehungen mit anderen Nationen scheinen auf Handel, wechselseitigem Verkauf von Waffen, dem Gleichgewicht der Kräfte und dem Erhalt der Macht in den Händen weniger zu beruhen. Das sind unsere Regierungen, ganz gleich ob totalitär oder demokratisch. Durch politische Maßnahmen haben wir versucht, in der Gesellschaft Ordnung zu schaffen, und damit wurden wir abhängig von den Politikern. Weshalb sind Politiker so außerordentlich wichtig geworden, so wie Gurus und die Oberhäupter der Religionen? Liegt es daran, dass wir uns immer auf äußere Instanzen verlassen haben, um unsere Angelegenheiten in Ordnung zu bringen, dass wir immer auf externe Kräfte angewiesen waren, um unser Leben zu regeln und zu gestalten? Die externe Autorität einer Regierung, der Eltern oder spezieller Führer jeglicher Art scheint uns eine gewisse Hoffnung auf die Zukunft zu geben. Das ist Teil der herkömmlichen Art, uns auf andere zu verlassen und Dinge hinzunehmen. Diese über lange Zeit gewachsene Tradition hat unser Gehirn konditioniert. Erziehung und Bildung haben diese Art übernommen und so wurde unser Gehirn mechanisch und wiederholt immer wieder das Gleiche.

Besteht die Aufgabe der Erziehenden nicht darin, die gewaltige angesammelte Energie der Vergangenheit zu erkennen, ohne ihre Notwendigkeit in bestimmten Bereichen unseres Lebens zu bestreiten? Ist es nicht unser Anliegen als Erziehende, das Aufblühen guter Menschen hervorzubringen? Dies ist nicht möglich, wenn die Vergangenheit andauert, ganz gleich wie abgewandelt sie auch sein mag.

Welche Faktoren tragen nun zu unserer Konditionierung bei? Was wird konditioniert und wer ist es, der die Konditionierung vornimmt? Sind wir uns, wenn wir diese Fragen stellen, der eigenen tatsächlich vorhandenen Konditionierung bewusst und stellen wir die Fragen aus dieser Bewusstheit heraus, was eine große Vitalität hätte? Oder stellen wir eine theoretische, problembezogene Frage? Wir sind in keiner Weise an hypothetischen Fragen interessiert. Wir befassen uns mit tatsächlichen Gegebenheiten, mit dem wirklichen Sein, mit dem, ›was ist‹. Wir fragen, welche Ursache dieser Zustand der Menschen hat. Es könnte eine oder viele Ursachen geben. Viele kleine Bäche vereinen ihr Wasser zu einem großen Fluss. Die Tiefe, das Volumen und die Schönheit sind ausschlaggebend, nicht das Zurückverfolgen jedes kleinen Baches zu seinem Ursprung. Wir befassen uns also bei unserem Untersuchen mit der Gesamtheit unseres Daseins und nicht nur mit einem bestimmten Teil davon. Nur wenn wir das immense Ausmaß des Lebens mit seinen Komplikationen erfassen, können wir die Frage nach der Ursache unserer Konditionierung stellen.

Man spürt, dass es wichtig ist, zunächst einmal nicht nur verbal oder intellektuell zu verstehen, sondern wahrzunehmen, dass das Leben alles umfasst: die Frau, den Mann, das Kind, die Tiere, den Fluss, den Himmel und den Wald. Dies darf keine Vorstellung vom

Leben sein, sondern es muss empfunden und seine Unermesslichkeit und Schönheit gesehen werden. Wenn wir die Frage nach der Ursache der Konditionierung stellen, ohne die Bedeutung der Tatsache erfasst zu haben, dass der gesamte unermessliche Vorgang des Lebens eine Einheit ist, dann zerstückeln wir das Leben in einzelne Fragmente. Wir sollten also zuerst erkennen, dass der Lauf des Himmels, der Erde und des Daseins der Menschen etwas Unteilbares ist und erst dann in die Details gehen. Wenn der Himmel, die Erde und die Menschen als ein unermesslicher und eine Einheit bildender Prozess wahrgenommen wird, dann wird die Frage nach der Ursache unserer Konditionierung nicht fragmentarisch und trennend sein. Dann können wir fragen, was ihre Ursache ist. Dann hat die Frage Tiefe und Schönheit.

Um die Ursache der Konditionierung zu finden, müssen wir gemeinsam vorgehen und die Natur und Struktur des Menschen erforschen. Neben dem biologischen Organismus, der sich selbst überlassen seine eigene, natürliche Intelligenz und seine Reaktionen zum Selbstschutz hat, gibt es den ganzen psychischen Bereich, die inneren Reaktionen, die inneren Verletzungen, die Ängste, die Widersprüche, den Antrieb des Verlangens, die vorübergehenden Freuden und die Schwere der Trauer. Diese Psyche, wenn sie durcheinander, verwirrt und chaotisch ist, beeinflusst natürlich die biologische Verfassung. Dann sind Krankheiten psychosomatisch.

Sind wir nicht am Erforschen unserer inneren Natur interessiert, die sehr komplex ist? Diese zu untersuchen ist wirkliche Selbsterziehung. Dabei geht es nicht darum zu verändern, ›was ist‹, sondern darum zu verstehen, ›was ist‹. Noch einmal, es ist wichtig dies zu erfassen und damit zu leben. ›Was ist‹, ist weit wichtiger als das, was sein sollte. Zu verstehen, was wir tatsächlich sind ist viel essenzieller als über das hinauszugehen, was wir sind. Wir sind der Inhalt unseres Bewusstseins. Unser Bewusstsein ist kompliziert und komplex, aber sein wahrer Kern ist Bewegung. Es muss klar sein, dass wir uns nicht mit Theorien, Hypothesen und Idealen befassen, sondern mit der Realität unserer eigenen alltäglichen Wirklichkeit.

44
Bewusstheit

Bewusstheit beinhaltet Sensibilität; sensibel zu sein für die Natur, die Berge, die Flüsse und die Bäume um einen herum.

Wie wir bereits aufgezeigt haben, sind wir zutiefst in unser tägliches Leben als Erziehende und als Menschen involviert. Wir sind vor allem Menschen und dann erst Erziehende und nicht umgekehrt. Denn Lehrkräfte sind zwar Menschen, deren spezieller Beruf die Bildung und Erziehung ist, aber ihr Leben findet nicht nur im Klassenzimmer statt, sondern ist sowohl in die gesamte Außenwelt als auch in innere Kämpfe, Ambitionen und Beziehungen verwickelt. Sie sind ebenso konditioniert wie die Schüler. Auch wenn die Art ihrer Konditionierung variieren kann, bleibt es doch eine Konditionierung. Wenn ihr das als unvermeidlich hinnehmt und es dabei belasst, dann werdet ihr weiterhin andere konditionieren. Es gibt viele, die das akzeptieren und nur versuchen, ihre Einschränkungen zu modifizieren. Aber seid ihr als Erziehende nicht daran interessiert, ein anderes soziales Gemeinwesen hervorzubringen, eine zukünftige Generation, die die Sinnlosigkeit des Krieges und geplanter Morde erkennt, eine Generation, die sich mit globalen Zusammenhängen ohne nationalistische Isolierung befasst, eine Generation, die sich auf die Wahrheit einlässt? Zweifellos ist das die Aufgabe wahrer Erzieherinnen und Erzieher.

Das menschliche Bewusstsein ist konditioniert. Jeder aufmerksame und nachdenkliche Mensch würde diese Tatsache anerkennen, aber viele von uns sind sich dessen nicht bewusst, und die Erziehenden vielleicht auch nicht. Es gehört zu den Aufgaben eines Lehrers, sich seiner Konditionierung bewusst zu werden und zu untersuchen, ob es möglich ist, von ihrer Begrenztheit frei zu sein. Daher müssen wir uns der Frage zuwenden, was es heißt, sich einer Sache bewusst zu sein, sich auf etwas zu konzentrieren oder einer Sache die volle Aufmerksamkeit zu widmen. Es ist sehr wichtig die Bedeutung dieser Dinge zu verstehen.

Bewusstheit beinhaltet Sensibilität; sensibel zu sein für die Natur, die Berge, die Flüsse und die Bäume um einen herum; den armen

Mann zu bemerken, der die Straße entlang geht und sensibel zu sein für seine Gefühle, seine Reaktionen und seine entsetzliche und erniedrigende Armut; verständnisvoll zu sein für den Menschen, der neben euch sitzt, oder für die Nervosität deines Freundes oder deiner Schwester. Diese Sensibilität enthält kein Auswählen und ist nicht kritisch. Es gibt dabei kein beurteilendes Bewerten.

Ihr seid empfänglich für eine Wolke, an der ihr nichts ändern könnt. Ergibt sich diese Empfänglichkeit mit der Zeit und durch Üben? Wenn ihr Denken und Üben zulasst, dann wird genau das die Sensibilität abtöten. Lernt einfühlsam zu beobachten; lernt was Sensibilität bedeutet; fangt sie ein, anstatt sie zu kultivieren. Fragt nicht, wie man sie einfängt – erfasst sie. Allein schon im Wahrnehmen seid ihr sensibel. In der Sensibilität gibt es keinen Widerstand. Sensibilität gilt dem Unmittelbaren und Grenzenlosen.

Konzentration ist ein Prozess, der auf Widerstand beruht. Jeder Lehrer weiß, was Konzentrieren bedeutet. Die Lehrkräfte sind daran interessiert, das Gehirn mit dem Wissen aus verschiedenen Fächern zu füllen, damit die Schüler Prüfungen bestehen und einen Job bekommen können. Das haben auch die Schüler im Kopf. Die Lehrer und Schüler ermutigen sich gegenseitig in Form eines Widerstands, der Konzentration ist. Auf diese Weise bildet man die Fähigkeit aus, Widerstand zu leisten und anderes auszublenden; und allmählich isoliert man sich. Konzentration ist das Fokussieren der eigenen Energie auf die Tafel oder ein Buch und das Vermeiden von Ablenkungen. Allein schon das Wort ›Ablenkung‹ deutet auf Konzentration hin. Eigentlich gibt es keine Ablenkung; es gibt nur Widerstand, der als Konzentration bezeichnet wird, und jede Bewegung weg davon wird als Ablenkung betrachtet. Konzentration enthält also innere Konflikte, Kämpfe und Widerstände. Diese Widerstände führen unweigerlich zu einer Einschränkung des Gehirns, die unsere Konditionierung ist. Diesen ganzen Vorgang mit Sensibilität wahrzunehmen heißt, sich in einen anderen [geistigen] Bereich zu begeben, und das bedeutet aufmerksam zu sein.

Was heißt es, aufmerksam zu sein? Wenn wir die Bedeutung der Sensibilität, der Bewusstheit und der Einschränkung der Konzentration nicht nur intellektuell oder verbal verstehen, sondern die Realität solcher Zustände wirklich erfassen, dann können wir fragen, was es heißt, aufmerksam zu sein. Aufmerksamkeit beinhaltet

Sehen und Hören. Wir hören nicht nur mit unseren Ohren, sondern wir achten auch auf die Töne, die Stimme, die Bedeutung der Worte und darauf, ohne [innere] Einmischung zu hören und die Tiefe des Eindrucks sofort einzufangen. Klänge spielen eine außergewöhnliche Rolle in unserem Leben: der Klang des Donners, einer Flöte, die in der Ferne gespielt wird, der ungehörte Klang des Universums, der Klang der Stille, der Klang des eigenen Herzschlags, der Klang eines Vogels oder eines Wasserfalls und das Geräusch eines Menschen, der auf dem Bürgersteig geht. Das Universum ist erfüllt von Klängen. Diese Klänge haben ihre eigene Stille; alle Lebewesen sind an diesem Klang der Stille beteiligt. Aufmerksam zu sein bedeutet, diese Stille zu hören und sich mit ihr zu bewegen.

Sehen ist eine sehr komplexe Angelegenheit. Man schaut beiläufig mit den Augen und geht schnell vorbei, ohne die Details eines Blattes, seine Form und Struktur, seine Farben oder die verschiedenen Grüntöne zu sehen. Eine Wolke mit dem ganzen Licht der Welt darin zu betrachten; einem Bach zu folgen, der den Hügel hinunterplätschert; eure Freunde mit einer Sensibilität anzusehen, in der es keinen Widerstand gibt; und euch so zu sehen, wie ihr seid, ohne eine Spur der Ablehnung oder leichtfertigen Akzeptanz; euch selbst als Teil des Ganzen zu sehen; die Unermesslichkeit des Universums zu sehen – zu schauen ohne eine Spur von euch selbst, das ist Beobachten.

Aufmerksamkeit ist dieses Hören und dieses Sehen, und diese Aufmerksamkeit hat keine Einschränkung und keinen Widerstand, daher ist sie grenzenlos. Aufmerksam zu sein beinhaltet ungeheure Energie. Sie ist nicht auf einen Punkt fixiert. In dieser Aufmerksamkeit gibt es keine Bewegung, die sich wiederholt, sie ist nichts Mechanisches. Es kommt keine Frage auf, wie diese Aufmerksamkeit beibehalten werden kann. Und wenn man die Kunst des Sehens und Hörens gelernt hat, dann kann sich diese Aufmerksamkeit auf eine Buchseite oder ein Wort richten. Dabei gibt es keinen Widerstand, der nur die Aktivität der Konzentration wäre.

Unaufmerksamkeit kann nicht zu Aufmerksamkeit verfeinert werden. Sich der Unaufmerksamkeit bewusst zu sein, ist ihr Ende; das heißt nicht, dass sie aufmerksam wird. Das Enden hat kein Fortbestehen. Die Vergangenheit, die sich [im Bewusstsein] selbst modifiziert, wird die Zukunft, sie ist ein Fortbestehen des Gewesenen.

Wir finden Sicherheit im Fortbestehen und nicht im Beenden. Aufmerksamkeit hat also nicht die Eigenschaft fortzubestehen. Alles was fortbesteht ist mechanisch. Werden ist etwas Mechanisches und beinhaltet Zeit. Aufmerksamkeit hat nichts mit Zeit zu tun. All das ist eine ungeheuer komplizierte Angelegenheit. Man muss ihr behutsam auf den Grund gehen.

45
Die Lehrerinnen und Lehrer

Wir sprechen über Schulen, in denen sie sich intensiv mit dem Aufblühen von Menschen befassen.

Anscheinend meinen wir, dass Erziehung und Bildung beendet sind, wenn wir die Schule oder das College hinter uns haben. Wir scheinen nicht in Betracht zu ziehen, dass das gesamte menschliche Dasein ein Prozess der Selbst-Erziehung ist, der ständig weitergeht und vielleicht nie endet. Die meisten von uns beschränken Erziehung und Bildung auf einen sehr kurzen Zeitraum, und für den Rest unseres Lebens machen wir in einem ziemlichen Durcheinander weiter, lernen nur ein paar Dinge dazu, die absolut notwendig sind, verfallen in eine alltägliche Routine und natürlich ist da immer der Tod, der wartet. Heirat, Kinder, Arbeit, flüchtige Freuden, Schmerz und Tod, so sieht also unser Leben wirklich aus. Wenn das unser ganzes Leben ausmacht, wie es anscheinend der Fall ist, was ist dann im Gegensatz dazu die wirkliche Bedeutung von Erziehung und Bildung?

Diese grundlegenden Fragen stellen wir nie; wahrscheinlich sind sie zu beunruhigend. Aber da wir Lehrer an Schulen und Colleges sind, müssen wir uns fragen, welchen Zweck Erziehung, Bildung und Lernen haben. Wir wissen, dass wir dadurch irgendeine Arbeitsstelle bekommen, aber abgesehen von der beruflichen Tätigkeit mit ihren Aufgaben – was verstehen wir unter Unterrichten und was ist ein Lehrer? Dem allgemeinen Verständnis nach haben Lehrer bestimmte Fächer studiert und unterrichten die Schüler darin. Macht das einen Lehrer aus, einfach nur Wissen weiterzugeben? Wir untersuchen also das Wesen des Lehrers und des Unterrichteten. Wer ist ein Lehrer? Welche Auswirkungen hat der Unterricht, abgesehen vom Einhalten der Lehrpläne? Sehr wenige sind Lehrer mit Leib und Seele. Sie leben dafür, den Schülern bei ihrem Lernen zu helfen, aber Lehrer haben bestimmt eine viel größere Bedeutung als das.

Wissen muss zwangsläufig oberflächlich sein. Wissen ist die Entwicklung des Gedächtnisses und die effiziente Nutzung dieses Gedächtnisses und so weiter. Wenn Wissen immer begrenzt ist, besteht dann die Aufgabe der Lehrer darin, den Schülern zu helfen, ihr ganzes Leben nur innerhalb der Grenzen des Wissens zu verbringen? Wir müssen erst einmal erkennen, dass Wissen immer begrenzt ist und ebenso alle Erfahrungen. Der Gebrauch des Wissens mit seinen Begrenzungen kann sehr destruktiv sein. In zwischenmenschlichen Beziehungen hat es destruktive Auswirkungen. Da Wissen eine Ansammlung von verschiedenen Ereignissen, Erfahrungen und Reaktionen ist, erzeugt und pflegt es in einer Beziehung das Bild einer Person und verdeckt so die reale Person und Beziehung. Wenn es etwas gibt, das fortbesteht, eine Tradition, die das Wissen zusammengefügt hat und die von Generation zu Generation weitergegeben wird, dann verdeckt die Vergangenheit, die eine Anhäufung von Wissen ist, die tatsächliche lebendige Gegenwart. Wenn Wissen zur Gewohnheit und etwas Mechanisches wird, schränkt es das Gehirn ein und macht es starr und gefühllos. Wenn Wissen zur Förderung des Nationalismus in Kriegen eingesetzt wird, dann wird es bestialisch, entsetzlich grausam und zutiefst unmoralisch. Wissen hat nichts mit Schönheit zu tun, aber Wissen ist notwendig, um einen Brunnen zu bohren. Die ganze Welt der Technik beruht auf Wissen und diese Welt beherrscht unser Leben. Wenn wir zulassen, dass das Wissen die einzige Autorität ist, und hoffen, durch das Wissen Fortschritte zu machen, dann leben wir in einer verhängnisvollen Illusion. Wir sagen, dass Wissen seinen Platz im Alltag hat, aber wenn Wissen der einzige Inhalt unseres Lebens ist, dann wird sich unser Leben zwangsläufig auf mechanische Aktivitäten beschränken.

Ist das Vermitteln von Wissen die einzige Aufgabe der Lehrer: Informationen, Ideen, Theorien weiterzugeben und diese Theorien zu erweitern oder über verschiedene Aspekte der Theorien zu diskutieren? Ist das die einzige Aufgabe der Lehrer? Wenn das alles ist, womit sich Lehrer befassen, dann sind sie lediglich lebende Computer. Aber zweifelsohne haben Lehrer eine weit größere Verantwortung als diese Tätigkeit. Sie müssen sich auch mit dem Verhalten befassen, mit der Komplexität des menschlichen Handelns und mit einer Lebensweise, in der das Gute aufblüht. Ohne Frage müssen sie sich mit der Zukunft ihrer Schüler befassen und wie die Zukunft für sie aussieht. Wie sieht die Zukunft des Menschen aus? Wie sieht die Zukunft unseres Bewusstseins aus, das so verwirrt, gestört, chaotisch und voller Konflikte ist? Müssen wir fortwährend in Konflikten, Leid und Schmerz leben? Wenn die Lehrer nicht mit ihren Schülern über all diese Dinge im Gespräch sind, dann sind sie lediglich clevere lebende Maschinen, die fortwährend weitere Maschinen in Gang setzen.

Deshalb stellen wir eine ganz grundlegende Frage: Was macht einen Lehrer aus? Lehrer zu sein ist der bedeutendste Beruf der Welt, auch wenn er am wenigsten geachtet wird, denn wenn Lehrer ein tiefes und ernsthaftes Interesse daran haben, können sie das menschliche Gehirn von seiner Konditionierung befreien, und zwar nicht nur das eigene, sondern auch die Gehirne ihrer Schüler. Lehrer sind konditioniert und die Schüler ebenfalls. Das ist eine Tatsache, ganz gleich ob sich die Lehrer dies eingestehen oder nicht. Und in ihrer Beziehung zu den Schülern können sie sowohl den Schülern als auch sich selbst helfen, das Bewusstsein von seiner Begrenztheit zu befreien.

Eine Beziehung ist ein Vorgang ständigen Lernens. Eine Beziehung ist nichts Statisches, sondern ein lebendiges Geschehen. Deshalb ist sie nie dasselbe: Was sie gestern war, ist sie heute nicht mehr. Wenn das Gestern in der Beziehung dominiert, dann bleibt die Beziehung das, was sie war, und ist nichts Lebendiges. Liebe ist nie das, was sie war. Wenn die Beziehung zwischen Lehrern und Schülern das Element der Freundschaft, der gegenseitigen Befreiung von der Konditionierung und der Bescheidenheit enthält, dann sind Sensibilität und Zuneigung etwas Natürliches.

Die Lehrer können das alles für unmöglich halten, wenn die Schulbehörden verlangen, dass in einer Klasse bis zu fünfzig Schüler sind und alle möglichen Dummheiten gemacht werden. Was sollen die Lehrer da machen? Offensichtlich können sie in dieser Situation nichts tun. Wir sprechen jedoch über Schulen, an denen dies nicht geschieht und an denen die Lehrer diese Beziehung herstellen können. Und dort befassen sie sich intensiv mit dem Aufblühen von Menschen.

46
Schutzlosigkeit

Schutzlosigkeit hat kein Ich als Zentrum
und besitzt außergewöhnliche Kraft und Schönheit.

Es scheint, dass sich nur sehr wenige Lehrer ihrer großen Verantwortung bewusst sind, die sie nicht nur gegenüber den Eltern, sondern auch in ihrer Beziehung zu den Schülern haben. Was für eine Beziehung ist das? Wie betrachtet man diese Beziehung? Besteht sie im Vermitteln von Informationen oder in der Darstellung bestimmter Sachverhalte mit Worten? Ist die Beziehung oberflächlich, beiläufig und vorübergehend? Ist der Lehrer ein Beispiel? Übe ich als Lehrer einen Einfluss auf die Schüler aus? Wenn ich ein Vorbild bin, dem einige meiner Schüler nacheifern sollen, dann werde ich zum Diktator, dann wird Disziplin zur Anpassung. Die Schüler imitieren mich, mein Verhalten, meine Gesten und dergleichen. Ich will aber nicht, dass sie meinem Beispiel folgen oder von mir beeinflusst werden. Ich möchte, dass sie verstehen, wie wir alle beeinflusst und geprägt wurden, damit wir uns einem Muster anpassen. Ich habe die Einstellung und die Absicht, meinen Schülern zu helfen, von jeder Art der Beeinflussung, ganz gleich ob gut oder schlecht, frei zu sein, sodass sie selbst erkennen, was richtiges Handeln ist. Das heißt, dass sie nicht gesagt bekommen, was richtiges Handeln ist, sondern dass sie die Fähigkeit und den Antrieb haben, das Falsche und das Wahre zu erkennen. Das heißt, es geht mir in erster Linie darum, ihre Intelligenz zu entwickeln, damit sie dem Leben mit all seinen Schwierigkeiten intelligent entgegentreten können. Ich betrachte das nicht als ein Ziel, sondern sehe dies als unmittelbare Realität. Ich weiß, dass die Schüler von ihren Eltern, ihren Mitschülern und der Welt um sie herum beeinflusst werden. Junge Menschen lassen sich leicht beeinflussen. Möglicherweise rebellieren sie dagegen, aber bewusst oder unbewusst entsteht Druck und die Belastung durch diesen Druck. Daher frage ich mich als Lehrer und als Mensch, auf welche Weise ich das Wesen und die Energie dieser Intelligenz zum Vorschein bringen kann.

Ich beginne zu erkennen, dass ich in der Welt des Handelns und im Inneren sowohl introvertiert als auch extrovertiert sein muss. Ich darf nicht ichbezogen sein, sondern muss meine Augen und mein Gehör den Feinheiten des Lebens zuwenden. Das heißt, ich muss in der Lage sein, das Leben zu schützen, und gleichzeitig Großzügigkeit entwickeln; ich muss sowohl der Empfangende als auch der Gebende sein. All das fühle ich, wenn ich ein wirklich engagierter Lehrer im wahrsten Sinne des Wortes bin. Für mich ist das kein Beruf, sondern etwas, das getan werden muss. So werde ich mir der Welt und der Geschehnisse in ihr sehr viel bewusster, und begreife innerlich die Notwendigkeit, über ichbezogene Interessen hinauszugehen. Ich sehe das Äußere und das Innere als eine Bewegung, die ganz und unteilbar ist wie das Wasser des Meeres, das herein- und hinausströmt. Nun ist meine Frage: Wie kann ich dem Schüler helfen, sich dessen bewusst zu werden?

Sensibilität schließt ein, dass man verletzlich ist. Man ist empfindlich, was die eigenen Reaktionen, die eigenen Verletzungen und das eigene bedrückende Dasein betrifft. Das heißt, man ist im Hinblick auf sich selbst empfindlich, und in dieser verletzlichen Verfassung besteht in Wirklichkeit ein Eigeninteresse und damit die Möglichkeit, verletzt oder neurotisch zu werden. Es ist eine Form des Widerstands, der sich in erster Linie im Ich konzentriert.

Die Kraft der Schutzlosigkeit ist nicht ichbezogen. Sie ist wie ein junges Blatt im Frühling, das starkem Wind standhalten kann und gedeiht. Diese Schutzlosigkeit kann unter keinen Umständen verletzt werden. Schutzlosigkeit hat kein Zentrum in Form eines Ich. Sie hat eine außergewöhnliche Kraft, Vitalität und Schönheit.

In mir als Mensch und als Lehrer sehe ich all das so klar wie nur möglich. Aber als Lehrer bin ich nicht so, ich studiere es und lerne. Als Lehrer habe ich eine Beziehung zu meinen Schülern, und in dieser Beziehung bin ich dabei zu lernen. Wie soll ich das alles meinen Schülern vermitteln, die wie alle normalen Kinder konditioniert, unbedacht, verspielt und voller Unfug sind? Ich unterrichte einige Fächer und frage mich, ob ich das alles mit Hilfe der Mathematik, Biologie oder Physik vermitteln kann. Oder sind Schulfächer etwas Separates, etwas, das man sich ins Gedächtnis einprägen muss? Ich sehe, dass Intelligenz nichts mit der Schulung des Gedächtnisses zu tun hat. Ich habe also folgendes Problem: Einerseits sehe ich die Notwendigkeit das Gedächtnis zu schulen, um Prüfungen zu bestehen und schließlich einen Beruf auszuüben, und andererseits habe ich eine Ahnung, dass Intelligenz nichts Mechanisches ist und nicht auf der Schulung des Gedächtnisses beruht. Das ist mein Problem. Ich frage mich, ob diese beiden Dinge voneinander getrennt sind oder ob die Intelligenz, wenn sie im eigenen Leben von Anfang an geweckt wird, das Gedächtnis mit einbeziehen kann, ohne sein Sklave zu sein. Das Größere enthält das Kleinere. Das Universum enthält den Teilaspekt. Der Teilaspekt hingegen kann nur in seiner eigenen engen Sphäre verharren.

Ich fange an, diesen wichtigen Faktor zu verstehen, denn ich bin mit Leib und Seele ein Lehrer, der das Unterrichten als Ausgangspunkt für etwas anderes benutzt. Daher frage ich mich, was ich mit diesen Kindern vor mir anfangen soll. Sie haben kein Interesse an all diesen Dingen. Sie schikanieren sich gegenseitig, wetteifern miteinander, sind neidisch und so weiter.

Verstehen Sie nun mein Problem als Außenstehende, die nicht an diesen Schulen sind? Das müssen Sie, denn Sie sind auf ihre eigene Weise ebenfalls Lehrer – zu Hause, auf dem Spielfeld oder im Beruf. Wir alle sind auf die eine oder andere Weise Lehrer, also lassen Sie mich nicht einfach mit meinem Problem allein. Es ist auch Ihr Problem, also lassen Sie uns darüber reden.

Ich hoffe, wir sehen alle, dass wir uns in dieser schwierigen Lage befinden und dass es von größter und vorrangiger Bedeutung ist, diese Intelligenz bei allen Kindern und Schülern, für die wir verantwortlich sind, zu wecken. Lassen Sie mich nicht allein beim Lösen dieses Problems; lassen Sie uns darüber reden. Zuerst möchte ich, dass Sie und ich das Problem verstehen. Sehen wir, dass die Schüler eines Tages einen Beruf brauchen und deshalb die Welt und ihre Erfordernisse sowie die darin enthaltene Unordnung, ihre zunehmende Zerstörung und ihren Niedergang verstehen müssen? Sie müssen sich dieser Welt stellen, aber nicht als spezialisierte Wesen, was sie unfähig machen würde, der Welt zu begegnen. All dies beinhaltet das Aneignen von Wissen und seine gewissenhafte Anwendung. Solange die Welt so ist, wie sie ist, müssen die Schüler in einer gewissen Form tätig werden, und damit sind sie die meiste Zeit beschäftigt, möglicherweise acht oder zehn Stunden am Tag. Außerdem müssen sie die ganze Welt der Psyche studieren und kennenlernen, die noch von niemandem vollständig erforscht wurde. Diejenigen, die sie ein wenig erforscht haben, teilen mit, was sie entdeckt haben, aber das wird zu Wissen, und die Schüler übernehmen es nur. Das ist kein exaktes Erforschen des eigenen Inneren.

Sie und ich haben also dieses Problem. Sie interessieren sich vielleicht nur gelegentlich dafür, aber mich als Lehrer beschäftigt das wirklich sehr. Auch ich bin konditioniert. Ich bin nicht völlig schutzlos in dem hier beschriebenen Sinne. Ich habe meine familiären Probleme und dergleichen, aber meine Hingabe verdrängt das alles. Was soll ich tun oder bleiben lassen? Ist nichts weiter erforderlich, als mit anderen Lehrern die Atmosphäre der Intention zu schaffen? Die Intention ist kein Ziel, das irgendwann einmal erreicht werden soll. Die Intention ist eine allgegenwärtige Aktivität, an der auf keinen Fall Zeit beteiligt ist.

47
Intention

Freie Menschen hervorzubringen
ist unsere wichtigste Intention.

Unsere Intention ist weitaus wichtiger als ein Ziel oder Ergebnis zu erreichen. Eine Intention ist nicht nur ein intellektueller und ideologischer Beschluss, sondern vielmehr etwas, das aktiv und lebendig gegenwärtig ist. Sie ist der Docht, der in einer Schale mit Öl brennt. Ihre Flamme kann nicht gelöscht werden, kein Wind kann sie ausblasen. Der Docht ist kräftig, und das Öl wird nicht von irgendwelchen äußeren Einflüssen oder Quellen gespeist. Die Intention hat keinen Ursprung und daher werden die Flamme, der Docht und das Öl für immer fortdauern. Die vitale Flamme unserer Intention soll einen guten, intelligenten, äußerst fähigen und freien Menschen hervorbringen. Das ist meine Intention als hingebungsvoller Lehrer und als Eltern solltet ihr sie teilen. Es sollte die Intention der gesamten Menschheit sein, denn es geht uns alle an. Dieser Intention kann man sich nicht entziehen. Ihr seid genauso sehr darin verwickelt wie ich. Auch wenn ihr davor zurückschreckt, sie ignoriert oder vernachlässigt, ihr seid dennoch ebenso verantwortlich wie ich.

Unsere Verantwortung ist die Zukunft, daher ist dies unser unmittelbares Problem. Es ist mein und auch euer Problem, diese allumfassende Intelligenz zu entwickeln, aus der alles andere hervorgeht. Vor meinem geistigen Auge kann ich erkennen, dass sie der zentrale Faktor ist, denn kein intelligenter Mensch in dem Sinne, wie wir das Wort verwenden, würde jemals einen anderen absichtlich verletzen wollen. So jemand würde die ganze Menschheit so behandeln, wie er mit sich selbst umgehen würde, ohne die schreckliche und destruktive Trennung. Auf eine vage, unsentimentale Weise kann ich auch spüren, dass diese Intelligenz etwas völlig Unpersönliches ist, sie ist weder eure noch meine. Und ich kann ihre ungeheure Anziehungskraft und ihre Wahrheit spüren.

Wie kann ich das nun in meinen Schülerinnen und Schülern und in mir selbst kultivieren? Ich benutze das falsche Wort ›kultivieren‹. Kultivieren beinhaltet eine Aktivität des Denkens; es beinhaltet eine Errungenschaft, eine Arbeit. Ich beginne also zu erkennen, dass

Intelligenz etwas völlig anderes ist, als die Aktivität des Denkens. Das Denken hat keine Verbindung zu ihr. Sie kann nicht aus dem Denken entstehen, denn das Denken ist immer begrenzt.

Nachdem ich dies gesagt habe, was kein vages Verstehen, sondern eine brennende Intention ist, frage ich mich, ob es mir möglich ist, den Schülern das Wesen dieser Intention zu vermitteln. Ist mir dies mit Hilfe der Mathematik, Biologie oder eines anderen Fachs möglich, obwohl ich weiß, dass die Gehirne der Schüler konditioniert, begrenzt und angepasst sind?

Nehmen wir einmal an, ich bin ein Mathematiklehrer. Mathematik ist Ordnung, unendliche Ordnung. Ordnung ist das Universum und sie ist Intelligenz. Ordnung ist nichts Statisches, sie ist eine lebendige Bewegung. Unser Leben ist Bewegung, aber wir haben unser Leben in Unordnung gebracht. Daher werde ich mit den Schülern nicht nur über Mathematik reden, sondern auch über Ordnung in unserem Leben. Das Verneinen der Unordnung ist Ordnung. Wenn ein Mensch, der verwirrt, durcheinander und unsicher ist, Ordnung schaffen will, erzeugt er nur weitere Unordnung. Für mich ist das sehr, sehr klar erkennbar. Also werde ich den Schülern helfen, und indem ich ihnen helfe, helfe ich mir selbst. Mit dieser Ordnung kann man sich nicht befassen, wie man sich Schritt für Schritt mit der Mathematik befasst. Daher ist das Erste, was erkannt werden muss, dass das Denken, ganz gleich was es tut, nie durch Gesetzgebung, Verwaltungsapparate oder Zwang Ordnung schaffen kann. Ordnung hängt nicht vom Denken ab. Das Denken kann keine Ordnung schaffen; je mehr es das versucht, desto größer wird das Durcheinander. Mathematik ist keine Unordnung. Mathematik an sich ist grundsätzlich Ordnung. Das Denken ist fähig, die Ordnung der Mathematik zu erkennen, aber diese Ordnung ist kein Produkt des Denkens. Man kann die große Majestät und Schönheit eines Berges sehen, aber der Mensch, der ihn sieht, besitzt möglicherweise weder Würde noch Majestät und Schönheit.

Ich muss also zunächst selbst die Ordnung und Unordnung studieren, bevor ich das meinen Schülern vermitteln kann. Das Studium eines Buches über irgendein bestimmtes Thema ist etwas ganz anderes, als das eigene Selbst zu studieren, das durcheinander und ungeordnet ist. Das Buch enthüllt die Dinge Satz für Satz, Kapitel für Kapitel und kommt zu der einen oder anderen Schlussfolgerung.

Das Buch ist sichtbar und man kann Jahre mit dem Thema des Buches verbringen. Aber ich studiere nicht irgendein Buch; ich studiere ein Buch, das nichts Gedrucktes enthält und nicht mit den Augen eines anderen gelesen werden kann. Ich muss also selbst herausfinden, wie es studiert werden kann.

Ihr macht das auch, zusammen mit mir, weicht also nicht zurück. Ich studiere das aus eigenem Interesse und auch, um es den Schülern zu vermitteln. Ich studiere es also nicht nur für mich selbst. Ein Buch und sein Thema sind spürbar und greifbar, und die Worte vermitteln eine bestimmte konkrete Bedeutung. Aber dieses schwach wahrnehmbare, lebende und sich ständig verändernde Thema der Beschaffenheit meines eigenen Gehirns zu studieren, das in Unordnung, Verwirrung und Angst lebt, ist weitaus schwieriger, als ein Buch zu lesen. Es erfordert schnell zu folgen, subtil wahrzunehmen und sich zu bewegen, ohne Spuren zu hinterlassen. Habe ich diese Eigenschaften? Wenn ich diese Frage über mich selbst stelle, studiere ich nicht nur, wer diese Frage stellt, sondern auch welche Absicht hinter dieser Frage steckt.

Ich studiere also das ganze Phänomen sehr behutsam, ohne jemals zu einem endgültigen Schluss zu kommen. Die ständige Wachsamkeit, die nie irgendeiner flüchtigen Regung erlaubt, ohne sorgfältiges Beobachten vorbeizuhuschen, lässt das Gehirn und die ganze Aktivität des Denkens zur Ruhe kommen, ohne dass es abstumpft. Ich ruhe mich auch aus und nehme dann die Sache wieder auf. Die Ruhepause ist ebenso wichtig wie das erneute Beobachten. Ich fange den Duft jener Intelligenz ein und ihre außergewöhnliche Feinheit, wodurch der gesamte physische Organismus lebendiger und bewusster wird und beginnt, in einen anderen Rhythmus zu kommen. Die Intelligenz schafft ihre eigene Atmosphäre.

Jetzt kann ich Mathematik unter einem Baum oder in einem Raum unterrichten und ich weiß, dass die Schüler in diesem Fach eine Prüfung ablegen müssen. In den ersten fünf oder zehn Minuten spreche ich mit ihnen und erkläre ihnen sehr genau, was ich studiert habe und wie es ihnen möglich ist, es auch zu studieren. Ich bringe ihnen die Kunst des Studierens bei. Ich bin wirklich sehr daran interessiert, ihnen meine tief empfundene Intention zu vermitteln, und sie sind von meinem Enthusiasmus umgeben. Ich erkläre ihnen, wie ich die Frage der Intelligenz Schritt für Schritt angehe. Ich weise sie auf die Ordnung und Schönheit eines Baumes hin, der nicht vom Denken geschaffen wurde. Ich bestehe darauf, dass sie klar erkennen, dass die Natur und der Himmel und die wilden Tiere des Waldes keine Produkte des Denkens sind, auch wenn das Denken sie für seine eigene Bequemlichkeit nutzen und auch zerstören kann. Das Denken hat durch seine Aktivitäten sehr viel zerstört und auch viel vergängliche Schönheit geschaffen. Bei jeder Gelegenheit spreche ich mit den Schülern über diese Dinge mit Humor und Ernsthaftigkeit, ohne sie und mich selbst zu langweilen. Dies ist mein Leben, denn diese Intelligenz ist das Höchste.

Ordnung hat keine Ursache, daher währt sie ewig. Unordnung dagegen hat eine Ursache, und was eine Ursache hat, kann auch ein Ende haben.

48
Persönlicher Einsatz

Wie können wir eine Beziehung zu denen aufbauen, die sich nicht voll und ganz für die Entfaltung des Guten einsetzen?

Unzufriedenheit führt nicht zwangsläufig zu Intelligenz. Die meisten von uns sind auf irgendeine Art und Weise unbefriedigt und mit vielen Dingen nicht glücklich. Auch wenn wir Geld, eine Position und ein irgendwie geartetes Ansehen haben, nagt da immer die Unzufriedenheit an uns. Je mehr man hat, desto mehr will man haben. Befriedigung ist nie befriedigt. Unzufriedenheit ist wie eine Flamme, die immer noch mehr verschlingt, wie sehr man sie auch nährt. Es ist eigenartig, wie leicht der Wunsch nach Befriedigung eine vorübergehende Erfüllung findet, und man hält daran fest, obwohl die Befriedigung bald verblasst und der Wunsch nach mehr wieder auftaucht. Es scheint, dass dies ein ständiger Wechsel von einem Objekt der Befriedigung zu einem anderen ist, sowohl materiell als auch psychisch. Das Mehr ist die Wurzel der Unzufriedenheit. Die Flamme des Messens führt entweder zu Überdruss, Gleichgültigkeit und Nachlässigkeit oder zu einem umfassenderen und tieferen Nachforschen.

Im Nachforschen ist Befriedigung nicht das Ziel. Nachforschen entspringt aus sich selbst, es ist wie eine Quelle, die nie versiegt, und kann sich nie durch irgendeine Art der Befriedigung selbst vergessen. Es ist unmöglich, dass diese Flamme durch irgendeine äußere oder innere Aktivität erstickt wird, die etwas erreichen will. Die meisten von uns haben eine kleine Flamme, die normalerweise durch irgendeine Form von Gewinn erstickt wird. Um aber diese kleine Flamme heftig brennen zu lassen, muss das Messen des Mehr völlig enden. Nur dann verbrennt die Flamme jedes Gefühl der Genugtuung.

Als Erziehender habe ich es mit einem weiteren Problem zu tun. Ich kann keine Schule ganz für mich allein haben. An einer Schule habe ich viele Kollegen. Einige sind äußerst intelligent und andere auf unterschiedliche Weise geistig träge – ich meine das nicht herablassend. Dabei sind alle das, was man gut ausgebildet nennt, sie haben Abschlüsse und so weiter. Möglicherweise versuchen ein oder zwei von uns den Schülern zu helfen, das Wesen der Intelligenz zu verstehen. Aber ich habe das Gefühl, solange wir nicht alle gemeinsam zusammenarbeiten, um den Schülern in dieser Hinsicht zu helfen, werden die Lehrer, die sich nicht um die Entwicklung der Intelligenz kümmern, natürlich ein Hindernis darstellen. Das ist das Problem, das einige von uns haben. In Bildungseinrichtungen ist dies meistens der Fall.

Mein Problem ist also: Wie sollen wir, die Wenigen, mit den Vielen umgehen? Wobei ich nochmals betonen möchte, dass dies nicht in einer herablassenden Art und Weise gemeint ist. Wie reagieren wir darauf? Es ist eine Herausforderung, der wir uns auf allen Ebenen unseres Lebens stellen müssen. In allen Regierungsformen gibt es die Aufteilung in die Wenigen und die Vielen. Die Wenigen kümmern sich vielleicht um die gesamte Bevölkerung, und die Vielen kümmern sich um ihre eigenen kleinen Interessen. Dies geschieht überall auf der Welt, auch im Bereich der Erziehung und Bildung. Wie können wir also eine Beziehung zu denen unter uns aufbauen, die sich nicht voll und ganz für die Entfaltung der Intelligenz und des Guten einsetzen? Oder gibt es nur das eine Problem: die Flamme der Intelligenz in der ganzen Schule zu entfachen?

Natürlich zerstört eine autoritäre Einstellung jede Intelligenz. Das Gefühl, gehorchen zu müssen, erzeugt nur Angst, die das Verstehen der wahren Natur der Intelligenz unweigerlich verdrängt. Welchen Platz hat also die Autorität an einer Schule? Wir müssen Autorität studieren und dürfen nicht nur darauf bestehen, dass es keine Autorität, sondern nur Freiheit geben darf. Wir müssen sie studieren, wie wir das Atom studieren. Die Struktur des Atoms weist eine Ordnung auf. Gehorsam, Folgsamkeit und das Akzeptieren einer Autorität, sei dies blind oder klarblickend, muss unweigerlich zur Unordnung führen. Was ist die Wurzel des Gehorsams, der Autorität hervorbringt? Wenn man durcheinander und verwirrt ist, wird die Gesellschaft völlig chaotisch. Dann erschafft eben diese Unordnung eine Autorität, wie es schon oft in der Geschichte geschehen ist. Ist Angst die Wurzel dafür, Autoritäten zu akzeptieren, unsicher zu sein und in sich selbst keine Klarheit zu haben? Dann trägt jeder Mensch dazu bei, die Autorität hervorzubringen, die uns dann sagt, was zu tun ist – so wie es in allen Religionen, Sekten und Gemeinschaften geschehen ist. Es ist das ewige Problem mit dem Guru und dem

Schüler, jeder zerstört den anderen, und der Anhänger wird dann zum Führer. Dieser Zyklus wiederholt sich ständig.

Wir studieren gemeinsam, im wahrsten Sinne des Wortes, was die Ursache der Autorität ist. Wenn jeder von uns sieht, dass es Angst ist, Verwirrung oder ein tieferliegender Faktor, dann hat das gemeinsame Studium, ob verbal oder nonverbal, eine Bedeutung. Beim Studieren kann es zu einem Gedankenaustausch kommen und zu einem stillen Beobachten der Ursache der Autorität. Dann deckt genau dieses Studieren das Licht der Intelligenz auf, denn Intelligenz hat keine Autorität. Es ist weder eure noch meine Intelligenz. Vielleicht können dies einige von uns tiefreichend und ohne Selbsttäuschung sehen, und es ist dann unsere Verantwortung, diese Flamme überall weiterzugeben, wo immer wir sind, in der Schule, zu Hause oder in einer bürokratischen Regierung. Die Flamme hat keinen festen Platz, sie ist dort, wo immer ihr auch seid.

49
Das, ›was ist‹

Wenn wir bei dem bleiben können, ›was ist‹, wie unangenehm es auch sei, dann löst reine Aufmerksamkeit das auf, ›was ist‹.

Unsere Gehirne sind sehr alt. Sie haben sich über zahllose Erfahrungen, Unglücksfälle und Tode hinweg entwickelt. Die kontinuierliche Entfaltung des Gehirns findet seit Jahrtausenden statt. Es hat eine Fülle von Fähigkeiten, ist ständig aktiv, lebt und bewegt sich in seinen eigenen Erinnerungen und Sorgen, ist voller Angst, Unsicherheit und Kummer. Dies ist der immerwährende Kreislauf, den es mit vergänglichen Freuden und unaufhörlicher Aktivität durchlebt hat. In diesem langen Prozess hat es sich selbst konditioniert, seine eigene Lebensweise gestaltet und sich an seine jeweilige Umwelt angepasst, wie es nur bei wenigen Arten möglich war. Es hat dabei Hass und Zuneigung verknüpft, andere getötet und gleichzeitig versucht, ein friedliches Leben zu führen. Das Gehirn wird von der endlosen Aktivität der Vergangenheit geprägt und modifiziert sich dabei ständig. Aber die Grundstruktur aus Belohnung und Schmerz blieb fast die gleiche. Diese Konditionierung versucht die Außenwelt zu gestalten, aber im Inneren folgt das Gehirn demselben Muster. Es trennt ständig das Ich vom Du und das Wir von den Anderen, wird dabei verletzt und versucht zu verletzen. Dies ist ein Muster, in dem vergängliche Zuneigungen und Freuden unsere Lebensweise ausmachen.

Wenn es zu irgendeiner tiefen und lebendigen Veränderung kommen soll, ist es erforderlich, dass all das ohne Werturteil betrachtet und die Vielschichtigkeit unseres Lebens ohne auszuwählen wahrgenommen wird, das heißt, einfach genau zu sehen, ›was ist‹. ›Was ist‹ ist weit wichtiger als das, was sein sollte. Es gibt nur das, ›was ist‹, und nie das, was sein sollte. Das, ›was ist‹, kann nur enden, es kann keinesfalls etwas anderes werden. Das Enden hat größere Bedeutung als das, was danach kommt. Nach dem zu suchen, was danach kommt, bedeutet Angst zu nähren. Nach dem zu suchen, was dahinterliegt, bedeutet, das, ›was ist‹, zu vermeiden oder sich davon abzuwenden. Wir jagen immer dem nach, was nicht existiert, dem, was etwas anderes ist als die gegenwärtige Realität. Wenn wir das erkennen und bei dem bleiben könnten, ›was ist‹, wie unangenehm, Angst einflößend oder wie erfreulich es auch sein mag, dann löst ein Beobachten, das reine Aufmerksamkeit ist, das auf, ›was ist‹.

Eine unserer Schwierigkeiten ist, dass wir vorwärtskommen wollen und man sagt zu sich selbst: »Ich verstehe das, aber was dann?« ›Was dann‹ entfernt sich von dem, ›was ist‹.

Das, ›was ist‹ ist ein Vorgang des Denkens. Wenn das, ›was ist‹, schmerzhaft ist, versucht das Denken es zu vermeiden. Ist es jedoch angenehm, hält das Denken daran fest und dehnt es aus. Daher ist dies einer der Aspekte von Konflikten.

Es gibt kein Gegenteil, sondern nur das, was tatsächlich gerade ist. Da es im psychischen Sinne kein Gegenteil gibt, führt es nicht zu einem Konflikt, wenn das, ›was ist‹, beobachtet wird. Unsere Gehirne haben sich jedoch an die Illusion des Gegenteils gewöhnt. Natürlich gibt es Gegensätze: Hell und Dunkel, Mann und Frau, Schwarz und Weiß, Lang und Kurz und dergleichen, aber hier versuchen wir den psychischen Bereich der Konflikte zu studieren. Das Ideal führt zu Konflikten; und wir sind durch einen jahrhundertelangen Idealismus konditioniert: der ideale Staat, der ideale Mensch, das Vorbild, die Gottheit. Es ist der Zwiespalt zwischen dem Vorbild und dem Wirklichen, der den Konflikt erzeugt. Die Wahrheit dieser Feststellung zu erkennen ist keine aburteilende Bewertung.

Ich habe das, was in diesem Brief gesagt wurde, sorgfältig studiert. Ich sehe, dass es logisch ist und dem gesunden Menschenverstand entspricht. Die Last der Vergangenheit wiegt jedoch so schwer, dass das hartnäckige und ständige Auftauchen der sorgsam gepflegten Illusion einer Idealvorstellung dessen, was sein sollte, sich ständig einmischt.

Ich frage mich, ob sich diese Illusion völlig beseitigen lässt oder ob ich sie als eine Illusion hinnehmen und sie absterben lassen sollte. Ich kann sehen, wie ich ihr umso mehr Lebenskraft gebe, je mehr ich gegen sie ankämpfe und dass es sehr schwierig ist, bei dem zu bleiben, ›was ist‹. Kann ich nun als Erziehender, als Elternteil und Lehrer dieses subtile und vielschichtige Problem der Konflikte in Menschen vermitteln? Wie wunderbar wäre das Leben ohne Konflikte und ohne Probleme. Oder anders gesagt: Es wäre besser, sich sofort um die offenbar unvermeidlichen Probleme zu kümmern, sobald sie auftauchen, anstatt mit ihnen zu leben.

Die bisherige Praxis der Erziehung bestand darin, den Wettbewerb zu fördern und damit Konflikte aufrechtzuerhalten. Ich sehe also, dass sich in meiner Verantwortung gegenüber den Schülern ein Problem nach dem anderen auftürmt. Die Schwierigkeiten überfordern mich und so fange ich an, die Vision von einem guten Menschen zu verlieren. Ich benutze das Wort ›Vision‹ nicht im Sinne eines Ideals oder eines Ziels in der Zukunft, sondern im Sinne der wahren und tiefen Realität des Guten und der Schönheit. Diese Realität ist kein abstruser Traum oder etwas, das erreicht werden kann, sondern allein schon ihre Wahrheit wirkt befreiend. Diese Wahrnehmung ist logisch, vernünftig und geistig völlig gesund. Sie enthält keine Untertöne, die sentimental sind oder auf romantischen Firlefanz hinweisen.

Jetzt stehe ich an dem Punkt, das, ›was ist‹, völlig zu akzeptieren und sehe wie meine Schüler im Vermeiden des Tatsächlichen gefangen sind. Das heißt, es besteht hier ein Widerspruch, und wenn ich in meiner Beziehung zu ihnen nicht vorsichtig und wachsam bin, löse ich einen Konflikt oder einen Kampf zwischen ihnen und mir aus. Ich sehe etwas, das sie jedoch nicht sehen, das ist eine Tatsache. Ich möchte ihnen helfen, dass sie diese Realität erkennen. Es geht nicht um meine Wahrnehmung der Wahrheit, sondern darum, dass jeder von ihnen die Wahrheit sieht, die niemand gehört. Jede Form von Druck ist ein Störfaktor, wie auch ein Beispiel zu geben oder es vorzuleben, deshalb muss ich sehr behutsam vorgehen und sie für die Frage interessieren, ob ein Beenden der Konflikte möglich ist oder nicht.

Ich habe jetzt vielleicht eine Woche oder länger gebraucht, um dies zu verstehen und seine Wichtigkeit zu erfassen. Es kann sein, dass ich das nicht wirklich lebe, aber ich habe den feinen Mechanismus erfasst, und das darf mir nicht entgleiten. Wenn die Schüler hiervon auch nur den Duft erfassen, so wirkt das wie ein lebendiger Samen. Ich entdecke, dass Geduld keine Spur von Zeit enthält, während Ungeduld in der Natur der Zeit liegt. Ich versuche nicht, ein Resultat zu erzielen oder zu einem bestimmten Schluss zu kommen. Ich werde von all dem nicht überwältigt; es gibt einen regenerierenden Faktor.

50
Auswahl und Freiheit

Freiheit ist ein Enden, sie lässt das Gewesene nicht fortbestehen.
Wahre Freiheit hat kein Gegenteil.

Freiheit ist in unserem Leben unbedingt erforderlich. Freiheit besteht offensichtlich nicht darin, dass wir tun und lassen können, was wir wollen, auch wenn das bislang als Freiheit galt und unsere Lebensweise war. Wenn unsere Wünsche abgelehnt werden, fühlen wir uns blockiert und gehemmt. Daraus erwachsen Verbitterung und unsere Gefühle, dass wir angegriffen werden, und so kommt es zu einem ständigen Auflehnen. Wir sind diesem Weg durchs Leben gefolgt und wenn wir wirklich aufmerksam sind, können wir sehen, dass es der Welt ein völliges Chaos beschert hat. Einige Psychologen haben uns ermutigt, ungehemmt unseren Impulsen zu folgen, unmittelbar das zu tun, was wir möchten, und haben solche Aktivitäten damit gerechtfertigt, dass sie für jedermanns Wachstum erforderlich seien. Eigentlich gab es diesen Ruf seit vielen Generationen, obwohl äußere Beschränkungen bestanden, und jetzt wird es ›Freiheit‹ genannt, wenn das Kind tun darf, was es will, die ganzen Stufen in der Gesellschaft hinauf, die sein Leben ist. Vielleicht gibt es jetzt einen Umschwung ins Gegenteil, in Richtung Kontrolle, Unterdrückung, Disziplin und psychische Selbstbeherrschung. Dies scheint die Geschichte der Menschheit zu sein.

Hinzugekommen sind der Computer und der Roboter. Die Technologie, die sich in diese Richtung entwickelt, zielt darauf ab und wird es wahrscheinlich auch erreichen, einen Computer mit einem menschenähnlichen Gehirn zu produzieren, der aber schneller und präziser denken kann und uns so von vielen langen Arbeitstagen befreien wird. Der Computer übernimmt auch allmählich die Bildung unserer Kinder. Lehrer und Professoren, die in ihren diversen Fächern hochqualifiziert sind, können den Schülern und Studenten Kenntnisse vermitteln, ohne tatsächlich anwesend zu sein. Auch das wird uns eine gewisse Freiheit ermöglichen.

Außer in den totalitären Staaten wird sich den Menschen mehr Freiheit eröffnen und dies ihnen vielleicht erlauben, das zu machen, was sie möchten. Dadurch könnte es für die Menschheit zu mehr

Konflikten, größerem Elend und zu weiteren Kriegen kommen. Wenn die Technologien und Computer mit Robotern Bestandteil unseres täglichen Lebens werden und es dominieren, was geschieht dann mit dem menschlichen Gehirn, das bis dahin im äußeren materiellen Existenzkampf aktiv war. Wird das Gehirn dann verkümmern, wenn es nur ein paar Stunden arbeitet? Wenn es zu einem Zusammenwirken von Maschinen kommt, was wird dann aus der Beschaffenheit und der Vitalität des Gehirns? Sucht es dann irgendeine Form religiöser oder anderer Unterhaltung, oder erlaubt es sich, die immensen Tiefen des eigenen Seins zu ergründen? Die Unterhaltungsindustrie gewinnt immer mehr an Stärke, und nur sehr wenig menschliche Energien und Fähigkeiten werden nach innen gerichtet. Wenn wir uns dessen also nicht bewusst sind, wird uns die Unterhaltungsindustrie unterwerfen.

Wir müssen also fragen, was Freiheit ist. Es wird oft gesagt, dass Freiheit am Ende einer drastischen Selbstdisziplinierung und zivilisierter Kontrolle steht – wobei ›zivilisiert‹ dahingehend zu verstehen ist, dass Literatur, Kunst, Museen und gutes Essen dazugehören. Das ist lediglich ein äußerlicher Anstrich für ein menschliches Wesen, das verwirrt und im Verfall begriffen ist. Besteht Freiheit darin, eine Auswahl an Unterhaltungsmöglichkeiten zu haben? Besteht Freiheit überhaupt darin, auswählen zu können? Wir betrachten Freiheit immer als eine Befreiung von etwas, von Knechtschaft, Angst, Einsamkeit, Verzweiflung und so weiter. Solche Überlegungen führen nur zu weiteren, vielleicht verfeinerten Formen des Elends, des Kummers und der Abscheulichkeit des Hasses. Freiheit besteht nicht darin, einen politischen oder religiösen Führer wählen zu können, um ihm zu folgen, was offenkundig der Freiheit widerspricht. Freiheit ist nicht das Gegenteil von Sklaverei. Freiheit ist ein Beenden, sie lässt das Gewesene nicht fortbestehen. Wahre Freiheit hat kein Gegenteil.

Nachdem ich das gelesen und studiert habe, wie sieht meine Beziehung aus, und zwar nicht nur zu den Schülern, zu meiner Frau und meinen Kindern, sondern zur Welt? Um die Tiefe der Freiheit wirklich zu verstehen, braucht man ein hohes Maß an Intelligenz und vielleicht Liebe. Die Aktivitäten der Welt sind jedoch nicht intelligent, und meine Gruppe von Kindern ist es auch nicht. Ich verbringe den größten Teil meines Tages mit ihnen. Verfüge ich über diese Art von Freiheit mit ihrer Intelligenz und Liebe? Wenn ich darüber verfüge, dann ist mein Problem sehr einfach. Diese Art der Freiheit wird wirksam, und was ich für ein Problem gehalten habe, hört auf eines zu sein. Aber in Wirklichkeit verfüge ich nicht darüber. Ich kann so tun als ob und kann Freundlichkeit vortäuschen, aber das wäre sehr oberflächlich. Meine Verantwortlichkeit ist unmittelbar gefragt. Ich kann mir nicht einreden, dass ich warten werde, bis ich die Freiheit und diese Zuneigung und Liebe erlange. Ich habe buchstäblich keine Zeit, weil meine Schüler vor mir stehen. Ich kann kein Einsiedler werden. Das wird keine Probleme lösen, weder meine noch die der Welt. Ich brauche einen Blitz vom Himmel, um diese Verkrustung, diese Konditionierung aufzubrechen und diese Freiheit und Liebe zu bekommen; aber es gibt keinen Blitzschlag und keinen Himmel. Ich kann mir gestatten, in eine Sackgasse zu geraten und angesichts der Angelegenheit deprimiert zu werden, aber es ist eine Flucht vor dem Problem, wenn ich mich vollständig abschotte und dadurch unfähig bin, mich der Wirklichkeit zu stellen.

Wenn ich wirklich erkenne, dass es in Wahrheit keine äußere Macht gibt, die mir in diesem Dilemma hilft, dass in dieser Sache kein äußerer Einfluss, keine Gnade, kein Gebet helfen wird, dann werde ich vielleicht über eine unverdorbene Energie verfügen. Diese Energie ist dann vielleicht Freiheit und Liebe.

Aber habe ich die Energie der Intelligenz, um die Dinge zu demontieren, die Menschen auf der ganzen Welt, von denen ich einer bin, innerlich um sich herum aufgebaut haben? Habe ich die Beharrlichkeit, das alles durchzustehen? Ich stelle mir diese Fragen, und ich werde sie meinen Schülern in einer sanfteren und wohlwollenderen Weise stellen. Ich kann die Konsequenzen des Ganzen sehr klar erkennen und muss sehr behutsam vorgehen. Die wahre Antwort liegt in der Intelligenz und Liebe. Wenn ihr diese Eigenschaften habt, werdet ihr wissen, was zu tun ist. Wir müssen die Wahrheit dieser Aussage in ihrer ganzen Tiefe erfassen, sonst werden wir alle in der einen oder anderen Form die Verwirrung zwischen den Menschen am Leben erhalten.

51
Die Begrenztheit des Wissens

Wir lernen nichts aus Kriegen, sondern wiederholen sie und ihre Brutalität und Bestialität.

Intelligenz ist keine Folgeerscheinung einer Disziplin. Sie ist auch kein Nebenprodukt des Denkens. Denken ist das Ergebnis des Wissens und der Unwissenheit. Die Disziplin, die aus dem Denken stammt, hat zwar einen gewissen Wert, führt aber zur Anpassung. Die Vorgehensweise der Disziplin besteht nach allgemeiner Auffassung darin, sich anzupassen und ein Muster nachzuahmen und zu befolgen. In Wirklichkeit bedeutet ›Disziplin‹ zu lernen, und nicht, sich einer Norm zu beugen. Diese Disziplin kann es nicht ohne Liebe geben.

Von Kindheit an wird uns gesagt, dass wir uns in eine religiöse oder gesellschaftliche Ordnung einfügen, uns selbst kontrollieren und gehorchen sollen. Diese Art der Disziplin beruht auf Belohnung und Bestrafung. [Wirkliche] Disziplin gehört zu jedem Metier. Wenn ihr ein guter Golf- oder Tennisspieler werden wollt, müsst ihr bei jedem Schlag aufmerksam sein, um schnell und gewandt zu reagieren; das Spiel selbst hat seine eigene natürliche Ordnung. Diese lehrreiche Ordnung ist aus unserem Leben verschwunden, das chaotisch, rücksichtslos und konkurrenzorientiert geworden ist, und in dem wir nach Macht mit all ihren Vergnügungen streben.

Beinhaltet Disziplin denn nicht, dass man das ganze komplexe Geschehen des Lebens kennenlernt, mit seinen gesellschaftlichen, persönlichen und den über das Persönliche hinausgehenden Aspekten? Unser Leben ist in Fragmente zerfallen, und wir versuchen die einzelnen Fragmente zu verstehen oder sie zu integrieren. Wenn wir all das erkennen, wird das bloße Auferlegen einer Disziplin und bestimmter Vorstellungen ziemlich sinnlos. Aber ohne irgendeine Form der Kontrolle würden die meisten von uns die Beherrschung verlieren. Offensichtlich halten uns Hemmungen zurück und zwingen uns, der Tradition zu folgen.

Man erkennt, dass es in unserem Leben eine gewisse Ordnung geben muss. Ist es möglich, Ordnung ohne jede Form von Zwang, ohne Druck und im Grunde ohne Belohnung oder Strafe zu schaffen? Die gesellschaftliche Ordnung ist chaotisch. Es herrscht Ungerechtigkeit – die Reichen und die Armen und so weiter. Jeder Reformer versucht, soziale Gleichheit zu schaffen, und offensichtlich war keiner von ihnen erfolgreich. Regierungen versuchen Ordnung mit Gewalt, Gesetzen oder raffinierter Propaganda durchzusetzen. Auch wenn wir das alles unter dem Deckel halten, im Topf kocht es weiter. Deshalb müssen wir das Problem anders angehen. Wir haben alles Mögliche versucht, um den Menschen zu zähmen und zu zivilisieren, aber auch das war nicht besonders erfolgreich. Jeder Krieg ist eine Barbarei, ganz gleich ob es ein heiliger Krieg oder ein politischer Krieg ist. Daher müssen wir zu der Frage zurückkommen: Ist eine Ordnung möglich, die nicht vom Denken ersonnen wurde?

Das Wort ›Disziplin‹ weist auf die ›Kunst des Lernens‹ hin. Für die meisten von uns bedeutet Lernen, Erinnerungen zu speichern, viele Bücher zu lesen, verschiedene Autoren zitieren zu können, Worte zu sammeln, um über die Ideen anderer Leute oder die eigenen sprechen, schreiben oder sie vermitteln zu können. Lernen dient dazu, als Ingenieur, Wissenschaftler, Musiker oder guter Mechaniker effizient tätig werden zu können. Man kann sich in der Kenntnis dieser Dinge hervortun und sich so mehr und mehr Möglichkeiten verschaffen, zu Geld, Macht und Ansehen zu kommen. Als Lernen wird allgemein akzeptiert, dass man sich Wissen aneignet, aufgrund dessen gehandelt wird; oder dass man sich Wissen durch praktische Tätigkeiten aneignet, was auf dasselbe hinausläuft. Das ist unsere Tradition, unser Brauch gewesen, und so leben und lernen wir ständig im Bereich des Bekannten. Wir wollen damit nicht andeuten, dass es etwas Unbekanntes gibt, sondern einen Einblick in die Aktivitäten des Bekannten bekommen, in seine Begrenzungen, seine Gefahren und sein endloses Fortbestehen. In der Geschichte des Menschen sieht dies so aus, dass wir nicht aus Kriegen lernen, sondern sie wiederholen und dass Brutalität und Bestialität mit ihrer moralischen Verdorbenheit nicht aufhören.

Nur wenn wir tatsächlich erkennen, dass Wissen begrenzt ist und wir um so barbarischer werden, je mehr wir davon anhäufen, können wir anfangen zu untersuchen, was für eine Ordnung das ist, die nicht von außen aufgedrängt oder selbst auferlegt wurde; denn beides beinhaltet Anpassung und somit endlose Konflikte. Konflikte bedeuten Unordnung. All das zu erfassen ist Aufmerksamkeit, aber keine Konzentration; und Aufmerksamkeit ist die Essenz der Intelligenz und der Liebe. Das führt auf natürliche Weise zu einer Ordnung, die keinen Zwang enthält.

Ist es uns nun als Erziehende und als Eltern, was dasselbe ist, möglich, all das unseren Schülern und Kindern zu vermitteln? Sie sind vielleicht noch zu jung, um all das zu verstehen, was wir gerade gelesen haben. Wir sehen die Schwierigkeiten, und eben diese Schwierigkeiten hindern uns daran, den größeren Zusammenhang zu erfassen. Ich mache daraus kein Problem, ich bin mir nur sehr genau bewusst, was Chaos und was Ordnung ist. Zwischen diesen beiden besteht kein Zusammenhang. Das eine entsteht nicht aus dem anderen, und ich lehne auch nicht das eine ab oder akzeptiere das andere.

Der aufkeimende Samen des Wahrnehmens wird zum richtigen und korrekten Handeln führen.

52
Bescheidenheit

Bescheidenheit ist die Essenz der Liebe und Intelligenz; sie ist keine Errungenschaft.

In jeder Zivilisation hat es einige wenige gegeben, die den Wunsch hatten und sich darum kümmerten, gute Menschen hervorzubringen: einige wenige, die nicht in religiöse Strukturen oder in Reformen verwickelt waren und daher anderen Menschen nichts zuleide taten; einige wenige, die sich um das Leben der Menschen als Ganzes kümmerten; einige wenige, die sanft, nicht aggressiv und damit wahrhaft religiös waren. In den heutigen Zivilisationen auf der ganzen Welt ist die Kultivierung des Guten im Menschen fast gänzlich verschwunden. Die Welt wird immer brutaler und bösartiger, sie ist voller Gewalt und Betrügereien. Als Erziehende ist es zweifellos unsere Aufgabe, eine von Grund auf religiöse Qualität des Geistes herbeizuführen. Wir meinen damit nicht die Zugehörigkeit zu irgendeiner konventionellen Religion mit all ihren absurden Glaubensvorstellungen und sich wiederholenden Ritualen. Die Menschen haben schon immer etwas zu finden versucht, das jenseits dieser Welt voller Ängste, Leiden und endloser Konflikte liegt. Auf ihrer Suche nach dem, was nicht von dieser Welt ist, haben sie wahrscheinlich unbewusst Gott und viele Arten von Gottheiten erfunden und setzten auch Interpreten ein zwischen sich selbst und dem, was sie sich vorgestellt haben. Es gab viele solcher Interpreten, äußerst spitzfindige, talentierte und gelehrte. Historisch gesehen wurde diese Konstellation seit der Antike beibehalten: Gott, die Interpreten und die Menschen. Das ist die wahre Dreifaltigkeit, in der die menschliche Leichtgläubigkeit gefangen gehalten wurde. Die Welt war zu viel für uns, und jeder Mensch will etwas Ruhe, Sicherheit und Frieden. Die Menschen haben also die Essenz all dieser Dinge an eine äußere Instanz übertragen, und wir entdecken, dass auch das eine Illusion ist. Da wir unfähig sind, über die Grenzen des menschlichen Daseinskampfes hinauszugehen, kehren wir zur Barbarei zurück und zerstören einander innerlich und äußerlich.

Können wir als eine kleine Gruppe anfangen, über diese Dinge nachzudenken und, indem wir uns von all den erfundenen und abergläubischen Vorstellungen der Religionen befreien, entdecken, was ein religiöses Leben ist und dadurch den Boden für das Aufblühen des Guten bereiten? Ohne den religiösen Geist kann es das Gute nicht geben.

Es gibt drei Faktoren, um das Wesen der Religion zu verstehen: einfache Lebensweise, Bescheidenheit und Sorgfalt. Einfache Lebensweise bedeutet nicht, durch strenge Selbstdisziplin das ganze Leben in Schutt und Asche zu legen und jedes natürliche Gefühl, jeden Wunsch und sogar die Schönheit zu unterdrücken. In der asiatischen Welt ist der äußere Ausdruck dafür das safrangelbe Mönchsgewand oder ein Lendenschurz. Im Westen legte man das Gelübde des Zölibats und des völligen Gehorsams ab und wurde Mönch. Einfachheit kam in der Bekleidung und einem eingeschränkten Leben in einer engen Zelle zum Ausdruck. Aber im Inneren brannte ständig die Flamme des Verlangens mit seinen Konflikten. Diese Flamme sollte durch striktes Festhalten an einer Vorstellung und an einem Bild gelöscht werden. Das Buch und das Bild wurden so zu Symbolen eines einfachen Lebens.

Eine einfache Lebensweise ist kein äußerer Ausdruck eines Entschlusses, der auf einem religiösen Glauben beruht, sondern sie entsteht im Verstehen der inneren Komplikationen, Verwirrungen und Qualen des Lebens. Dieses Verstehen, das weder verbal noch intellektuell ist, erfordert ein sehr sorgfältiges, wachsames Wahrnehmen, ein Wahrnehmen, das nicht aus der Komplexität des Denkens hervorgeht, sondern Klarheit ist. Diese Klarheit bringt ihre eigene einfache Lebensweise mit sich.

Bescheidenheit ist nicht das Gegenteil von Eitelkeit; sie besteht nicht darin, sich vor einer abstrakten Autorität oder dem Hohen Priester zu verneigen. Sie ist kein Akt der Ergebenheit vor einem Guru oder einem Bild, was dasselbe ist. Sie ist keine totale Selbstverleugnung und Selbstaufopferung für ein imaginäres oder greifbares Wesen. Bescheidenheit steht nicht in Verbindung mit Arroganz. Bescheidenheit hat keinen Sinn für ein inneres Besitzstreben. Bescheidenheit ist die Essenz der Liebe und der Intelligenz; sie ist keine Errungenschaft.

Der dritte Faktor ist Sorgfalt, was für das Denken bedeutet, dass es sich seiner Aktivitäten, seiner Selbsttäuschungen und seiner Illusionen bewusst sein muss. Es bedeutet den Unterschied zwischen dem Tatsächlichen und dem Falschen zu erkennen; im Falschen wird das Tatsächliche in das, ›was sein sollte‹ umgewandelt. Sorgfalt bedeutet sich der Reaktionen auf die Außenwelt und der inneren flüsterleisen Echos bewusst zu sein. Sorgfalt ist keine ichbezogene Wachsamkeit, sondern bedeutet, sich aller Beziehungen einfühlsam bewusst zu sein.

Intelligenz und Liebe gehen über all das hinaus. Wenn sie da sind, werden alle weiteren Eigenschaften folgen. Es ist als würde das Tor zur Schönheit geöffnet.

Nun komme ich als Erziehender und Elternteil auf meine holprige Frage zurück. Meine Schüler und meine Kinder müssen mit der Welt zurechtkommen, die alles andere als Intelligenz und Liebe ist. Das ist keine zynische Aussage, sondern es ist so, spürbar und offensichtlich. Sie müssen sich mit Korruption, Brutalität und völliger Herzlosigkeit auseinandersetzen. Sie haben Angst. Wie können wir, da wir verantwortlich sind – ich benutze dieses Wort sehr vorsichtig und in voller Absicht –, ihnen helfen, all dem gegenüberzutreten? Ich stelle die Frage niemand anderem, sondern ich stelle sie mir selbst, damit ich beim Stellen der Frage Klarheit bekomme. Das alles beunruhigt mich sehr, und ich will gewiss keine tröstliche Antwort. Wenn ich mich selbst befrage, zeigen sich die Anfänge der Sensibilität und Klarheit. Ich bin sehr um die Zukunft dieser Schüler und Kinder besorgt, und indem ich ihnen helfe, Worte, Intelligenz und Liebe zu gebrauchen, sammle ich Kraft. Einem Jungen oder einem Mädchen zu helfen, so zu sein, genügt mir, denn ein Fluss beginnt im Hochgebirge als sehr kleines Bächlein, einsam und weit weg. Aber er erhält Zulauf und wird zu einem gewaltigen Fluss. Also muss man mit ganz Wenigen anfangen.

53
Mittelmäßigkeit

Welche Kraft kann uns dazu bringen, aus dem Alltäglichen herauszutreten?

Was wir sind, ist auch die Welt. Wir haben diese Welt in der Familie und in der Gesellschaft geschaffen, mitsamt ihrem vulgären Wesen, ihrer Brutalität, Grausamkeit und Gemeinheit und der gegenseitigen Vernichtung. Auch psychisch zerstören wir uns gegenseitig und nutzen einander zur Befriedigung unserer Wünsche aus. Wir erkennen scheinbar nie, dass solange nicht jeder von uns eine radikale Veränderung erfährt, die von uns geschaffene Welt so weitergehen wird, wie sie es Jahrtausende hindurch getan hat, und wir weiterhin einander verstümmeln und umbringen und die Erde ausplündern. Solange unser eigenes Haus nicht in Ordnung ist, können wir nicht erwarten, dass die Gesellschaft und unsere Beziehungen untereinander in Ordnung sind. Das alles ist so offensichtlich, dass wir es außer Acht lassen. Wir verwerfen es nicht nur als zu einfach, sondern auch als zu anstrengend. Daher nehmen wir die Dinge so hin wie sie sind, verfallen in die Gewohnheit sie zu akzeptieren und machen weiter. Das ist der Wesenskern der Mittelmäßigkeit. Man ist vielleicht literarisch begabt, wird von wenigen anerkannt und strebt nach Popularität, oder man ist vielleicht ein Maler, ein Dichter oder ein großer Musiker; aber in unserem täglichen Leben befassen wir uns nicht mit der Ganzheit des Daseins. Möglicherweise verschärfen wir damit den chaotischen Zustand und das Elend der Menschheit. Jeder möchte seinem eigenen kleinen Talent Ausdruck verleihen und sich damit zufriedengeben, wobei die ganze Komplexität der Probleme und Sorgen der Menschen vergessen oder außer Acht gelassen wird. Auch das akzeptieren wir und so wurde es zu unserer normalen Lebensweise. Wir sind nie Außenseiter und bleiben außerhalb. Wir fühlen uns unfähig, außerhalb zu bleiben, oder haben Angst nicht im Strom des Alltäglichen mitzuschwimmen.

Als Eltern und Erziehende machen wir die Familie und die Schule zu dem, was wir sind. Mittelmäßigkeit bedeutet in Wirklichkeit, den Berg nur zur Hälfte hinaufzugehen und nie den Gipfel zu erreichen. Wir wollen so sein wie alle anderen, oder wenn wir ein bisschen anders sein wollen, so verstecken wir das sorgfältig. Wir meinen damit nicht ein exzentrisches Verhalten, das eine andere Form der Selbstdarstellung ist, die jeder auf seine eigene, kleine Weise praktiziert. Exzentrisches Verhalten wird nur toleriert, wenn man wohlhabend oder begabt ist. Ist man jedoch arm und verhält sich eigenartig, wird man zurückgewiesen und ignoriert. Aber nur wenige von uns sind talentiert; wir sind Arbeiter, die ihre jeweiligen Berufe weiter ausüben.

Die Welt wird immer mittelmäßiger. Unsere Erziehung und Bildung, unsere Beschäftigungen, unser oberflächliches Akzeptieren der traditionellen Religionen machen uns mittelmäßig und ziemlich nachlässig. Wir befassen uns hier mit unserem täglichen Leben und nicht damit, wie Talente oder Fähigkeiten zum Ausdruck kommen. Können wir als Erziehende, zu denen auch die Eltern gehören, aus dieser mühseligen, mechanischen Lebensweise ausbrechen? Ist es die unbewusste Angst vor Einsamkeit, die uns in Gewohnheiten verfallen lässt: die Gewohnheit der Arbeit, die Gewohnheit des Denkens, die Gewohnheit des allgemeinen Akzeptierens der Dinge, wie sie sind? Wir entwickeln unsere eigene Routine und halten uns im Leben so eng wie möglich an diese Gewohnheit, wodurch das Gehirn allmählich mechanisch wird. Diese mechanische Art zu leben ist mittelmäßig. Länder, die in althergebrachten Traditionen leben, sind in der Regel mittelmäßig. Deshalb fragen wir uns: Auf welche Weise kann eine mechanische Mittelmäßigkeit enden, ohne dass ein anderes Muster entsteht, das allmählich auch mittelmäßig wird?

Das Problem dabei ist nicht, wie man aus der Mittelmäßigkeit herauskommt, sondern das mechanische Benutzen des Denkens, da der Mensch dem Denken eine absolute Bedeutung beigemessen hat. Unsere gesamten Aktivitäten und Bestrebungen, unsere Beziehungen und Sehnsüchte basieren auf Denken. Denken ist allen Menschen gemeinsam, ganz gleich ob sie hochbegabt oder völlig ungebildete Dorfbewohner sind. Denken ist uns allen in gleicher Weise eigen. Es kommt weder aus dem Osten noch aus dem Westen, weder aus der Tiefebene noch aus dem Hochland. Es gehört weder euch noch mir. Es ist wichtig, dass dies verstanden wird. Wir haben das Denken zu etwas Persönlichem gemacht und dadurch das Potential des Denkens noch weiter eingeengt. Denken ist begrenzt, aber wenn wir es uns zu eigen machen, wird es noch oberflächlicher. Wenn wir erkennen, dass dies die Wahrheit ist, wird es keinen Wettstreit zwischen den Idealvorstellungen und dem Alltagsdenken mehr geben. Das Ideal ist das Wichtigste geworden und nicht das praktische Denken. Diese Aufspaltung führt zu Konflikten, und Konflikte zu akzeptieren ist mittelmäßig. Es sind die Politiker und die Gurus, die diese Konflikte nähren und aufrechterhalten und somit auch die Mittelmäßigkeit.

Und wieder kommen wir zur grundlegenden Frage: Was für eine Reaktion zeigen die Lehrer und Eltern, zu denen wir alle gehören, im Hinblick auf die kommende Generation? Auch wenn wir vielleicht die Logik und die Vernunft der Aussagen in diesen Briefen wahrnehmen, so scheint uns das intellektuelle Verstehen nicht die Lebensenergie zu geben, die uns aus unserer Mittelmäßigkeit herausführt. Was für eine Kraft kann uns jetzt und nicht irgendwann dazu bringen, aus dem Alltäglichen herauszutreten? Es ist sicher keine Begeisterung oder ein sentimentales Erfassen irgendeiner vagen Einsicht, sondern eine Energie, die sich unter keinen Umständen vermindert. Was für eine Energie ist das, die von allen äußeren Einflüssen unabhängig sein muss? Das ist eine ernsthafte Frage, die sich jeder selbst stellen muss. Gibt es so eine Energie, die keine Ursache hat?

Wir wollen das jetzt gemeinsam untersuchen. Denken ist die Folge einer Ursache, und die ist Wissen. Was eine Dimension hat, hat immer auch ein Ende. Wenn wir sagen, dass wir verstehen, ist im Allgemeinen ein intellektuelles oder verbales Begreifen damit gemeint. Begreifen heißt jedoch, dass mit Feingefühl wahrgenommen wird, ›was ist‹, und in genau diesem Wahrnehmen vergeht das, ›was ist‹. Wahrnehmen ist die Aufmerksamkeit, die alle Energie darauf fokussiert, das gegenwärtige Geschehen zu beobachten. Diese Energie des Wahrnehmens hat keine Ursache, wie auch Intelligenz und Liebe keine Ursache haben.

54
Harmonie mit der Natur

Wenn ihr der Natur Schaden zufügt,
schadet ihr euch selbst.

Die Erziehenden sind sich sicher dessen bewusst, was tatsächlich in der Welt geschieht. Die Menschen sind ethnisch, religiös, politisch und wirtschaftlich gespalten, und diese Spaltung bedeutet den Zerfall der Gesellschaft. Sie verursacht ein großes Chaos in der Welt: Kriege, alle Arten von politischen Betrügereien und dergleichen. Gewalt breitet sich aus und Menschen kämpfen gegen Menschen. Das ist der gegenwärtige Zustand des Durcheinanders in der Welt, in der Gesellschaft, in der wir leben; und diese Weltgesellschaft wird von allen Menschen mit ihren Kulturen, ihrer Trennung in Sprachen und regionalen Abgrenzungen geschaffen. All dies führt nicht nur zu Verwirrungen, sondern auch zu Hass, sehr viel Feindseligkeit und weiteren Differenzen auf sprachlicher Ebene.

Das ist es, was vor sich geht, und die Verantwortung der Erziehenden ist wirklich sehr groß. An all diesen Schulen geht es ihnen darum gute Menschen hervorzubringen, die eine globale Verbundenheit spüren, die nicht nationalistisch sind, nicht lokalpatriotisch denken oder sich abschotten und nicht an den alten, toten Traditionen der Religionen festhalten, die wirklich nicht den geringsten Wert haben. Die Verantwortlichkeit der Erziehenden wird immer ernsthafter, immer engagierter und sie befassen sich immer intensiver mit der Erziehung der Schüler.

Was bewirkt die Erziehung tatsächlich? Hilft sie den Menschen und ihren Kindern wirklich dabei, mehr Anteil zu nehmen, sanfter und großzügiger zu werden und nicht in die alten Muster, die alten Hässlichkeiten und Unarten dieser Welt zurückzufallen? Wenn es den Erziehenden ein wirkliches Anliegen ist, was auch erforderlich ist, dann müssen sie den Schülern dabei behilflich sein, ihre Beziehung zur Welt zu entdecken, allerdings nicht zu einer vorgestellten oder romantisch und sentimental verklärten Welt, sondern zu der tatsächlichen Welt, in der alles stattfindet. Und auch zu der Welt der Natur, zur Wüste, zum Dschungel oder zu den wenigen Bäumen um sie herum und zu den Tieren dieser Welt. Wenn die Erziehenden und die Schüler ihre Beziehung zur Natur, zu den Bäumen und zur wogenden See verlieren, wird mit Sicherheit jede und jeder von ihnen auch die Beziehung zur Menschheit verlieren.

Was ist das, die Natur? Es wird viel darüber geredet und es gibt viele Bemühungen, die Natur, die Tiere, die Vögel, die Wale und Delfine zu schützen und die belasteten Flüsse, Seen, grünen Weiden und dergleichen wieder zu säubern. Die Natur wurde nicht vom Denken geschaffen, wie es in den Religionen und Glaubensvorstellungen der Fall ist. Die Natur ist der Tiger, das außergewöhnliche Tier mit seiner Energie und seinem starken Gefühl der eigenen Kraft. Natur ist der einzelne Baum auf dem Feld, die Wiesen und das Wäldchen; sie ist das Eichhörnchen, das sich scheu hinter einem Ast versteckt. Natur ist die Ameise und die Biene und alle Lebewesen der Erde. Natur ist der Fluss, kein bestimmter Fluss, weder Ganges, Themse noch der Mississippi. Natur sind all jene Berge, schneebedeckt, mit tiefblauen Tälern und Gebirgsketten, die auf das Meer treffen. Das Universum ist Teil dieser Welt. Für all das muss man ein Gespür haben, man darf es nicht zerstören, nicht zum Vergnügen töten, keine Tiere schlachten. Wir töten zwar das Gemüse, das wir essen, aber irgendwo muss man eine Grenze ziehen. Wenn ihr kein Gemüse esst, wie wollt ihr dann leben? Also muss man auf intelligente Weise unterscheiden.

Die Natur ist Teil unseres Lebens. Wir sind aus dem Samen und der Erde hervorgegangen, und wir sind Teil des Ganzen, aber wir verlieren schnell das Empfinden, dass wir Tiere sind wie die anderen. Könnt ihr ein Gefühl für einen Baum haben, ihn anschauen, seine Schönheit wahrnehmen und dem Klang lauschen, den er erzeugt? Könnt ihr empfänglich sein für die kleine Pflanze, das kleine Unkraut, für die Kletterpflanze, die an der Wand hochwächst oder für das Licht auf den Blättern und die vielen Schatten? Ihr müsst euch all dessen bewusst sein und die Verbundenheit mit der Natur um euch herum spüren. Vielleicht lebt ihr in einer Stadt, aber hier und da stehen Bäume. Der Nachbargarten ist vielleicht ungepflegt und voller Unkraut, aber schaut ihn euch an und spürt, dass ihr ein Teil von all dem seid, ein Teil von allen Lebewesen. Wenn ihr der Natur Schaden zufügt, schadet ihr euch selbst.

Man weiß, dass all dies bereits auf verschiedene Weise gesagt wurde, aber wir scheinen dem nicht viel Aufmerksamkeit zu schenken. Liegt es daran, dass wir uns so sehr in unserem eigenen Netz aus Problemen und Wünschen und unserem Drang nach Vergnügen und Vermeiden von Schmerzen verfangen haben, dass wir uns nie umsehen und nie den Mond betrachten? Betrachtet ihn. Betrachtet ihn mit offenen Augen und Ohren und wachen Sinnen. Schaut so, als würdet ihr zum ersten Mal schauen. Wenn ihr das tun könnt, dann seht ihr den Baum, den Busch und den Grashalm zum ersten Mal. Dann könnt ihr auch euren Lehrer, eure Mutter und euren Vater, euren Bruder und eure Schwester zum ersten Mal sehen. Das löst eine außergewöhnliche Empfindung aus, ein Staunen, etwas Fremdartiges, das Wunder eines neuen Morgens, den es noch nie gegeben hat und nie mehr geben wird.

Seid wirklich eins mit der Natur, bleibt nicht in den Worten ihrer Beschreibung hängen, sondern seid ein Teil davon, seid euch dessen bewusst und fühlt, dass ihr zu all dem dazugehört. Seid fähig, für all das Liebe zu empfinden, ein Reh zu bewundern, die Eidechse an der Mauer oder einen abgebrochenen Ast, der auf dem Boden liegt. Schaut euch den Abendstern und den Mond kurz nach Neumond wortlos an, ohne lediglich zu sagen, wie schön das ist und euch dann abzuwenden, weil ihr von etwas anderem angezogen werdet.

Betrachtet den einzelnen Stern und die feine Sichel des neuen Mondes, als wäre es das erste Mal. Wenn eine derartige Verbundenheit zwischen euch und der Natur besteht, dann seid ihr auch mit den Menschen, mit dem Schüler neben euch, mit euren Lehrern oder mit euren Eltern wahrhaft verbunden. Wir haben jedes Gefühl für eine Beziehung verloren, in der über Zuneigung und Anteilnahme nicht nur gesprochen wird, sondern in der auch eine Verbundenheit jenseits der Worte spürbar ist. Es ist eine Empfindung, dass wir im Grunde alle zusammengehören, dass wir alle Menschen sind, die nicht getrennt sind, nicht den Zusammenhalt verloren haben, die keiner bestimmten Gruppe oder Ethnie angehören, keine Anhänger irgendwelcher idealistischen Vorstellungen sind, sondern dass wir alle Menschen sind und wir alle auf dieser einzigartigen und wunderschönen Erde leben.

Seid ihr jemals früh am Morgen aufgewacht und habt aus dem Fenster gesehen oder seid hinausgegangen, um die Bäume und die Morgendämmerung im Frühling anzusehen? Lebt damit. Lauscht allen Geräuschen, dem Rascheln des leichten Lufthauchs in den

Blättern. Seht das Licht auf einem Blatt und schaut euch an, wie die Sonne über dem Hügel und der Wiese aufgeht. Und der ausgetrocknete Fluss oder die Schafe, die jenseits des Hügels grasen, seht sie euch an. Betrachtet sie mit einem Gefühl der Zuneigung, der Fürsorge, dass ihr nichts verletzen wollt. Wenn ihr eine solche innere Verbundenheit mit der Natur habt, dann wird eure Beziehung zu einem anderen Menschen einfach, klar und konfliktfrei.

Es gehört zu den Aufgaben der Erziehenden, nicht nur Mathematik zu unterrichten oder wie man einen Computer bedient. Weit wichtiger ist, eine Verbundenheit mit anderen Menschen zu spüren, die leiden, sich abmühen, von Schmerz erfüllt sind und die Sorgen der Armut erleben – und auch mit den reichen Leuten, die in teuren Autos vorbeifahren. Wenn die Erziehenden sich damit befassen, helfen sie den Schülern, sensibel zu werden, sensibel für den Kummer anderer Menschen, für ihre Kämpfe, Ängste und Sorgen und die Streitigkeiten, die sie in der Familie haben. Es sollte zur Verantwortung der Lehrer gehören, die Kinder und Schüler so zu unterweisen, dass sie eine solche Verbundenheit mit der Welt haben. Die Welt ist vielleicht viel zu groß, aber die Welt ist überall dort, wo sich die Schüler befinden, das ist ihre Welt. Und daraus entsteht eine natürliche Rücksichtnahme, Zuneigung zu anderen, Höflichkeit und ein Verhalten, das nicht grob, grausam und ordinär ist.

Die Erziehenden sollten über all diese Dinge mit den Schülern reden, aber nicht nur mit Worten, sondern sie müssen selbst ein Gespür für die Welt haben, für die Welt der Natur und die Welt der Menschen. Beides hängt zusammen. Die Menschen können dem nicht entfliehen. Wenn sie die Natur zerstören, zerstören sie sich selbst. Wenn sie andere töten, töten sie sich selbst. Der Feind ist nicht der andere, sondern ihr seid es selbst. In einem solchen Einklang mit der Natur und der Welt zu leben lässt auf natürliche Weise eine andere Welt entstehen.

55
Es findet nur Lernen statt

Ständig zu lernen, befreit Gehirn und Denken von Prestige, Position und Status und führt zur Gleichheit der Menschen.

Durch Beobachten lernt ihr vielleicht mehr als aus Büchern. Bücher sind nötig, um ein Fach zu lernen, sei es Mathematik, Geografie, Geschichte, Physik oder Chemie. Auf den Seiten der Bücher steht das gesammelte Wissen der Wissenschaftler, Philosophen, Archäologen und vieler anderer. Dieses gesammelte Wissen, das man in der Schule und an Colleges oder Universitäten lernt, falls man das Glück hat, auf eine Universität gehen zu können, wurde seit frühesten Zeiten über Jahrhunderte hinweg zusammengetragen. Viel angesammeltes Wissen kommt aus Indien, aus dem alten Ägypten, aus Mesopotamien, von den Griechen und Römern und natürlich auch von den Persern. Sowohl in der westlichen als auch in der östlichen Welt ist Wissen notwendig, um einen Beruf zu ergreifen und irgendeine Arbeit zu verrichten, ganz gleich, ob sie mechanisch, theoretisch oder praktisch ist, oder ob man dabei etwas zu planen oder zu entwickeln hat. Wissen hat eine Fülle von Technologien hervorgebracht, insbesondere seit dem zwanzigsten Jahrhundert. Es gibt auch das Wissen der sogenannten heiligen Bücher: der Veden, der Upanischaden, der Bibel, des Koran und der hebräischen Schriften. Es gibt religiöse und praktische Bücher, das heißt, Bücher, die einem helfen, sich Kenntnisse anzueignen, um fachgerecht tätig zu werden, sei es als Ingenieur, Biologe oder Zimmermann.

In jeder Schule und besonders in diesen Schulen eignen sich die meisten von uns Wissen und Informationen an. Und zum Aneignen von sehr viel Informationen über alles Mögliche waren Schulen bisher auch da: über die Außenwelt, über den Himmel, weshalb das Meer salzig ist, weshalb Bäume wachsen, über die Menschen, ihre Anatomie, die Struktur des Gehirns und auch über die Welt um euch herum, über die Natur, das gesellschaftliche Umfeld, über die Wirtschaft und vieles mehr. Dieses Wissen ist absolut notwendig, aber Wissen ist immer begrenzt. Wie weit es sich auch entwickeln mag, das Sammeln von Wissen ist immer begrenzt. Lernen gehört zum Aneignen von Wissen aus verschiedenen Fächern, damit ihr einen Beruf ergreifen und eine Arbeitsstelle bekommen könnt, die euch vielleicht gefällt, oder eine, die ihr unter dem Druck der Umstände oder der gesellschaftlichen Anforderungen annehmen müsst, auch wenn ihr diese Art von Arbeit vielleicht nicht so gerne machen wollt.

Wie bereits gesagt, lernt ihr sehr viel beim Beobachten – beim Beobachten der Dinge um euch herum, beim Beobachten der Vögel und der Bäume, beim Beobachten des Himmels, der Sterne, des Sternbildes Orion oder des Großen Wagens, des Abendsterns. Ihr lernt etwas, indem ihr einfach beobachtet. Dabei erfahrt ihr nicht nur etwas über die Dinge um euch herum, sondern auch über die Menschen, wenn ihr beobachtet wie sie gehen, welche Gesten sie machen, welche Worte sie benutzen oder wie sie angezogen sind. Ihr beobachtet aber nicht nur das, was außerhalb von euch ist, sondern ihr beobachtet auch euch selbst, weshalb ihr dieses oder jenes denkt, wie ihr euch benehmt, was für ein Leben ihr führt, oder weshalb die Eltern wollen, dass ihr dieses oder jenes tut. Ihr beobachtet und leistet keinen Widerstand. Wenn ihr Widerstand leistet, lernt ihr nicht. Und ihr werdet natürlich niemals lernen, wenn ihr zu irgendeinem Schluss oder zu einer Meinung kommt, von der ihr glaubt, sie sei richtig, und ihr daran festhaltet. [Innere] Freiheit ist für das Lernen unerlässlich, wie auch Neugier, das heißt, ein Gefühl, wissen zu wollen, weshalb ihr oder andere sich in einer bestimmten Weise verhalten, weshalb Menschen wütend sind oder weshalb ihr euch ärgert.

Lernen ist außerordentlich wichtig, denn Lernen ist endlos. Zum Beispiel herauszufinden, weshalb Menschen sich gegenseitig umbringen. Natürlich gibt es Erklärungen dafür in Büchern, die ganzen psychologischen Gründe, weshalb Menschen sich auf ihre jeweilige Weise verhalten und weshalb Menschen gewalttätig sind. All das wurde in den verschiedensten Büchern von bedeutenden Autoren, Psychologen und dergleichen erklärt. Aber was ihr lest, ist nicht das, was ihr seid. Wenn ihr euch selbst anschaut, was ihr seid, wie ihr euch benehmt, warum ihr wütend oder neidisch werdet oder weshalb ihr deprimiert seid, dann erfahrt ihr weit mehr als aus einem Buch, das euch sagt, was ihr seid. Aber ihr meint, es sei einfacher, ein Buch über euer Innenleben zu lesen, als euch selbst zu beobachten. Das Gehirn ist daran gewöhnt, all seine Informationen aus Vorgängen und Reaktionen in der Außenwelt zu entnehmen. Findet ihr es nicht viel bequemer, angeleitet zu werden, wenn andere euch sagen, was ihr tun sollt? Besonders in Asien sagen euch die Eltern, wen ihr heiraten sollt und arrangieren die Heirat, und sie sagen euch auch, welchen Beruf ihr ergreifen solltet. Das Gehirn akzeptiert also den einfachen Weg, aber der einfache Weg ist nicht immer der richtige Weg.

Ich frage mich, ob ihr bemerkt habt, dass niemand mehr seine Arbeit liebt, außer vielleicht ein paar Wissenschaftlern, Künstlern und Archäologen. Aber der normale Durchschnittsmensch liebt selten, was er tut. Er wird durch die Gesellschaft, durch seine Eltern oder durch den Drang, mehr Geld zu verdienen, dazu gezwungen. Lernt also dadurch, dass ihr ganz aufmerksam die Außenwelt beobachtet, die Welt außerhalb von euch und auch die innere Welt, das heißt, die Welt in euch selbst.

Es scheint zwei Arten des Lernens zu geben. Die eine besteht darin, sich viel Wissen anzueignen, zuerst durch Studieren und dann durch Handeln aus diesem Wissen. So machen es die meisten von uns. Die zweite Art besteht darin, zu handeln, also etwas zu tun und durch dieses Tun zu lernen, und auch dabei wird Wissen angesammelt. Tatsächlich sind beide Arten identisch: das Lernen aus einem Buch und das Aneignen von Wissen durch Tun. Beide beruhen auf Wissen und Erfahrung; und wie gesagt, Erfahrung und Wissen sind immer begrenzt.

Es sollten also sowohl die Erziehenden als auch die Schüler herausfinden, was Lernen eigentlich ausmacht. Zum Beispiel könnt ihr von einem Guru etwas lernen, wenn er überhaupt ein richtiger Guru ist – ein vernünftiger Guru, keiner der nur auf Geld aus ist, keiner von denen, die berühmt werden wollen und in andere Länder abwandern, um durch ihre ziemlich unausgewogenen Theorien ein Vermögen anzuhäufen. Findet heraus, was es heißt zu lernen. Lernen wird heute mehr und mehr zu einer Form der Unterhaltung. An einigen Schulen der westlichen Welt können die Schüler nach Abschluss der Mittelschule oder Oberschule nicht einmal richtig lesen und schreiben. Aber auch wenn ihr lesen und schreiben könnt und verschiedene Fächer lernt, seid ihr trotzdem alle mittelmäßige Leute. Wisst ihr was das Wort ›medioker‹, mittelmäßig bedeutet? Es bedeutet, nur den halben Weg auf den Berg hinauf zu gehen und nie den Gipfel zu erreichen. Das ist Mittelmäßigkeit, nie das Exzellente, das Allerhöchste von euch selbst zu verlangen. Und Lernen ist unendlich, es hat wirklich kein Ende.

Von wem oder was lernt ihr nun? Aus Büchern? Von den Erziehenden? Und vielleicht, wenn euer Geist aufgeweckt ist, durch Beobachten? Bis jetzt scheint es so zu sein, dass ihr von der Außenwelt lernt. Ihr lernt, eignet euch Wissen an und handelt aus diesem Wissen, legt die Grundlagen für eure Karriere und so weiter. Wenn ihr von euch selbst lernt, oder besser gesagt, wenn ihr lernt, indem ihr euch selbst, das heißt eure Vorurteile, eure endgültigen Schlussfolgerungen, eure Überzeugungen beobachtet, und wenn ihr die feinen Regungen eures Denkens, eure Grobheit und eure Feinfühligkeit anschaut, dann werdet ihr selbst der Lehrer und der Belehrte. Dann seid ihr innerlich von nichts und niemandem abhängig, von keinem Buch und von keinem Spezialisten. Wenn ihr krank seid und irgendwelche Beschwerden habt, müsst ihr natürlich zu einem Spezialisten gehen. Das ist selbstverständlich und notwendig. Aber sich [innerlich] von jemand abhängig zu machen, wie ausgezeichnet er auch sein mag, hindert euch daran, etwas über euch selbst und das, was ihr seid, zu erfahren. Es ist sehr, sehr wichtig, das, was ihr seid, kennenzulernen, denn was ihr seid, bringt diese Gesellschaft hervor, die so verdorben und unmoralisch ist und in der sich die Gewalt so enorm verbreitet; diese Gesellschaft, die so aggressiv ist und in der jeder auf seinen eigenen persönlichen Erfolg und seine eigene Form von Erfüllung aus ist. Findet nicht durch andere heraus, was ihr seid, sondern indem ihr euch selbst beobachtet; allerdings ohne etwas zu verurteilen und ohne zu sagen: »Das ist in Ordnung, so bin ich eben, ich kann es nicht ändern«, und dann weiterzumachen. Wenn ihr euch selbst ohne irgendeine Art von Reaktion oder Widerstand anschaut, dann wird allein dieses Anschauen seine Wirkung entfalten. Wie eine Flamme verbrennt es die Dummheiten und die Illusionen, die man hat.

Ständig zu lernen ist also wichtig. Ein Gehirn, das aufhört zu lernen, wird mechanisch. Es ist wie ein Tier, das an einen Pfahl gebunden ist. Es kann sich nur so weit bewegen, wie das Seil oder die Leine reicht. Die meisten von uns sind an einen eigenen, merkwürdigen Pfahl gebunden, an einen Pfahl und ein Seil, die unsichtbar sind. Ihr wandert ständig innerhalb der Reichweite dieses Seils herum, und die ist sehr begrenzt. Es ist wie bei einem Menschen, der den ganzen Tag über sich selbst nachdenkt, über seine Probleme, seine Wünsche, seine Freuden und über das, was er gerne tun würde. Ihr kennt diese ständige Beschäftigung mit euch selbst. Sie ist sehr, sehr begrenzt, und diese Begrenztheit führt zu verschiedenen Arten von Konflikten und zum Unglücklichsein.

Die großen Dichter, Maler und Komponisten geben sich nie mit dem zufrieden, was sie getan haben. Sie sind ständig dabei zu lernen. Hört nicht auf zu lernen, nachdem ihr eure Examen bestanden habt und zur Arbeit geht. Es steckt viel Kraft und Vitalität im Lernen, insbesondere über euch selbst. Lernt und achtet darauf, dass es in euch selbst keine Stelle gibt, die nicht aufgedeckt und angeschaut wurde. Das bedeutet wirklich, von eurer eigenen jeweiligen Konditionierung frei zu sein. Die Welt ist gespalten durch ihre Konditionierung in Inder, Amerikaner, Briten, Russen, Chinesen und so weiter. Aufgrund dieser Konditionierung kommt es zu Kriegen, zum Töten von tausenden von Menschen, zu Traurigkeit und Brutalität.

Sowohl die Erziehenden als auch diejenigen, die erzogen werden, lernen also im tieferen Sinne des Wortes. Wenn beide Seiten dabei sind zu lernen, gibt es weder Erziehende, noch diejenigen, die erzogen werden; es findet nur Lernen statt. Der Zustand des Lernens befreit Gehirn und Denken von Prestige, Position und Status. Ständig zu lernen, führt zur Gleichheit unter den Menschen.

Teil 3
Briefe von 1968

Die Briefe 56 bis 64
waren wahrscheinlich zwischen
Januar und Mai 1968 datiert.

Krishnamurti im Gespräch mit Schülern von denen er des Öfteren einige auf das Podium holte Rishi Valley 1978

56
Tradition

Das Aufbegehren gegen die Vergangenheit
führt lediglich zu einer anderen Form der Anpassung.

Eines der wichtigsten Dinge, die wir alle verstehen müssen, ist die gewaltige Last der Tradition, insbesondere in diesem Land [Indien], wo man Tradition als etwas höchst Heiliges betrachtet. Das Wort ›Tradition‹ beinhaltet ›sich ergeben‹, ›ausliefern‹. Wenn man sich der Vergangenheit ergibt, wird der Geist durch das geformt oder konditioniert, was gewesen ist. Dann wird die Vergangenheit ungemein wichtig und steht im Gegensatz oder Widerspruch zur Gegenwart.

Die Vergangenheit wird durch Rituale, die sogenannten heiligen Bücher und religiöse Beeinflussung bewahrt und gepflegt. Das konditioniert den Geist und schränkt ihn dadurch ein. Innerhalb dieser Einschränkung sucht der Anhänger der Tradition nach Freiheit. Dies gleicht einem Gefangenen, der die Mauern seines Gefängnisses ausdehnt. Er ist immer noch im Gefängnis, wie groß der Hof auch ist, in dem er umhergeht. Die Sitten und Gebräuche, die von früheren Generationen so sorgsam gepflegt wurden, werden durch die Familie, durch Literatur oder durch Einflüsse aus dem Umfeld weitergegeben. Dabei geht es nicht um das Kultivieren des Geistes, sondern vielmehr darum, den Geist durch Denk- und Verhaltensmuster unter Kontrolle zu bringen, die in der Vergangenheit festgelegt wurden und von denen man hofft, dass sie Ordnung schaffen. Das ist Sinn und Zweck der Tradition.

Gegen die Last der Tradition haben seit Sokrates alle heranwachsenden Generationen rebelliert – wie die Hippies, die Beatniks und andere, mit ihrer Uniformierung, die aus langen Haaren, Bärten und so weiter besteht. Dieses Aufbegehren gegen die Vergangenheit führt lediglich zu einer anderen Form der Anpassung. Aber ist das nicht auch ein deutlicher Protest gegen die etablierte Ordnung und die ältere Generation, die verantwortlich ist für Kriege, für die Unordnung in der Gesellschaft und für die Spaltung der Menschheit in Nationalitäten und religiöse Gruppierungen?

Freiheit von der Vergangenheit ist kein Aufbegehren gegen die Vergangenheit, sondern vielmehr das Erkennen, wie die Vergangenheit, das heißt wie Traditionen und Gepflogenheiten unseren Geist und unsere Herzen geprägt und geformt haben. Freiheit stellt sich im genauen Untersuchen dieser Konditionierung ein, was einer kritischen Selbstbetrachtung entspricht, und im Erkennen, dass man ein Gefangener in dieser leiderfüllten Welt ist, die man selbst geschaffen hat. Ohne diese Freiheit könnt ihr unmöglich in der Gegenwart handeln. Die aktive Gegenwart ist das einzige Handeln.

Ihr könnt entweder die Vergangenheit vollständig verwerfen oder ihr werdet von der Gesellschaft geschluckt. Das bedeutet, dass ihr euch der Gesellschaft beugt und euch der Gesellschaft mit ihren Traditionen, ihren Kriegen und allem anderen ausliefert. Das heißt, dass ihr für eure Kinder die etablierte Ordnung sein werdet, gegen die sie dann rebellieren, falls sie überhaupt intelligent sind. Das Aufbegehren der Jugend geschieht schon seit Jahrtausenden. Jede Generation zerstört die jungen Menschen durch eine falsche Erziehung und Bildung und durch Ideologien, die völlig wertlos sind. Der eigentliche Zweck der Erziehung und Bildung besteht darin, diese Kette zu durchbrechen und nicht nur ein gutes Gedächtnis zu schulen, das dazu beitragen soll, einen Lebensunterhalt zu verdienen. Richtige Erziehung und Bildung ist nicht nur dazu da, den Schülern beim Bestehen von Prüfungen in technischen Fächern zu helfen, sondern auch dazu, das gesamte menschliche Dasein zu verstehen, das euer Leben ausmacht. Nicht nur die Erziehenden, sondern auch die Schüler müssen diese Art der Erziehung und Bildung einfordern. Beide Seiten müssen dafür sorgen, dass durch Hinterfragen, durch Gespräche und durch die Vollversammlung in der Schule diese Erziehung und Bildung beibehalten wird. Dabei darf die Beziehung zwischen den Erziehenden und den Schülern nicht auf Autorität beruhen.

In einer Tradition kann das Gute nicht blühen und das Fortbestehen der Tradition ist nicht das Gute.

57
Kultur

Wahre Kultur bewegt sich in innerer Freiheit und nicht innerhalb der Muster einer Ideologie, die zur Tradition wird.

Wie das Wort bereits erkennen lässt, ist ›Kultur‹ etwas, das ständig dabei ist zu wachsen und sich zu verändern; sie ist eine Bewegung ohne ein bestimmtes Ziel oder Ergebnis. Eine Pflanze oder Blume zu kultivieren erfordert, dass auf sie geachtet und dass sie geschützt wird; den Geist zu kultivieren ist jedoch weit schwieriger. Der Geist ist sehr komplex, sehr subtil und hat immense Möglichkeiten, die wirklich unüberschaubar sind. Wir lassen die Gesamtheit des Geistes außer Acht und versuchen einen sehr kleinen Teil von ihm durch Bildung und durch das Erlernen von Fertigkeiten zu kultivieren, die uns befähigen sollen, unseren Lebensunterhalt zu verdienen. Diese geringfügige Schulung eines kleinen Teilbereichs erhält man durch Bildung, durch soziale Kontakte und durch die Beziehungen zu anderen Menschen. Das führt zu Widersprüchen und Gegensätzen, die sich im täglichen Leben in Konflikten, Hass und Feindschaft äußern und im aggressiven Konkurrenzkampf, der für das bloße Überleben so wichtig geworden ist. Und weil man nicht fähig ist, diesen Widersprüchen und Gegensätzen in einem selbst und in der Gesellschaft oder Gemeinschaft, in der man lebt, ein Ende zu bereiten, flüchtet man in Tempel, Kirchen oder Moscheen, in den Alkohol oder in ausschweifende sexuelle Beziehungen und in alle möglichen anderen Dinge. Alle Formen der Flucht sind im Grunde ein und dasselbe, ob es sich dabei um die Flucht zu einem sogenannten Gott handelt oder ob Sex wichtig wird.

Das Kultivieren eines Fragments muss unvermeidlich zu Zerstörung und Leid führen, egal ob das Fragment die Nation ist, ein spezieller Glaube, die Familie oder eine Idee. Das Kultivieren von Ruhm und Erfolg eines Fragments muss spalten und trennen und daher zu Chaos in der Welt führen. Bisher lag das Hauptaugenmerk der Bildung und der Gesellschaft auf der Kultivierung der Fragmente. Dieses fragmentarische Kultivieren nährt zwangsläufig Angst und so kommt es zu einer ständigen Suche nach Sicherheit, sowohl im Inneren wie im Äußern. Das ist die Gesellschaft, in der wir leben, mit ihren Kriegen, ihrer Gewalttätigkeit, Brutalität, Aggression und dem unaufhörlich zunehmenden Leid.

Wenn wir in einer Schule das ganze Gewicht auf das Aneignen von technischem Wissen legen und als Menschen die immense Weite des Geistes ganz außer Acht lassen, dann werden wir zu mechanisch agierenden Wesen, die vom Leben angeödet und völlig träge sind. Das ist das, was vor sich geht. Ihr könnt die Fragmente kultivieren, aber ihr könnt nicht die ganze Sphäre [des Geistes] kultivieren, weil ihr nicht das Werkzeug habt, um in diese immense Weite hineinzugelangen. Das erkennen wir nicht und deshalb wird der Intellekt zur Hauptsache; oder wir geben uns emotional und begeistert einer speziellen Ideologie hin: der Ideologie eines Staates oder einer, die wir selbst entwickelt haben, oder einer Ideologie, die auf der Vorstellung dieser Weite beruht und Religion genannt wird. Was vom Menschen aufgrund seiner Ängste entwickelt und kultiviert wurde, wird zur Tradition.

Unsere Schwierigkeit besteht also nicht nur darin, dass wir eine erstklassige Schulung in technischem Wissen erhalten, sondern auch darin, dass wir uns in diesen außergewöhnlichen Geist mit all seiner unermesslichen Weite vortasten. Ihr werdet unweigerlich fragen, wie das getan werden soll. Das ›Wie‹ ist eine Methode, ein System, und wenn ihr einem System oder einer Methode folgt, ganz gleich wie diese beschaffen ist oder von wem sie stammt, so kultiviert ihr wieder das Fragment. Wenn ihr das erkennt, werdet ihr nicht mehr nach dem ›Wie‹ fragen.

Somit seid ihr bereits in eine andere Untersuchung eingetaucht. Diese Untersuchung verlangt völlige [innere] Freiheit. Diese Freiheit ist keine Unordnung, es ist kein ›Laisser-aller‹, kein Sich-gehenlassen. Wenn ihr je selbst nach dieser Freiheit verlangt habt, habt ihr auch ein Bild, eine Idee, eine Vorstellung von dem erzeugt, was Freiheit ist, und das ist offensichtlich keine Freiheit. Freiheit kann nicht im Himmel gefunden werden, sondern nur in unserem täglichen Leben, in der Freiheit von der Brutalität, der Gewalttätigkeit, der Gier und so weiter. Ohne dieses Fundament der Freiheit führt das Wachsen der Fragmente ins Chaos, zu unermesslichem Schaden und unsagbarem Leid.

Wahre Kultur bewegt sich in [innerer] Freiheit und nicht innerhalb der Muster einer Ideologie, die zur Tradition wird.

58
Gehorsam

Es ist Angst, die Autorität entstehen lässt.

Eines der wichtigsten Dinge im Leben, vielleicht sogar das wichtigste, ist Freiheit. Dieses Wort wurde sowohl von tyrannischen als auch von demokratischen Regierungen massiv missbraucht und auch die Religionen überall auf der Welt haben es pervertiert. Persönliche Freiheit und Unabhängigkeit gibt es nicht, außer vielleicht in der Wissenschaft. Sie existiert weder in der Geschäftswelt noch in den religiösen Einrichtungen, die der Mensch mit Hilfe von Angst und Glaubensvorstellungen aufgebaut hat. Sie existiert weder in den Regierungen noch in irgendeinem anderen Bereich menschlicher Aktivität. Dennoch hat der Mensch ständig behauptet, dass er frei sei, und sich beklagt, dass es das Umfeld sei, das ihn versklave. Freiheit, das heißt die Unabhängigkeit, selbstständig klar zu denken und nicht entsprechend dem Diktat der Gesellschaft oder den eigenen, persönlichen Neigungen zu handeln, ist sehr schwierig. Aber ohne Freiheit kann man unmöglich ein Leben entdecken oder führen, das völlig anders ist als das Elend, das wir alle aus unserem Alltag kennen.

Freiheit heißt nicht nur von etwas frei zu sein, sondern es ist Freiheit an sich. Damit ist nicht die Freiheit gemeint, tun zu können, was immer man möchte. Deshalb muss nicht nur begrifflich verstanden werden, was dieses Wort beinhaltet, sondern auch was tatsächlich dahintersteckt. Wir versuchen nicht zu definieren, was Freiheit ist. Jeder würde sie gemäß seiner eigenen Vorstellung, Neigung und Erziehung deuten und einige würden sogar verneinen, dass es so etwas überhaupt gibt. Freiheit kann nicht durch Suchen gefunden werden, sondern vielmehr durch Verstehen dessen, was den Geist gefangen hält. Wenn die Gefängnismauern zerbrechen, ist die Freiheit ganz natürlich da und man muss nicht nach ihr suchen. Wichtig ist also nicht, wie man Freiheit erlangt oder zu fragen, was Freiheit ist. Vielmehr ist die Frage wichtig, weshalb der Geist, der das Produkt der Zeit und des Umfeldes ist und so viele leid- und konfliktvolle Erfahrungen gemacht hat, weshalb dieser Geist nicht frei ist.

Wichtig ist also, dass untersucht wird, weshalb der Geist nach so vielen Jahrmillionen immer noch so schwer konditioniert ist. Das ist das Gefängnis, in dem er lebt. Der Geist wird durch die Gesellschaft konditioniert, durch ihre jeweilige Kultur, Gesetze, religiösen Sanktionen, wirtschaftlichen Zwänge und so weiter. Der Geist ist letztlich das Produkt der Vergangenheit und diese Vergangenheit ist die Tradition. Der Geist lebt in dieser Tradition, mit all ihren Streitigkeiten, Kriegen und qualvollen Leiden. Man muss fragen, ob er von seiner eigenen Konditionierung frei sein kann. Einige haben gesagt, dass er immer konditioniert bleiben muss und nie frei sein kann. Und andere haben gesagt, dass diese Freiheit von der Konditionierung nie hier gefunden werden kann, sondern nur in irgendeinem Himmel, in der Zukunft oder am Ende einer langen Zeit der Aufopferung, der Selbstdisziplin oder mit einem Programm zur weiteren Anpassung an das Muster eines sogenannten religiösen Übungsweges. Ohne Freiheit von der Konditionierung wird die Menschheit immer ein Gefangener bleiben und das Leben weiterhin ein Schlachtfeld sein.

Das Erste, was bei diesem Untersuchen verstanden werden muss, ist die Natur der Autorität. Jedes Gemeinwesen braucht das Gesetz und den Polizisten, aber wir haben auch in der inneren Welt der Gedanken und Gefühle einen Polizisten eingeführt. In dieser Welt wurde Gehorsam durch Tradition, Erfahrung und Gewohnheit eingeimpft – Gehorsam gegenüber den Eltern, gegenüber der Gesellschaft, gegenüber dem Priester. Aber Gehorsam wird aus der Angst geboren – aus der Angst, etwas falsch zu machen, selbstständig zu handeln, nicht sicher zu sein, nicht Teil der Gemeinschaft zu sein, allein dazustehen oder dass etwas schiefgeht. Es ist also Angst, die Autorität entstehen lässt. Man möchte auf eine allgemein respektierte und akzeptierte Weise leben, die von der Gesellschaft geschaffen wurde. Genau diese Angst hat den Geist konditioniert. Es ist die Angst, die die Gesellschaft aufgebaut hat, deren Sklave der Geist geworden ist. Der Geist hat diese Gesellschaft aufgrund seiner Angst geschaffen, aufgrund seiner Gier, seiner Ambitionen, seines Neids und so weiter.

Eine Form von Disziplin, die ganz natürlich und ohne jede Anpassung zustande kommt, ist das einfache Beobachten all dieser Ängste, Befürchtungen und Neidgefühle. Das heißt, eure eigenen

Ängste, eure eigenen Ambitionen so zu sehen, wie ihr einen Baum seht. Dieses Sehen ist bereits die Disziplin. Das Wort ›Disziplin‹ beinhaltet ursprünglich ›lernen‹ und nicht anpassen, unterdrücken oder gehorchen. Die Natur und Struktur der Konditionierung kennen zu lernen, führt zu Ordnung, aber nicht zu der gesellschaftlichen Ordnung, die in Wahrheit Unordnung ist.

Zu sehen, wie die Welt beschaffen ist, mit ihren Kriegen, ihrem Hass, ihren Streitigkeiten und Wirren, bedeutet also, dass ihr euch selbst seht, wie ihr seid. Und euch selbst so zu sehen, wie ihr seid, heißt, dass ihr auch die Welt seht, die ihr aus dem heraus geschaffen habt, was ihr seid. In diesem Sehen ist Freiheit. Eine Gefahr zu erkennen heißt, sie zu vermeiden. Die Gefahr dieser schweren Konditionierung des Menschen zu sehen, bedeutet, jede Konditionierung zu vermeiden. Bei all dem ist es wichtig, nicht nur mit dem Intellekt zu sehen, sondern auch mit den tatsächlichen Augen.

59
Konflikt

Abtrennung muss unvermeidlich zu Konflikten in allen Beziehungen führen.

Die Welt zu meiden bedeutet weltlich zu sein. Wir meiden die Welt auf so vielfältige Weise. Etwas zu vermeiden ist Widerstand gegenüber dem, ›was ist‹. Der Idealist und der Intellektuelle, der emotionale Mensch, der religiöse und der weltliche Mensch, sie alle widersetzen sich auf ihre jeweils eigene, spezielle Weise dem, ›was ist‹. Daher kommt es nie zu einer radikalen Veränderung oder Revolution. Dieser Widerstand oder dieses Vermeiden wird von Kindheit an gepflegt, bis wir sterben. Das war nicht nur die Tradition im Osten, sondern auch im Westen. Widerstand oder Vermeiden gehört weder zum Osten noch zum Westen, denn der Mensch ist weder Europäer, Asiate noch Amerikaner.

Grundsätzlich stellt sich die Frage, ob es möglich ist, im Alltag ohne jeden Widerstand zu leben, das heißt, ohne jede [innere] Schutzmaßnahme. Ist es möglich ungeschützt zu sein und damit auch höchst empfindsam und dennoch unseren täglichen Beschäftigungen nachzugehen?

Da dies nicht geschieht, ist der Abtrennungsprozess, den man durch den Schutzmechanismus entwickelt und nährt, die unvermeidliche Folge und dieser Abtrennungsprozess muss unvermeidlich zum Konflikt in allen Beziehungen führen. Der innere Konflikt wird zum äußeren Konflikt und führt zur Spaltung in Nationen, Religionen, Moralvorstellungen und so weiter. Ist es möglich, in der Gesellschaft ein konfliktfreies Leben ohne Widerstand zu führen, ohne jede Form des Vermeidens dessen, ›was ist‹? Das, ›was ist‹, ist immer in der aktiven Gegenwart. Widerstand gegen diese lebendigen Vorgänge entsteht durch Erinnerungen an die Vergangenheit, an das, was gewesen ist, und durch die Hoffnung auf das, was sein könnte. Die Erinnerung an die Vergangenheit und die Hoffnung auf die Zukunft ist das Vermeiden dessen, ›was ist‹. Wir widersetzen uns dem Wirklichen. Das Wirkliche ist Ärger oder Leid oder Verzweiflung oder ein Augenblick der Freude. Kann man Leid ohne jede Form von Widerstand oder Vermeidung anschauen? Kann man es nicht nur mit den Sinnen anschauen, sondern auch ohne in Selbstmitleid zu verfallen, ohne dem Leid zu entfliehen, ohne es zu verdammen oder es hinzunehmen, was beides eine Form ist, das, ›was ist‹, zu vermeiden? ›Was ist‹, ist das Leid oder der Schmerz.

Schauen findet immer in der Gegenwart statt. Wenn ihr sagt: »Ich habe geschaut«, und ihr schaut auf die Gegenwart mit dem, was ihr durch dieses Schauen gelernt oder erfahren habt und mit der Erinnerung an das Geschaute, dann schaut ihr in Wirklichkeit mit Augen, die durch vergangene Erinnerungen getrübt sind und somit schaut ihr gar nicht. Dieses Leid wirklich anzuschauen, mit dem die Menschheit seit unseren Anfängen gelebt hat, bedeutet ohne Zeit zu schauen. Wenn es keinen Widerstand gibt, dann verliert dieses Leid seinen Stachel. Wird dagegen das Leid akzeptiert, verherrlicht oder eine Erklärung dafür gefunden, so kommt man nie in direkten Kontakt damit.

Mit Hilfe von Alkohol, Sex, festgelegten Glaubensvorstellungen, die wir Religion nennen, oder durch Gehorsam gegenüber einem Staat oder einer Ideologie haben wir ein Netzwerk von Fluchtmöglichkeiten entwickelt. Diese sind sowohl im Inneren wie im Äußeren in Wirklichkeit Widerstand gegen das, ›was ist‹ und dessenVermeidung. Jedes Kultivieren der Tradition des Widerstandes weist Freiheit ab. Die Erinnerung an vergangenes Handeln ist Untätigkeit, denn Handeln bewegt sich in der Gegenwart, jenes Handeln, das aus dem, ›was ist‹, entspringt und nicht aus der Erinnerung an das, ›was war‹.

60
Zusammenarbeiten

Erziehung und Bildung sind dazu da,
die Denk- und Verhaltensmuster zu durchbrechen.

Zusammenarbeit und Aggression lassen sich nicht vereinbaren. Zusammenarbeit ist eine absolute Notwendigkeit in einer Welt, die durch nationale und religiöse Überzeugungen, wirtschaftliche Unterschiede und die intellektuelle Über- und Unterentwicklung dermaßen zersplittert ist. In sehr engen Beziehungen, wie in der Familie, gibt es eine bestimmte Art der Zusammenarbeit, aber darüber hinaus kommt es immer wieder zu Differenzen über Meinungen, Interessen und Kenntnisse. Diese Differenzen werden durch Ehrgeiz und Neid verstärkt und das verhindert klar ersichtlich Zusammenarbeit.

Ursprünglich bedeutete Zusammenarbeit, dass für eine Ideologie oder Überzeugung, im Umfeld einer dominanten Person oder für ein utopisches Ideal kooperiert wird. Aber so eine Zusammenarbeit endet oder löst sich auf, wenn die Ideologie oder die Person verschwindet. Der Mensch ist diesem Muster in der Hoffnung gefolgt, den Zustand der Welt verbessern oder selbst davon profitieren zu können. Die Zusammenarbeit für ein Ziel, bei der jeder Beteiligte sein eigenes Motiv für das Erreichen des Ziels hat, muss unvermeidlich zum Konflikt führen. So ein Zusammenarbeiten dient einer Vorstellung und nicht einer tatsächlichen Notwendigkeit. Zusammenarbeit hört auf eine Floskel zu sein, wenn nicht nur ihre Notwendigkeit erkannt wird, sondern auch jene Art der Beziehung da ist, die mit der Liebe einhergeht. Diese Art der Beziehung wird abgewiesen, wenn Aggressionen vorhanden sind. Der Mensch ist von Natur aus aggressiv, diese Aggressionsbereitschaft stammt vom Tier. Diese Aggressivität und Gewalt werden überall gefördert, in der Familie, in der Erziehung und Ausbildung, in der Geschäftswelt und in religiösen Institutionen.

Aggression wird zu Ehrgeiz, der ebenfalls ermutigt und akzeptiert wird. Aggression ist Gewalt, und um dieser Gewalt entgegenzuwirken, die so ausgeprägt ist in der Welt, wurden verschiedene Weltanschauungen entwickelt. Aber das hilft nur, die offene Gewalt zu verhindern. Gewalt findet man nicht nur auf dem Schlachtfeld, sondern sie ist auch Wut, Hass und Neid. Es ist Neid, der uns konkurrieren lässt, und das ist ebenfalls in der Gesellschaft höchst geachtet, deren Grundstruktur auf Gewalt beruht.

Die meisten von uns können das Grundmuster des Ganzen zumindest intellektuell erkennen, aber zum Handeln veranlasst uns nicht ein intellektuelles Erfassen, sondern das Erkennen der vollen Wahrheit dieser Sache. Die Wahrheit zu sehen ist der einzige Faktor, der befreiend wirkt, und nicht die ganzen intellektuellen Argumente, die emotionalen Anpassungen oder das bloße Erklären und Rechtfertigen mit dem Verstand. Zu sehen heißt zu handeln, und dieses Handeln entsteht nicht aus Ideen und Vorstellungen.

Zusammenarbeit ist erforderlich, aber es kann sie unmöglich geben, wenn jeder Einzelne mit anderen Menschen in Konkurrenz steht und seine persönliche Zufriedenheit anstrebt. Damit man zusammenarbeiten kann, darf so etwas wie persönliche, familiäre oder nationale Zufriedenheit nicht beteiligt sein, denn diese Arten der Zufriedenheit heben die Trennung hervor und blockieren die Zusammenarbeit. Wenn ihr all das nicht nur als Darstellung einer Idee versteht, sondern es als eine Gefahr für das Wohlergehen der gesamten Menschheit erkennt, dann führt eben dieses Sehen zu einem Handeln, das frei von Aggression und damit auch kooperativ ist. Zu sehen bedeutet zu lieben, und ein Mensch der liebt ist in einem Zustand, in dem Zusammenarbeit möglich ist.

Da er Zusammenarbeit versteht, wird er auch erkennen, wann nicht zusammengearbeitet werden kann.

In der Fülle der Zusammenarbeit kann das Gute, das keine Sentimentalität ist, aufblühen. Was Zusammenarbeit zerstört ist Autorität, denn wo Autorität herrscht, kann unmöglich Liebe vorhanden sein. Wir haben so lange unser Leben nach den anerkannten Denk- und Verhaltensmustern geführt, dass sie zur Tradition geworden sind und Freiheit, Liebe und Zusammenarbeit ihre fundamentale Bedeutung verloren haben. Erziehung und Bildung sind dazu da, diese Muster zu durchbrechen. In diesem Durchbrechen wird die Wahrheit des Neuen sichtbar.

61
Ordnung

Autorität ist immer Vergangenheit und Gehorsam gegenüber der Vergangenheit ist Unordnung.

Wenn man sich umschaut, sieht man sehr viel Elend, Verwirrung und Gewalt – außer vielleicht in der Natur. Hätte der Mensch die Absicht gehabt, die Welt in ein Chaos zu stürzen, wäre er unmöglich so weit gekommen wie zum gegenwärtigen Zustand der Zerstörung, des Hasses und der Anarchie. Dieser Zustand ist das Erbe früherer Generationen; die Lebensweisen, die Einstellungen, die Werte und die abergläubischen Vorstellungen der früheren Generationen sind für dieses Chaos verantwortlich.

Man hört des Öfteren, dass die Zukunft in den Händen der jüngeren Generation liegt. Stimmt das? Oder ist es so, dass die jüngere Generation ebenfalls so schwer durch die Vergangenheit geprägt oder konditioniert sind, was ihnen vielleicht gar nicht bewusst ist, dass sie nur oberflächlich gegen die bestehende Ordnung revoltieren? Dieses oberflächliche Aufbegehren vermittelt ihnen eine gewisse Lebendigkeit, Energie und Andersartigkeit, die irrtümlich für einen Neuanfang gehalten wird. Jede Generation hat mehr oder weniger gegen die Vergangenheit rebelliert, sie wurde jedoch bald von der Vergangenheit eingefangen, von der Gesellschaft und der Kultur, in der sie gelebt hat. All das ist klar erkennbar und bedarf keiner gründlicheren Analyse.

Weit dringlicher ist, dass jeder von uns als Mensch auf eine völlig andere Art und Weise denken, handeln und leben muss, auf eine Weise, die nicht auf Aggression, Habgier und dem Raubtierinstinkt beruht, den der Mensch geerbt hat. Diese Revolution findet nicht im Bereich der Gesellschaft oder der Wirtschaft statt, sondern weit tiefer, in der Grundstruktur des menschlichen Bewusstseins. Es ist also keine Krise, in der die Jugend gegen die früheren Generationen aufbegehrt, eine religiöse Lehre sich gegen eine andere wendet oder ein Land gegen ein anderes vorgeht, sondern es ist eine Krise, die von den Wurzeln unseres Wesens ausgeht. Entscheidend ist, ob wir mit der Vergangenheit weitermachen oder eine Lebensweise finden, in der es keine wie auch immer gearteten Konflikte mehr gibt.

Eine neue Lebensweise zu finden erfordert Ordnung. Ordnung heißt nicht, ein Denk- und Verhaltensmuster als Lebensweise nachzuahmen oder zu übernehmen. Ordnung ist nicht der Gehorsam gegenüber einer höheren Autorität, unabhängig davon, ob diese Autorität eine äußere oder innere ist. Ordnung ist weder das Befolgen einer Lebensweise, die durch eine Tradition entstanden ist, noch einer Lebensweise, die man selbst entwickelt hat. Alle diese Arten der Ordnung sind im Grunde eine Form des Akzeptierens der Anpassung. Ordnung kann unmöglich Bestand haben, wenn Angst herrscht. Zwischen Angst und Unordnung besteht ein Zusammenhang. Die Gesellschaftsstruktur, in der wir leben, erzeugt aufgrund ihrer Natur diese Unordnung. Vor dieser Unordnung fürchten wir uns und entwickeln moralische Grundsätze, um diese Angst zu überwinden. Daher sind unsere sogenannten moralischen Grundsätze nichts weiter als eine Anpassung an die Unordnung.

Wenn wir von Ordnung sprechen, meinen wir eine geistige Verfassung, die sich ganz natürlich ergibt, wenn die Natur der Unordnung erkannt wird. Ordnung beruht nicht auf der Kultivierung eines neuen Verhaltensmusters oder Systems, dem man folgen muss, sondern auf dem Erkennen der Natur der Unordnung und ihrer Gefahren. Wenn ihr euch an die alte Lebensweise klammert, ist es klar, dass ihr die Gefahren dieser Unordnung nicht seht. Disziplin ist also das Sehen der Unordnung und nicht umgekehrt [das Einhalten der Ordnung]. Freiheit entsteht nicht durch die Disziplin, wie sie im Allgemeinen verstanden wird, das heißt, sich anzupassen, etwas zu unterdrücken, zu gehorchen und so weiter. Disziplin bedeutet im Zustand des Lernens, des Erfahrens zu sein. Ihr müsst also Schüler der Freiheit werden, und es gibt keinen Guru oder Lehrer, der euch sagt, was Freiheit ist. Ordnung ist also nur möglich, wenn ein Lernen über Freiheit stattfindet. Dieses Lernen ist die Fortsetzung der Freiheit im Handeln.

Damit findet Autorität ein Ende. Natürlich bedarf es der Autorität des Polizisten und des Gesetzes, aber es gibt keine weitere Autorität. Denn Freiheit, die Ordnung ist, kann nicht im Schatten der Autorität existieren, sei es nun die Autorität der Tradition und Überlieferung oder die Autorität, die man durch Erfahrung und Wissen angesammelt hat. Autorität ist immer Vergangenheit und Gehorsam gegenüber der Vergangenheit ist Unordnung.

62
Moralische Grundsätze

In allen Menschen gibt es den zwanghaften Drang, sich anzupassen und zu folgen, und gerade das weist Tugend ab.

Tyrannische Regierungen und tyrannische Eltern haben versucht, durch Angst und Bestrafung Ordnung zu schaffen. Sie maßen sich gottgleiche Autorität an, um die Gemüter [der Menschen] zu beherrschen und nach ihren Traditionen und Vorstellungen von Ordnung zu formen. Eine Tradition kann zehntausend Jahre oder nur einen Tag alt sein. In der Familie besitzen die Eltern diese Autorität und von tyrannischen Regierungen wird sie mittels verschiedener Formen der Überzeugung, Einschüchterung und mit Hilfe von Mord durchgesetzt. Wenn ihre Macht dann gefestigt ist, ist es für Regierungen einfach, durch Propaganda eine Tradition zu schaffen, die allmählich akzeptiert wird, um die Fortdauer ihrer Autorität sicherzustellen. Die Familie, die Kirche und tyrannische Regierungen haben dies zu allen Zeiten so gemacht. Die grundlegende Direktive dabei ist: sich abfinden, gehorchen und sich anpassen. Von dieser Anpassung nehmen sowohl der Tyrann wie die Eltern an, dass sie zur Ordnung führt. Ordnung bedeutet für sie zu gehorchen, was sie als das höchste Gut für die Gemeinschaft wie für den Einzelnen erachten.

Diese sogenannte Ordnung versucht die Beziehung zwischen den Einzelnen und zwischen dem Einzelnen und der Gesellschaft festzuschreiben. Diese Beziehung beruht auf Konditionierung. Da aber alles Leben Beziehung ist, muss es natürlicherweise zu Konflikten kommen, wenn es in eine bestimmte Form gepresst wird. Dieser Konflikt besteht im Aufbegehren gegen vorgegebene Denk- und Verhaltensmuster, was zur Unordnung führt. Und um diese Unordnung zu überwinden, wird wieder Autorität ausgeübt, um sogenannte Ordnung zu schaffen. Dieses Muster ist im Alltag der Regierungen, der religiösen Organisationen und aller etablierten Institutionen unübersehbar. Aber das ist nie und nimmer Ordnung.

Ordnung muss aus [innerer] Freiheit hervorgehen und nicht umgekehrt, zuerst kommt Ordnung und dann Freiheit. Freiheit kann unmöglich existieren, wenn keine [wahre] Disziplin vorhanden ist. Aber eine Disziplin, die dem Leitbild einer Macht oder einer etablierten Tradition folgt oder aus der Anpassung an die Notwendigkeiten hervorgeht, ist niemals [wahre] Disziplin. Wie bereits gesagt bedeutet ›Disziplin‹, zu lernen. Ständiges Lernen erfordert einen aktiven, lebendigen Geist und keinen Geist, der Wissen angesammelt hat und es durch das erweitert, was er Lernen nennt. Ständiges Lernen erfordert Aufmerksamkeit. Durch das Aneignen von Wissen und Gewohnheiten wird dagegen Unaufmerksamkeit gefördert. Gewohnheiten und Wissen stehen im Gegensatz zur Tugend. Nur Tugend führt zur Ordnung. Moralische Grundsätze beruhen auf Sitten und Gewohnheiten, Tugend nicht. Wenn wir den Mechanismus der Gewohnheiten und Sitten verstehen – nicht intellektuell, sondern tatsächlich direkt mit ihm in Kontakt kommen –, dann ist bereits das Sehen der Faktor, der von den Sitten und Gewohnheiten befreit. Diese bilden die tief verwurzelte Tradition, die von der Menschheit unermüdlich bewahrt wurde und in der die Tyrannei und die moralischen Grundsätze sowie die etablierte Ordnung der Gesellschaft hingenommen werden.

In allen Menschen ist also der zwanghafte Drang da, sich anzupassen und zu folgen, und gerade das verhindert die Tugend. Tugendhaftes Verhalten und Benehmen kann nur dann zum Aufblühen des Guten führen, wenn die moralischen Grundsätze keine Gepflogenheiten mehr sind. Ordnung beruht also nicht auf Sitten und Gebräuchen, die von einer inneren oder äußeren Autorität aufgezwungen werden, sondern darauf, dass ein Verhalten aufblüht, das nicht vom Umfeld geformt wurde. Ein solches Verhalten ist Rechtschaffenheit. Ohne rechtschaffenes Verhalten gibt es keine Ordnung. Wir sind so an Unordnung gewöhnt, auf die Konflikte hinweisen, dass es Angst erzeugt, wenn dieser äußere Rahmen fehlt. Angst verursacht nur Widerstand und Aggression und niemals Ordnung.

Liebe ist keine Erinnerung an den Eindruck eines Vergnügens oder Verlangens, denn das führt zu Widersprüchen und Konflikten, und dies ist eine der Ursachen für die Unordnung. Liebe ist nicht das Foto auf dem Kaminsims oder das Bild in der Kirche oder eine Erinnerung an Sex, die Gewohnheiten und Gebräuche und damit Unordnung hervorbringen. Liebe ist Rechtschaffenheit und Benehmen in der aktiven, lebendigen Gegenwart, und das ist Ordnung.

63
Handeln

Das Leeren des Geistes von der Vergangenheit ist Meditation; und dann ist auch Handeln Meditation.

Sicherlich suchen wir alle eine Lebensweise, in der Konflikte keinen Platz haben. Menschen haben danach im Kloster gesucht, wurden Wandermönche oder haben sich aus der Welt in eine Höhle oder einen Elfenbeinturm zurückgezogen, alles in der Hoffnung eine Lebensweise zu finden, in der Schmerz und Leid aufgehört haben. Die Menschheit dagegen hat den Krieg, im Inneren wie in der Außenwelt, als Lebensweise akzeptiert. Selbst der Mönch durchlebt verschiedene Kämpfe, inneres Chaos und Ängste. Wir haben das Leben als ein Schlachtfeld akzeptiert, auf dem wir uns nicht nur im Gegeneinander befinden, sondern wo wir auch innerhalb des begrenzten Bewusstseins unseres eigenen Wesens gespalten sind. Daher kennen wir nur eine Lebensweise, die ein wildes Durcheinander ist, und ein Handeln, das zu noch mehr Ängsten und Verzweiflung führt.

Nun können wir fragen, ob es überhaupt ein Handeln gibt, das keinen Konflikt hervorruft. Handeln ist keine abstrakte ideologische Vorstellung dessen, was Handeln sein sollte. Handeln ist allein das Tun in der Gegenwart. Handeln ist nie etwas, das gewesen ist oder sein wird. Was gewesen ist, ist die Erinnerung an ein Handeln, und was sein wird, ist eine gedankliche Projektion des Gewesenen in der Gegenwart. Wir überlegen uns eine Handlung und führen sie in der Gegenwart aus, wobei wir sie bei Bedarf modifizieren. Handeln ist also etwas, das vom Denken in der Vergangenheit für uns ausgearbeitet wurde. Daher ist das Handeln nie in der Gegenwart. Es findet immer im Schatten der Vergangenheit statt. Dieser Schatten besteht aus Erinnerungen, Erfahrungen, Wissen sowie aus einer Ideologie oder Vorstellung, wie Handeln aussehen sollte. Und daher ist das Handeln nie in der Gegenwart.

Dieses Zerlegen des Handelns in Vergangenheit, Gegenwart und Zukunft, um dort ein Ergebnis zu erzielen, ist das Werk des Denkens. Denken beruht auf der Vergangenheit und ist daher immer alt. Im Denken gibt es nichts Neues. Wenn also Denken das Handeln beherrscht, so ist es kein Handeln mehr, sondern nur ein Ergebnis, eine Folgeerscheinung. Leben, Fühlen und Beziehungen finden dagegen immer in der Gegenwart statt, in der Gegenwart des aktiven Geschehens. Daher gibt es immer einen Widerspruch zwischen dem, ›was ist‹, und dem, ›was war‹, und deshalb erzeugt dieses Handeln immer Konflikte.

Sieht man diese ganze Struktur, die wir Handeln nennen, mit ihren daraus resultierenden Konflikten, so fragt man sich, ob Handeln seinen Ursprung nicht im Denken, sondern in einem völlig ruhigen und stillen Geisteszustand haben kann. Nur dann ist es möglich, dass Handeln kein Ergebnis ist und daher weder Schmerz noch Leid verursacht.

Das Leeren des Geistes von der Vergangenheit ist Meditation; und dann ist auch Handeln Meditation. Leben ist letzten Endes Handeln in Beziehungen. Für den Geist ist es ein Akt der Meditation, sich selbst vom Bild der Vergangenheit zu befreien.

64
Gewalt und Frieden

Beziehungen finden auf der menschlichen Ebene des Verstehens und der Zuneigung statt.

Überall auf der Welt verbreiten sich Gewalt und Nihilismus. Je mehr eine Gesellschaft durchorganisiert und reguliert ist, umso höher steigt das Gewaltpotenzial, und die Verweigerung der Zusammenarbeit, die Nihilismus ist, nimmt zwangsläufig zu. Gesetze können dieses Problem nicht lösen, denn wir sind alle aufeinander angewiesen. Wenn eine hochspezialisierte Berufsgruppe gegen eine andere gesellschaftliche Gruppe in den Streik tritt und dieser Streik legal ist, gibt es keinen Ausweg aus dieser Unordnung. Diktatorische Staaten haben Streiks verboten, aber das ist auch keine Lösung. Jede spezielle Gruppierung in der Gemeinschaft wendet sich gegen eine andere spezielle Gruppe, und die Armen, die den Überfluss sehen, wollen natürlich einen Teil davon haben.

Innerhalb der Gesellschaft finden also heftige Kämpfe statt, was zu allen möglichen Formen der Gewalt führt. Gesetze und Polizeigewalt können der Welt keinen Frieden bringen, dabei brauchen wir Frieden, wenn wir überleben wollen. Frieden wird nicht durch die Politiker geschaffen. Ihre Sache ist nur der Frieden zwischen zwei Konflikten. Frieden gibt es nur in den Beziehungen der Menschen, wenn es gleichgültig ist, ob sie schwarz, weiß oder rosa, kommunistisch, katholisch oder etwas anderes sind. Diese Beziehungen gibt es nicht auf der intellektuellen Ebene. Eine Beziehung auf dieser Ebene ist gar keine Beziehung. Beziehungen finden auf der menschlichen Ebene des Verstehens und der Zuneigung statt. Diese werden negiert, wenn sich das Handeln nach einem vom Intellekt geschaffenen Bild richtet oder sich daran anpasst. Ideen und Vorstellungen sind für uns weit wichtiger als die menschlichen Beziehungen mit Zuneigung und Rücksichtnahme.

Weshalb sind Grundsätze so wichtig geworden? Liegt es daran, dass wir nicht wissen, wie wir uns verhalten oder handeln sollen und uns daher in Ideen, in Grundsätze flüchten, durch die wir die Probleme zu lösen hoffen? Ein Tier oder einen Menschen zu töten ist die schlimmste Gewalttat. Im tiefsten Inneren unseres Herzens erkennen wir das alle, und dennoch finden wir sowohl einleuchtende wie unsinnige Gründe dafür, weshalb wir töten sollten. So wird das Töten zur traditionellen Form des Umgangs mit Problemen, die das Leben mit sich bringt. Töten findet nicht nur mit Bajonetten oder Bomben statt, sondern auch mit den Einstellungen, den Meinungen, den Beurteilungen und den Gesten, die man benutzt, um andere zu zerstören. Von Kindheit an lernen wir zu hassen. Eltern sagen zu ihren Kindern: »Verkehrt nicht mit Soundso, er ist kein anständiger Mensch« oder: »Sie ist keine von uns« und so wird die Saat des Hasses gesät. Das Schlimme daran ist die Bedeutung, die Vorurteilen, bestehenden Werten und so gefährlichen Dingen wie dem Nationalismus und unterschiedlichen Gottheiten beigemessen wird, an die man sich gewöhnt hat. Das Einsammeln von Müll und Gott zu repräsentieren sind spezielle Funktionen, die Menschen zu Monopolen machen, und so werden eben diese Menschen zu einer Ursache für die Gewalt.

Die meisten von uns wissen das alles, einige von uns intellektuell und andere mit emotionaler Betroffenheit, aber die Menschheit scheint unfähig zu sein, wieder von vorne anzufangen und all diese Probleme mit neuen Augen zu betrachten. Diejenigen, die gegen die Vergangenheit aufbegehren, gehen in eine andere Falle. Der Gang der Geschichte ist immer so abgelaufen: Die neuen Götter werden über Nacht zu den alten Göttern.

Wenn all das emotionslos betrachtet wird und ganz gewiss nicht intellektuell, so sehen wir, dass ein Handeln dringend notwendig wird, das nicht aus Ideen und Vorstellungen hervorgeht, sondern aus einer ganz anderen Verfassung des Geistes. Liebe ist schließlich nicht das Monopol irgendeines Staates oder irgendeiner Religion. Sie lässt sich nicht domestizieren oder zähmen und in die kleine Welt einer Familie zwängen. Liebe ist ungestüm und leidenschaftlich, ohne die toten Überreste des Gestern. Handeln, das daraus hervorgeht, ist Beziehung, und das ist der einzige Ausweg.

Teil 4
Briefe von 1973

Die Briefe 65 bis 72
waren vom 1. März bis 15. Juli 1973
mit 2 Auslassungen
auf den 1. und 15. eines Monats datiert.

Krishnamurti 1978 mit Schulkindern der Rajghat Besant School auf dem Gelände des Rajghat Educational Centre in Varanasi

65
Eine andere Erziehung und Bildung

Das Wesen der Kultur ist völlige Harmonie.

Obwohl die Worte ›Bildung‹ und ›Erziehung‹ entstellte Bedeutungen haben, müssen sie benutzt werden, um ganz allgemein zu vermitteln, was in der Welt vor sich geht. Sowohl im Osten wie im Westen beinhaltet der Gebrauch dieser Worte von Kindheit an bis zur Universität, am Unterricht oder an Vorlesungen teilzunehmen, Prüfungen abzulegen und eine Unmenge an Informationen über verschiedene Fachgebiete anzusammeln – von der theoretischen Physik bis zum Gemüseanbau, von der Musik bis zur Medizin und so weiter. Diese Schulung des Gedächtnisses ist in den gegenwärtigen Strukturen der Gesellschaft und Wirtschaft eine Notwendigkeit geworden. Um im Bildungsbereich, in der Politik oder in der Wirtschaft einen guten Job zu bekommen, gilt ein akademischer Abschluss als unentbehrlich. Um diesen Abschluss zu erwerben, müsst ihr euch an den Aufbau des Wissens und die bestehende Ordnung der Gesellschaft oder des Staates anpassen, ganz gleich, ob es sich um einen sozialistischen, kommunistischen oder kapitalistischen Staat handelt. Beim Aneignen dieses vielfältigen Wissens muss sich das Gehirn eine Menge Fakten, Erfahrungen und traditioneller Inhalte merken. Durch die im Verlauf vieler Jahre aufgenommenen Informationen und deren Anwendung in der Praxis wird das Gehirn zwangsläufig konditioniert und somit mechanisch, auch wenn es sich innerhalb seines begrenzten Bereichs frei betätigen kann. Das gesamte menschliche Dasein zielt darauf ab, seinen Lebensunterhalt zu verdienen, sich an Denk- und Verhaltensmuster anzupassen und mit dem Bekannten zu leben.

Die Nutzung des Gehirns ist auf den Bereich des Wissens und das Bekannte beschränkt. Das Bekannte ist die Vergangenheit, wie auch das Wissen, und daraus wird die Zukunft oder die Gegenwart geschaffen. Ganz gleich wie komplex, detailliert und subtil das Wissen auch ist, es bleibt immer im Bereich der Zeit und des Bekannten. Und das Denken hat seine Wurzeln in der Vergangenheit. Das Denken kann es sehr weit bringen, es kann viele Gebiete erforschen, die

Vergangenheit oder die Zukunft, abstrakte Wissenschaften oder die Entwicklungsgeschichte des Menschen; es kann den Weltraum erkunden.

Von Kindheit an wird das Gehirn dazu ausgebildet, sich mit anderen zu messen, ehrgeizig zu sein und dem Erfolg zu huldigen, was alles dem ›Ich‹, dem Selbst, dem Ego Bedeutung verleiht. Und damit wird die Grundlage der Zusammenarbeit zerstört. All das wird gemeinhin als Erziehung und Bildung bezeichnet, auch in ihren höheren Formen, die gesellschaftliches Ansehen verleihen, das wichtiger geworden ist als die praktische Tätigkeit. Überall auf der Welt wird dies Erziehung und Bildung genannt, und daher fängt man an, allein schon diese Worte infrage zu stellen oder anzuzweifeln.

Kultur ist etwas völlig anderes. Das Wort ›Kultur‹ umfasst nicht nur das Kultivieren des Wissens, sondern auch das Kultivieren des gesamten Wesens des Menschen, sowohl im Inneren wie im Äußeren. Diese Einteilung ist jedoch künstlich. Das Wirkliche ist völlige Harmonie in der es keine Einteilung gibt. Die gegenwärtigen Kulturen der Welt vergehen schnell, und weil sie verschwinden, werden sie durch Wissen ersetzt und nicht durch Weisheit. Das [wahre] Wesen der Kultur ist völlige Harmonie. Diese Harmonie ist der Wesenskern des religiösen Geistes. Ohne Religiosität gibt es keine Kultur. Damit sind aber nicht die Religionen mit systematischer Propaganda gemeint, zu denen alle Religionen gehören, und auch nicht die persönliche Suche nach irgendeiner weitreichenden Erfahrung. Der religiöse Geist beruht nicht auf einer Überzeugung, einem Glauben oder einer Autorität. Er ist die völlige Abwesenheit des Selbst. Wenn eine Kultur in Auflösung begriffen ist und Sex, Gurus und Autoritäten mit ihren Anhängern wie Pilze in einem feuchten, verrotteten Teil des Waldes aus dem Boden schießen, dann erlangen Traditionen und heilige Bücher höchste Bedeutung. Das geschieht im Prinzip auch in der Tiefe des menschlichen Geistes, wenn man mystischen Fantastereien, angenehmen Visionen und selbst geschaffenen Göttern und Erlösern nachläuft. Wenn Wissen, also das Bekannte, höchste Wichtigkeit erlangt hat, dann sucht der Geist nach Mysterien, läuft den Erfahrungen anderer hinterher und führt neue Götter ein.

Kultur ist die Tür zu einer Wirklichkeit, die weder in Philosophien noch in der Psychologie und Analyse zu finden ist. Ohne die Schönheit der Religiosität hat Kultur keine Bedeutung. Sie ist dann wie eine liebliche Blume, die nicht duftet, und wir reißen die Blume in Stücke, um den Duft zu finden.

Liebe ist Harmonie, die nicht kultiviert werden kann, wie das beim Wissen der Fall ist. Daher wird die Kluft zwischen dem Bekannten und der Harmonie des Wahrnehmens immer größer. Das Sehen ist das Handeln, Wissen dagegen verhindert wegen seiner Bindung an die Zeit augenblickliches Handeln. Der religiöse Geist hat die Fähigkeit zum unmittelbaren Handeln.

Eine andere Art der Erziehung und Bildung ist notwendig. Sie besteht nicht bloß aus der Kultivierung des Gedächtnisses, die das ganze Gewicht auf Zwang, Anpassung und Nachahmung legt und zu Gewalt führt, sondern sie umfasst die Kultivierung des gesamten Menschen, in der das ›Du‹ und das ›Ich‹ verschwinden und nicht durch den Staat oder eine neue heilige Leitfigur ersetzt werden. Diese andere Art der Erziehung und Bildung befasst sich mit dem Wissen, mit der Freiheit, mit dem, ›was ist‹, und damit, über das, ›was ist‹, hinauszugehen.

Weisheit ist in keinem Buch zu finden und auch nicht im Perfektionieren des Wissens. Sie taucht auf, wenn sich Freiheit im Lernen bewegt. Lernen hat kein Ende oder Ziel. Und Weisheit ist das Ende des Leids.

66
Grundlegende Freiheit

Ohne Verantwortlichkeit
gibt es keine Freiheit.

Freiheit ist einer der wichtigsten Faktoren im Leben. Der Mensch hat überall auf der Welt politisch für die Freiheit gekämpft. Religionen haben Freiheit versprochen, allerdings nicht in dieser Welt, sondern in einer anderen. In den kapitalistischen Ländern existiert bis zu einem gewissen Grad die Freiheit des Einzelnen und in der kommunistischen Welt wird sie verweigert. Seit der Antike hat Freiheit den Menschen sehr viel bedeutet. Und sie hatte Gegner, nicht nur politische, sondern auch religiöse Gegner – durch die Inquisition, durch Exkommunikation, Folter, Verbannung und durch das völlige Unterbinden der Suche des Menschen nach Freiheit. Es wurden Kriege für und gegen die Freiheit ausgefochten. Im Laufe der ganzen Geschichte war dies das Grundmuster des Strebens der Menschen nach Freiheit.

In einigen Teilen der Welt gibt es die Freiheit zur Selbstentfaltung und Selbstdarstellung sowie die Rede- und Gedankenfreiheit, in anderen dagegen nicht. Diejenigen, die konditioniert wurden, revoltieren gegen ihren geistigen und gesellschaftlichen Hintergrund und reagieren auf unreife Weise. Diese Reaktion, die verschiedene Formen annehmen kann, wird ›Freiheit‹ genannt. Die Reaktion auf die Politik besteht oft darin, das Gebiet der Politik zu meiden oder abzulehnen.

Eine ökonomische Reaktion ist die Gründung kleiner Gemeinschaften, die auf einer Ideologie oder Lebensanschauung beruhen oder unter der Führung einer Einzelperson stehen. In ihnen wird Autorität abgelehnt und der Versuch unternommen, dass die Gemeinschaft sich selbst trägt. Aber diese Gemeinschaften lösen sich normalerweise wieder auf. Die religiöse Reaktion gegen etablierte Glaubensgemeinschaften besteht darin, zu revoltieren, entweder indem man einer anderen Organisation beitritt, sich irgendeinem Kult anschließt oder irgendeinem Guru oder Führer folgt. Oder man verwirft jedes religiöse Streben. Sind dies nicht alles lediglich äußerliche Aktivitäten in Richtung Freiheit?

Man denkt bei Freiheit nur an Bewegungsfreiheit, entweder an die physische oder an die Vorgänge des Denkens. Es scheint, als suche man Freiheit immer nur an der Oberfläche: das Recht von einem Ort zum anderen zu gehen, zu denken, was man will, zu tun, was man will, das Recht auszuwählen und weitergehende Erfahrungen zu suchen. Zweifellos ist das eine sehr begrenzte Freiheit, die eine Menge Konflikte, Kriege und Gewalt mit sich bringen. Innere Freiheit ist etwas völlig anderes. Wenn tiefgreifende, grundlegende Freiheit vorhanden ist, die ihre Wurzeln nicht in einer Vorstellung von Freiheit, sondern in wirklicher Freiheit hat, dann umfasst diese Freiheit alle Aktivitäten und Bestrebungen des Menschen. Ohne diese Freiheit bleibt das Leben immer eine Aktivität, die innerhalb des begrenzten Rahmens der Zeit und der Konflikte stattfindet.

Wenn wir also über Freiheit sprechen, dann sprechen wir über etwas Grundlegendes. Es geht nicht um die Freiheit von etwas Bestimmtem, sondern um die Beschaffenheit eines Geistes und eines Herzens, die frei sind und in denen es keine Zielrichtung gibt. Freiheit von etwas Bestimmtem ist nur eine modifizierte Fortsetzung von etwas, das bereits da war, und daher ist es keine Freiheit. Wenn es eine Zielrichtung gibt und somit ein Auswählen, kann Freiheit nicht existieren. Denn eine Zielrichtung ist ein Abspalten und damit ergeben sich Wahlmöglichkeiten sowie Konflikte.

So etwas wie individuelle Freiheit gibt es nicht, sondern nur Freiheit. Das Wort ›Individuum‹ bedeutet eigentlich ›das Unteilbare‹ und meint nicht ein Einzelwesen, das im Gegensatz zum Kollektiv, zur Gemeinschaft steht. Wir aber haben aus der Individualität mit all ihren eigenartigen Charakterzügen und Neigungen, die aus der Konditionierung hervorgehen, eine abstrakte Vorstellung gemacht, und mit dieser Vorstellung wenden wir uns gegen die Gemeinschaft. Die Konditionierung ist Bestandteil der Kultur mit ihren wirtschaftlichen, sozialen und anderen Aspekten, in welcher der Geist erzogen wird und seine Bildung erhält. Freiheit liegt außerhalb dieser Konditionierung und nicht innerhalb des Bewusstseinsbereichs, in dem der Inhalt das Bewusstsein ausmacht. Die Verantwortlichkeit, die außerhalb der Konditionierung liegt, ist etwas anderes als die Verantwortlichkeit einer Freiheit, die nur so genannt wird.

Die Verantwortlichkeit eines konditionierten Geistes ist in Wirklichkeit Unverantwortlichkeit, was in den gegenwärtigen Kulturen der Gesellschaften im Osten wie im Westen wahrgenommen werden kann. Diese Verantwortungslosigkeit wird in der Erziehung und Bildung sichtbar, in sozialer Ungerechtigkeit, in der Spaltung in Nationen mit unterschiedlichen Ideologien, die zu Konkurrenzkampf, Kriegen, Hungersnöten, Überfluss und Armut führen. Die Verantwortungslosigkeit der organisierten Religionen zeigt sich in der Unterstützung und im Aufrechterhalten dieser Kulturen. Diese Religionen predigen moralisches Verhalten, unterstützen aber Korruption. Sie befinden sich im Krieg miteinander, behaupten, dass nur sie allein die Wahrheit haben, dass ihre Gottheiten und Erlöser die wahren sind. Diese Verantwortungslosigkeit zeigt sich, wenn ein Vermittler zwischen dem Wirklichen und den Menschen eingesetzt wird. Und sie zeigt sich, wenn Tempel, Moscheen und Kirchen zu einem Machtfaktor im Land werden.

Verantwortlichkeit hat eine ganz andere Bedeutung, wenn Freiheit da ist. Verantwortlichkeit weist die Freiheit nicht ab, beide gehören zusammen. Wenn diese tiefgreifende, grundlegende Freiheit Wirklichkeit ist, befasst sich die Verantwortlichkeit mit dem ganzen Leben und nicht nur mit einem Bruchstück des Lebens. Sie befasst sich mit dem gesamten Geschehen und nicht mit irgendeinem Teilbereich. Sie befasst sich mit der gesamten Tätigkeit des Geistes und des Herzens und nicht nur mit einer bestimmten Aktivität oder Zielsetzung. Freiheit ist vollständige Harmonie, in der Verantwortlichkeit so natürlich ist wie die Blume auf dem Feld. Diese Verantwortung wird weder von außen angeregt noch aufgezwungen, sie ist eine natürliche Folge der Freiheit. Ohne Verantwortlichkeit gibt es keine Freiheit. Auf jede Herausforderung aus der Freiheit heraus zu antworten ist Verantwortlichkeit. Es ist die unangemessene Antwort, die verantwortungslos ist. Der Geist, der von etwas abhängig ist und daran festhält, wird verantwortungslos gegenüber dem Ganzen.

Freiheit ist somit Liebe, die ihrem ganzen Wesen nach für die Blume am Straßenrand und für den Nächsten verantwortlich ist, ganz gleich, ob der Nächste nebenan wohnt oder tausend Kilometer weit weg ist.

Mitempfinden ist das innerste Wesen der Freiheit.

67
Beziehung

Die Gesellschaft besteht aus Beziehungen. Da ihr und ich diese Gesellschaft geschaffen haben, sind wir für sie verantwortlich.

Ihr könnt euch nicht vornehmen, Freiheit zu finden. Freiheit ist keine Sache, die entwickelt oder kultiviert werden kann. Sie kommt auf natürliche Weise durch das Verneinen dessen, was sie nicht ist. Freiheit ist keine Reaktion, und das ist etwas Grundsätzliches, das man verstehen muss. Die Reaktion auf das, ›was ist‹, setzt das, ›was ist‹, in einer anderen Form fort. Das Fortgesetzte kann abgewandelt oder anders strukturiert sein, es kann reorganisiert und funktionsfähig gemacht werden, aber es ist keine Freiheit. Diese Reaktion kann in Form einer Meinung, einer Bewertung oder einer Beurteilung erfolgen, aber dennoch ist es keine Freiheit. Das Reagieren auf eine alte Ordnung, auf eine Tradition oder auf Autorität in verschiedenen Formen ist keine Freiheit. Das Reagieren der eigenen, spezifischen Neigungen, Eigenheiten oder Charakterzüge, die Reaktionen der eigenen Konditionierung sind, ist keine Freiheit. Die Reaktion auf die Aufforderung, sich zu beherrschen, zu kontrollieren oder zu gehorchen, indem eine andere Richtung eingeschlagen wird, egal ob angenehm oder unangenehm, neurotisch oder vernünftig, ist keine Freiheit. Und von einer orthodoxen Richtung zu einer anderen, von einem Glauben zu einem anderen oder von einer Autorität zu einer anderen zu wechseln, wie zufriedenstellend das auch sein mag, das ist keine Freiheit. Eine Ideologie gegen eine andere auszutauschen ist auf keinen Fall Freiheit. Zu tun, was einem beliebt, ist eine eingebildete Freiheit. Auf der eigenen Individualität zu bestehen und die eigenen Wünsche mit etwas gleichzusetzen, das auf romantische oder mystische Weise bedeutend ist, ist keine Freiheit.

Freiheit ist das Verstehen all dieser Dinge, und zwar nicht nur den Worten nach, sondern so, dass über all das tatsächlich hinausgegangen wird. Aus diesem Grund ist es so wichtig, die sich unter dem Deckmantel der Freiheit und Erfahrung wiederholenden Reaktionen klar zu sehen. Durch das Verneinen dieser Reaktionen und indem über sie hinausgegangen wird, ist man mit dem Tatsächlichen konfrontiert, mit dem, ›was ist‹. Das ›Was-ist‹ ist Beziehung.

Die Gesellschaft besteht aus Beziehungen: diese Gesellschaft, die von der Menschheit geschaffen wurde. Da ihr und ich diese Gesellschaft geschaffen haben, sind wir verantwortlich für diese Gesellschaft. Es ist nicht die Gesellschaft der ›Anderen‹, sondern unsere. Sie wurde nicht nur von euren Eltern geschaffen, auch ihr seid dafür verantwortlich. Ihr als menschliche Wesen gestaltet diese Gesellschaft und ihr seid Teil dieser Gesellschaft. Ihr seid also die Gesellschaft, und ihr seid die Welt.

Es sind eure Beziehungen, die ihr untereinander und zu anderen habt, es sind eure Verhaltensweisen, eure Konflikte, eure Ambitionen, euer Konkurrieren, welche die gesellschaftlichen Strukturen hervorgebracht haben, in denen wir leben. Nochmals, es ist sehr wichtig, dass dies verstanden wird. Verstehen findet nicht auf der Ebene der Worte oder des Verstandes statt. Verstehen ist Handeln. Es kommt nicht zuerst das Verstehen und danach das Handeln. Beides erfolgt gleichzeitig, beides findet zusammen statt. Beziehungen bestehen nicht nur zu eurem engsten Freund oder zu eurem Nachbarn, sondern auch zu Menschen, die ihr nie seht, die vielleicht tausende von Meilen weit weg sind. Die Verantwortlichkeit der Beziehung ist enorm. Ohne Beziehung könnt ihr nicht leben. Leben ist Beziehung. So gerne man sich auch aus neurotischen Gründen oder wegen irgendeiner Spezialisierung absondern würde, man steht nach wie vor in Beziehung.

Beziehung ist also von höchster Wichtigkeit. Es besteht keine Beziehung, wenn sich eure alltäglichen Aktivitäten um eure eigenen egoistischen Angelegenheiten drehen. Es besteht keine Beziehung, wenn ihr eine Mauer um euch herum errichtet, weil ihr verletzt worden seid oder weil ihr nicht bekommen könnt, was ihr haben möchtet, oder weil ihr in einer bestimmten Betätigung Erfüllung zu finden versucht. Es besteht keine Beziehung, wenn ihr an einen festen Glauben, eine Überzeugung oder einen Entschluss gebunden seid, den ihr entweder von jemand anderem übernommen oder euch selbst ausgedacht habt. Es besteht keine Beziehung, wenn ihr einer Gruppe angehört, die gegen eine andere opponiert oder wenn ihr euch auf eine Vorgehensweise festgelegt habt, die auf einer vernünftigen oder unvernünftigen Schlussfolgerung beruht. Es besteht keine Beziehung, wenn ihr von euch selbst oder anderen ein Bild habt. Dieses Bild kann auf eurem Wissen oder eurer Erfahrung beruhen, aber alle Bilder, sowohl die traditionellen wie eure eigenen, trennen euch voneinander. Wo irgendeine Art der Trennung besteht, sei sie nationaler, religiöser, ökonomischer oder sozialer Natur, muss es in euch selbst und damit auch mit der Welt Konflikte geben. Wo es Konflikte gibt, besteht keine Beziehung.

68
Autorität

Freiheit hat keine Autorität.
Sie ist ihr völlig fremd.

Freiheit bringt Kreativität mit sich. Das hat nichts mit den Kreationen zu tun, die durch Konflikte entstehen. Es gibt keine Freiheit, wenn der Geist konditioniert ist. Konditionierung ist das Ergebnis von gesellschaftlichen, wirtschaftlichen oder religiösen Kultureinflüssen. Wenn der Geist konditioniert ist, betätigt er sich in einem sehr begrenzten, speziellen Bereich. Diese Betätigung, gleichgültig, ob es sich um eine hochtechnologische oder eine Aktivität im Rahmen der Konditionierung handelt, wird im Allgemeinen als Kreativität bezeichnet. Diese konditionierte Aktivität erzeugt ihre eigene Energie, und diese Energie kommt in der Literatur, der Wissenschaft, der Musik und in den verschiedenen Geisteswissenschaften zum Ausdruck.

Aber all das findet innerhalb des Bereichs der Konditionierung statt, ganz gleich, ob er eng oder weit ist. Diese Aktivität schafft einen Weg, der akzeptiert und dem gefolgt wird, aber auch das bewegt sich innerhalb der Grenzen der Konditionierung. Der Mensch sucht die Freiheit innerhalb dieser Grenzen, und das Ausüben dieser Freiheit wird freier Wille oder freie Wahl genannt, es wird aber nach wie vor von der Konditionierung gesteuert und geformt. Dies gleicht einem Menschen im Gefängnis, der die Freiheit innerhalb der Gefängnismauern sucht. Das ist keine Freiheit, ganz gleich, ob die Mauern nun eng oder weit sind.

Freiheit ist etwas völlig anderes. Sie ist das verbale und nonverbale Verstehen der Konditionierung, wodurch der Geist über diese hinausgeht. Diese Freiheit findet man weder in einem Buch noch mit Hilfe von jemand anderem, und sie ist kein Ideal. Sie kann weder durch irgendwelche Übungen noch durch Selbstdisziplin erkauft werden, denn Übungen und Selbstdisziplin beinhalten Sanktionen und Autorität. In dieser Freiheit gibt es keine Anleitung oder Autorität. Diese Freiheit ist Intelligenz und sie ist verantwortlich. Sie wird nicht durch Umstände und Ereignisse beeinflusst. Diese Freiheit ist die totale Negation, das Zunichtemachen der gesamten Gefängnisstruktur, die das Denken um sich herum errichtet hat. Genau diese Negation ist das positive, konkrete Handeln der Freiheit. Diese Freiheit kann nicht existieren, wo Unordnung herrscht. Es ist die äußere und innere Unordnung, die eine Autorität, einen Diktator oder Herrscher erforderlich macht.

Freiheit hat keine Autorität. Sie ist ihr völlig fremd. Freiheit ist nicht die Zurückweisung der Autorität, sie ist deren Nichtvorhandensein. Äußere und innere Autorität und Gesetze sind Konstruktionen des Denkens. Die äußere Autorität, die manchmal rational und manchmal irrational ist, hat ihren Platz und ihre Aufgabe. Man kann sie nicht außer Acht lassen, und die Intelligenz der Freiheit erkennt ihre Begrenztheit und ihre Notwendigkeit. Die subtilere und tiefergehende innere Autorität ist weit vielschichtiger. Richtlinien, die Gewissheit und Sicherheit zu vermitteln scheinen, werden zu Denk- oder Verhaltensmustern, zu einer Norm, die zur Autorität wird. Diese Autorität kann auf einer Tradition beruhen oder eine Person, ein Symbol oder eine Idee sein. Der Geist, der bewusst oder unbewusst seine eigenen Störungen und seine eigene Unordnung wahrnimmt, bringt sowohl die äußere wie die innere Autorität hervor. Eine Gruppe ohne Ordnung findet bald einen Führer, der dann die Führung und Kontrolle übernimmt. Die Reaktion darauf ist keine Freiheit. Die Natur dieser Unordnung und Störungen zu verstehen und darüber hinauszugehen ist Freiheit.

Das Akzeptieren einer Autorität wird durch Störungen und Unordnung ausgelöst. Die Autorität ist die Auswirkung, und die Reaktion darauf ist Anpassung oder Ablehnung. Und eben diese Ablehnung beansprucht für sich eine weitere Form der Autorität. Wo keine Freiheit vorhanden ist, muss es eine Autorität geben. Dies führt zu Unterdrückung, Kontrolle oder Flucht und diese Vorgänge kulminieren in einem Prinzip oder Glauben, in einer Norm, die Vorherrschaft beansprucht. Die Ursache ist nie von Dauer. Die Ursache wird zur Wirkung, und die Wirkung wird zur nächsten Ursache. Wenn das klar verstanden wird, das heißt nicht intellektuell, sondern als Tatsache, dann ist das Verneinen dieser Kette [von Ursache und Wirkung] Freiheit. Wissen hat seine eigene Autorität: Erfahrung und Erinnerung. Aber solange man in diesem Bereich bleibt, ist die schöpferische Bewegung der Freiheit nicht vorhanden. Freiheit ist Raum, und Raum ist Ordnung.

69
Zwang

Unsere schwierige Aufgabe an diesen Schulen ist, wie Erziehung und Bildung ohne jede Form von Autorität und Zwang vermittelt werden können.

Es gibt keine Freiheit, wenn Unordnung herrscht. Unordnung erzeugt Autorität, und Autorität ist in jeder Form böse – wenn man das Wort ›böse‹ benutzen kann. Wo Freiheit herrscht, gibt es weder Unordnung noch einen Mangel an Ordnung. Gleichwohl sucht der ungeordnete Geist ständig nach Freiheit. Ein solcher Geist wird Freiheit im Sinne der eigenen Verwirrtheit definieren. Sucht ein ungeordneter Geist nach Freiheit oder nimmt er sie für sich in Anspruch, so ist dies ohne jede Bedeutung. Ein ungeordneter Geist führt zu jener Disziplin, die von einer Autorität in verschiedenen politischen, religiösen, sozialen und anderen Formen und auch von politischen Diktaturen und dogmatischen Religionen aufgezwungen wird.

Wozu werden wir überhaupt erzogen und ausgebildet? Soll sich der Geist an die Denk- und Verhaltensmuster der vorhergehenden Generationen anpassen, oder geht es darum, die gesamte Struktur unseres ungeordneten Lebens sowohl im Inneren wie in der Außenwelt zu verstehen und darüber hinauszugehen? Geht es lediglich darum, sich Wissen anzueignen, oder sind Erziehung und Bildung dazu da, uns von der Unordnung zu befreien und auf diese Weise eine neue Gesellschaft hervorzubringen?

Denkt man ernsthaft darüber nach, ist es offensichtlich, dass Erziehung und Bildung eine absolute Freiheit im Geist hervorbringen sollen, damit er nicht nur sein eigenes Leben ordnen kann, sondern in diesem Prozess auch fähig wird, eine andere Gesellschaftsstruktur zustande zu bringen. Dieses Handeln kommt nicht aus einem Geist, der auf eine bestimmte Handlungsweise, einen bestimmten Glauben oder ein bestimmtes Ideal festgelegt ist oder dessen Handeln von seinem Umfeld beeinflusst wird.

Unser Anliegen ist Erziehung und Bildung und wie Ordnung ohne Zwang zustande kommen kann. Wo in irgendeiner subtilen oder offen sichtbaren Form Zwang herrscht, gibt es nicht nur Anpassung oder Nachahmung, sondern es wird auch Angst erzeugt. Unsere schwierige Aufgabe an diesen Schulen ist, wie Erziehung und

Bildung ohne jede Form von Autorität und Zwang vermittelt werden können. Da bekannt ist, wie Autorität entsteht und wie Zwang sich auswirkt, ist die Frage, wie sich ein ungeordneter Geist auf natürliche Weise, das heißt ohne Bemühen aus seiner Verwirrung befreien kann. Die Schüler kommen aus Familien und aus einer Gesellschaft, in denen Unordnung herrscht. Sie sind selbst verwirrt und unsicher. Sie reagieren aus ihrer Konditionierung heraus. Ihr Aufbegehren, das sie Freiheit nennen, ist eine Reaktion ihrer Verwirrung. Das ist also die geistige Verfassung der Schüler. Sie möchten Sicherheit und Zuneigung und das ist nicht möglich, wenn Zwang herrscht. In ihrem ungeduldigen Aufgebehren weisen sie nicht nur das Wort ›Disziplin‹ und die damit verbundene Autorität zurück, sondern auch jede Form von Druck. Je empfindsamer sie sind, desto stärker sind ihre Reaktionen, und ihr Rebellieren drückt sich unglücklicherweise in vielen oberflächlichen Dingen aus.

›Erziehung‹ und ›Bildung‹ sind nicht die richtigen Worte, aber wir müssen sie benutzen, um eine Bedeutung zu vermitteln, in der die wirkliche Kultivierung des menschlichen Geistes in all seinen Beziehungen und Aktivitäten enthalten ist. Die Kultivierung des Geistes und des Herzens ist unsere Verantwortung.

Die Schüler kommen bereits konditioniert [an diese Schulen], und ihre Reaktionen aus dieser Konditionierung zeigen ihr Temperament, ihre Eigenheiten und ihr Verlangen nach Erfüllung. Die Erziehenden, die ebenfalls auf ihre eigene besondere Weise konditioniert sind, müssen sich in ihrer verantwortlichen Beziehung zu den Schülern sowohl ihrer eigenen Begrenzungen wie auch der Begrenzungen der Schüler bewusst sein. So erziehen sich beide Seiten gemeinsam. Wenn die Erziehenden in ihrem Privatleben unordentlich sind und nach außen ein ordentliches Leben vortäuschen, sind ihre Worte bedeutungslos. Wenn sie die Schüler auffordern ordentlich zu sein, werden sie zum Heuchler. Die Erziehenden haben also die Erziehung ebenso nötig wie die Schüler. Die Hauptsache ist, dass beide Seiten lernen, und damit taucht der Geist der Autorität in dieser Beziehung gar nicht auf. Wenn das in aller Klarheit und Tiefe verstanden wurde, dann muss man eine Beziehung herstellen, in der Zwang und Anpassung völlig aufhören.

Wie können die Schüler, die konfus und unordentlich sind, ohne Zwang lernen, ordentlich zu sein? Ordnung ist notwendig. Ordnung drückt sich im Verhalten aus. Ordnung ist die wahre Natur des Universums. In der Natur besteht Ordnung. Nur wenn der Mensch sich in die Natur einmischt, entsteht Unordnung, weil er in sich selbst ungeordnet ist. Ordnung ist das Werk der Tugend, der Rechtschaffenheit. Ordnung ist Liebe. Es gibt keine Ordnung, solange es Bemühen und Widersprüchlichkeit gibt. Ordnung ist die höchste Form der Intelligenz. Intelligenz ist keine intellektuelle Fähigkeit. Sie zeigt sich nicht im Widerstreit der Meinungen und Schlussfolgerungen. Sie ist nicht die bloße Fähigkeit zum rationalen Denken, wie logisch es auch sein mag. Intelligenz ist die höchste Form der Empfindsamkeit, in der Außenwelt und im Inneren, gegenüber anderen ebenso wie gegenüber sich selbst.

Wie kann diese Intelligenz geweckt werden? Offensichtlich nicht durch irgendeine Methode oder irgendein System. Es ist nur möglich, wenn sowohl die Älteren als auch die Jüngeren die Welt um sich herum, die Natur und ihre eigenen Aktivitäten bewusst wahrnehmen, wenn sie sich der Ereignisse, die in der Welt vor sich gehen, und auch ihrer eigenen inneren Reaktionen bewusst sind. Diese Bewusstheit ist keine Sache, die eingeübt und zu einem Automatismus gemacht werden kann. Man wird sich der gesamten Aktivitäten des eigenen Geistes und des Körpers bewusst, der Art und Weise wie man sitzt, steht und geht. Man hört der eigenen Stimme zu und der Bedeutung der Worte, seinen Meinungen und Einstellungen, der Sprache der Blicke und Gesten, der Sprache des Verhaltens und deren Wirkung auf andere. All das beinhaltet eine Bewusstheit der eigenen selbstbezogenen Motive und Aktivitäten.

Wir haben uns durch logisches Denken von der Welt abgetrennt. Diese Abtrennung ist eher sprachlicher Natur als real. Tatsache ist, dass wir wie die Welt sind und die Welt so ist wie wir. Wir sind uns dessen nicht voll bewusst. Wir akzeptieren diesen Gedanken vielleicht intellektuell, aber er ist für uns keine Wirklichkeit. In derselben Weise spalten wir uns auf in den Körper und den Geist, in Ansichten und Gefühle. Wir sehen uns selbst nie als ein Ganzes. Diese Fragmentierung wird vom Denken verursacht, und durch Denken ist diese Bewusstheit nicht möglich. In dieser Bewusstheit verschwindet die Identifizierung mit den eigenen Wünschen und Vorlieben. So lernen Jung und Alt [einfach nur] zu sein. Bewusstheit findet nicht nur im Klassenzimmer statt, sondern auch bei Tisch und auf dem Sportplatz. Es muss auch erfahren werden, wenn man alleine durch die Felder geht oder still in seinem Zimmer sitzt. Aus dieser empfindsamen Bewusstheit kommt die Intelligenz.

Wie kann dies vermittelt und aufrechterhalten werden? Offensichtlich indem darüber gesprochen wird, indem beobachtet wird, was um einen herum und in den eigenen Reaktionen geschieht. Es ist diese Intelligenz, die Ordnung mit sich bringt. Wenn diese Bewusstheit handelt, werden Pünktlichkeit, Benehmen, Höflichkeit und Respekt zu etwas Natürlichem und sind nichts selbst Auferlegtes oder Erzwungenes. Die Lehrenden und die Belehrten sind eins. Damit ist der Beobachter das Beobachtete. Wenn diese Beziehung hergestellt ist – und das ist nur möglich, wenn diese Form der Intelligenz vorhanden ist –, dann ist ein geistig anders gearteter Mensch möglich.

Dafür existieren diese Schulen, und es ist unsere Verantwortlichkeit, dass dies zustande kommt.

70
Disziplin

Der Vorgang des Lernens ist Disziplin.

Wenn ihr euch umschaut, und zwar weniger in der Welt der Menschen als vielmehr in der Natur oder am Himmel, dann seht ihr eine außergewöhnliche Art von Ordnung, Ausgewogenheit und Harmonie. Jeder Baum und jede Blume haben ihre eigene Ordnung, ihre eigene Schönheit. Jeder Berggipfel und jedes Tal haben ein Gespür für ihren eigenen natürlichen Rhythmus und ihre eigene Beständigkeit. Obwohl der Mensch die Flüsse zu bändigen versucht und ihr Wasser verschmutzt, fließen sie auf ihre Weise und nehmen ihren eigenen Weg in die Ferne. Fern von den Menschen ist in den Meeren, in der Luft und in der riesigen Weite des Himmels eine außergewöhnliche Reinheit und ein geordnetes Dasein zu spüren. Obwohl der Fuchs das Huhn tötet und die größeren Tiere von den kleineren Tieren leben, ist das, was als Grausamkeit erscheint, eine gestaltete Ordnung in diesem Universum, mit Ausnahme des Menschen. Wenn der Mensch sich nicht einmischt, ist die tiefe Schönheit der Ausgeglichenheit und Harmonie gegenwärtig. Diese Harmonie kann nur in Freiheit existieren, nicht in einer Einschränkung und nicht im Konflikt.

Alles in der Natur hat seine Zeit, sein Sterben und sein Wiederaufleben. Nur der Mensch lebt in Verwirrung, in Konflikten und in Unordnung. Wenn ihr euch schon einmal in einem Wald umgeschaut habt, so haben dort alle Lebewesen ihr eigenes instinktgesteuertes Verhalten, ihre eigene Lebensweise, die uralt und endlos ist. Der Mensch dagegen wird von seiner Selbstbezogenheit bestimmt, und seine sogenannte Spontanität findet im Bereich seines Eigeninteresses statt. Er wird von der Kultur und dem Umfeld, in dem er lebt, geprägt und kontrolliert. Die Gesellschaft sagt ihm, was er zu tun hat. Die Älteren versuchen den Geist der Jungen so zu formen, dass diese sich anpassen, gehorchen und ihr Leben äußerlich wie innerlich in einem sehr kleinen Freiraum verbringen. Reformen durchbrechen ein Denk- und Verhaltensmuster nur, um sich nach einem anderen Muster zu richten. Unser Leben ist sehr kurz und wir verbringen es in Konflikten, Angst und im Leid. Nur solange wir sehr jung sind, scheinen wir völlig glücklich und unbekümmert zu sein. All das verblasst bald und dann beginnen die ermüdenden Konflikte des menschlichen Daseins.

In diesem ganzen Durcheinander gibt es weder Freiheit, noch die Ordnung der Spontanität, und Freiheit ist ein starkes Gefühl der Spontanität. Wenn es in der Gesellschaft, in der Familie oder in einer Schule keine Ordnung gibt, dann besteht auch keine Beziehung. Und gleichzeitig wollen wir eine Beziehung, die dann in Wirklichkeit nur darin besteht, dass man an jemand anderem hängt, aber ohne ein inneres Gefühl der Harmonie, Ganzheit und Unversehrtheit. Wenn ihr an einem Exerzierplatz vorbeikommt, seht ihr, wie die armen Soldaten Tag für Tag durch den Schlag der Trommel und die Stimme des Unteroffiziers darauf gedrillt werden zu gehorchen, sich einzufügen und zu folgen. Aus ihnen werden Maschinen gemacht, die töten und sich selbst schützen.

In ähnlicher Weise werden auch wir von Kindheit an darauf gedrillt, uns dadurch zu schützen, dass wir uns an das Alte oder das Neue anpassen. Dieser Drill geht in der Schule weiter, im Büro, in der Werkstatt und in der Kirche. Das wird Ordnung genannt, und das ist es, woran die meisten Eltern interessiert sind. So ist es Generation für Generation abgelaufen, und der Unterschied zwischen zwei Generationen ist lediglich eine Phase, in der ein neues Verhaltensmuster Gestalt annimmt.

Ist es nicht möglich, ohne Anstrengung Ordnung zu erhalten, ohne die Zwistigkeiten zwischen denen, die sehen, dass Ordnung notwendig ist, und denen, die gegen jede Form von Zwang rebellieren? Gibt es eine Ordnung ohne Anpassung? Gibt es ein Handeln, das nicht zur Routine wird und zum Überdruss führt? Das ist eines der Probleme in unserer Welt der Beziehungen. Jede intelligente Person, ob jung oder alt, sieht, dass Ordnung notwendig ist: aufstehen, lernen, spielen und so weiter. Wenn ihr gute Golfspieler werden wollt, müsst ihr den Schläger in einer ganz bestimmten Weise schwingen. Wenn ihr ein guter Schwimmer werden wollt, müsst ihr die Arm- und Beinbewegungen lernen. Wenn man lernt, wie man gut Golf oder Tennis spielt, dann führt das auf eine eigene natürliche Weise zu kontrollierten Bewegungsabläufen. Diese Kontrolle wird von niemandem angeordnet, aber die Bewegungen der Hand, des

Arms und des Körpers sind unglaublich geordnet und präzise. Jedes Handwerk hat seine eigene Disziplin, und der Vorgang des Lernens ist die Disziplin.

›Disziplin‹ ist ein unglückliches Wort. Es beinhaltet Drill, Übung, Einfügen, Unterwerfung, Einschränkung und den Konflikt mit der Trägheit. Nach dem Wörterbuch beinhaltet das Wort ›Disziplin‹ zu lernen – nur zu lernen, sonst nichts. Wenn ihr nicht lernen wollt, dann werden euch die Eltern, die Schule oder die Gesellschaft zwingen, euch zu fügen, ob ihr das wollt oder nicht. Wie modern die Gesellschaft auch sein mag, sie zwingt euch dazu, euch einzufügen. Die Religionen sind mit Hilfe von Angst und Belohnung in diesem Umfeld gediehen.

Entweder ihr lernt aus spontanem Interesse, oder ihr werdet zum Lernen angetrieben und gezwungen. Wenn ihr zum Lernen gezwungen werdet, dann ist euer Wissen etwas Mechanisches und ihr benutzt dieses Wissen auf mechanische Weise. Dann beklagt ihr euch, dass das Leben keinen Sinn hat, und ihr versucht, dem durch alle möglichen Illusionen, durch Tagträume oder fantasievolle Worte, zu entfliehen. Nachtclubs, die Freizeitvergnügen am Wochenende und die Ferien sind die Belanglosigkeiten, in die man sich flüchtet. Ihr habt dann euer Leben auf die Familie reduziert und die Verantwortung, die damit einhergeht, auf endlose Arbeit und auf das Unvermeidliche.

Ohne Belohnung oder Bestrafung zu lernen ist etwas ganz anderes. Wenn ihr das ganz klar erkennt und versteht, dann werdet ihr beim Fußball- oder Kricketspielen oder wenn ihr für ein Schulfach lernt, entdecken, dass dieses Lernen den Geist eher freimacht, als dass es ihn verformt. Wissen allein verformt den Geist und dadurch wird der Geist alt. Die Schulen und Universitäten machen den Geist alt. Sie setzen Anpassungsfähigkeit voraus, denn Wissen ist das Allerwichtigste geworden – nicht das Lernen, sondern das Aneignen von Wissen.

Der Geist, der sich anpasst, ist alt; nicht aber der Geist der ständig dabei ist zu lernen und zu erfahren. In diesem Lernen herrscht Freiheit, in der Wissen genutzt werden kann, wenn es notwendig ist. Es gibt Enzyklopädien und es gibt Computer, macht also euren Geist nicht nur zu einer Lagerhalle für die Vergangenheit. Das ist Ordnung.

Fragesteller: Wollen Sie damit sagen, dass ich mir in keinem Fach Wissen aneignen muss, dass ich nichts lernen muss?

Krishnamurti: Ganz und gar nicht. Was steckt dahinter, wenn du diese Frage stellst? Heißt das, dass du nichts lernen willst, weil es dich langweilt? Oder fragst du, wie man lernt, das heißt, wie man aufmerksam ist? Wenn du nicht aufmerksam sein willst, dann sei nicht aufmerksam. Es ist wichtig einen Geist zu haben, der nie durch einen Konflikt geprägt wurde, beispielsweise dadurch, dass man aufmerksam sein will und nicht aufmerksam sein will. Das ergibt einen Konflikt. Wenn du zum Fenster hinausschauen willst, dann schau ausschließlich zum Fenster hinaus, ohne den Konflikt, weil du meinst, dass du in das Buch schauen musst. Schau mit deinen Augen, deinen Ohren, mit deinem Kopf und deinem Herzen zum Fenster hinaus. Und wenn du dann in das Buch vor dir schaust, aus welchem Fach es auch sein mag, schau es auf dieselbe Weise an, wie du zum Fenster hinausgeschaut hast. Das ist möglich, wenn kein Konflikt besteht. Sich nie, unter gar keinen Umständen, in einen [inneren] Konflikt zu bringen ist die erste und wichtigste Sache, die es zu lernen gilt. Weil du völlig frei und ungehindert und ohne jeden Zwang gelernt hast, aus dem Fenster zu schauen, wirst du in das Buch auf dieselbe Weise schauen, denn das ist Lernen. Beides ist Lernen: aus dem Fenster hinauszuschauen und in das Buch zu schauen. Zu lernen, konfliktfrei zu sein, heißt nicht, gleichgültig zu sein oder sich zu erlauben, nichts zu tun.

F: Wenn ich Konflikte loswerde, dann tue ich nur noch was mir gefällt.

K: Kannst du wirklich tun, was du willst? Ist das, was du möchtest, nicht eine Reaktion auf das, was du tun sollst? Ist das, was du willst, frei von der Struktur der Gesellschaft, in der du lebst? Was du möchtest ist, deinem speziellen Vergnügen nachzugehen. Folglich wirst du in deinem Leben eine Doppelmoral entwickeln. Insgeheim gehst du deinem Vergnügen nach und öffentlich wirst du durch die Kultur, in der du lebst, gezwungen sein, dich dem anzupassen, was als respektabel gilt. Du erzeugst also Konflikte, wenn du deine Vergnügungen haben möchtest und sie nicht bekommen kannst, oder wenn du sie bekommst, du aber dafür bezahlen musst. All das erhält offensichtlich Konflikte aufrecht.

Über Konflikte etwas zu lernen heißt, das gesamte Verhaltensmuster des Vergnügens zu verstehen.

F: Verwehren Sie mir Vergnügen?

K: Im Gegenteil. Sollte ich dir das Vergnügen verwehren, würdest du dagegen ankämpfen und aggressiv werden. Du würdest Mittel und Wege finden, dir dein Vergnügen zu ermöglichen, und so wieder in einen Konflikt geraten. Wir sind ständig zwischen Bestrafung und Belohnung gefangen und das bedeutet Angst. Darüber etwas zu lernen ist Freiheit vom Konflikt.

F: Wollen Sie damit sagen, dass Disziplin falsch ist?

K: Nein, das sagen wir nicht.

F: Weshalb haben wir dann Regeln?

K: Hast du dem zugehört, was zur Frage der Disziplin gesagt wurde? Oder hast du nur dem Teil zugehört, der dir gefällt? Wenn du nur halb zugehört hast, hast du eine Schlussfolgerung gezogen oder eine Vorstellung entwickelt, und davon ausgehend wirst du handeln oder auch nicht, je nachdem, was das Vergnügen dir vorschreibt. Wir haben gesagt, dass Ordnung erforderlich ist. Das ganze Universum folgt einer Ordnung, nur der Mensch nicht. Der Mensch hat sich gestattet, in diesem Zustand voller Widersprüche zu leben und daraus erwächst sein ganzes Elend. Betrachte das Ganze auf eine andere Art und Weise und nicht unter dem Aspekt des Vergnügens und der Bestrafung. Finde stattdessen eine Lebensweise heraus, in der jede Form von Konflikt ein Ende findet. Darüber musst du etwas erfahren und lernen und bereits dieses Lernen schafft seine eigene Ordnung.

71
Geistige Gesundheit

Freiheit bedeutet, mit einem gesunden Geist im Alltag zu leben.

›Freiheit‹ ist ein Wort, das so locker und leichtfertig benutzt wird, dass es keine wirkliche Bedeutung mehr hat. Obwohl wir in den Schulen, an den Universitäten, in der Politik und in den Religionen endlos darüber reden, wollen wir in Wirklichkeit keine Freiheit. Was wir wollen, ist vollkommene Sicherheit in all unseren Lebenslagen. Wir lehnen uns gegen Autorität auf, aber in Wirklichkeit rebellieren wir, um unsere Forderung nach Selbstbestimmung und Veränderung zu äußern.

Freiheit ist wirklich etwas Gefährliches. Gemeint ist die Freiheit von dem gesamten Elend und Durcheinander, das sowohl im Inneren wie in der Außenwelt vorhanden ist. Freiheit ist das völlige Verwerfen der Ideenwelt und des Handelns, das auf diesen Ideen, Vorstellungen und Gedanken beruht. Sie ist kein Ausdruck einer zügellosen persönlichen Selbstbezogenheit. Auch das, nicht nur mit Worten, sondern tatsächlich zu verwerfen ist Freiheit. Allein dazustehen, ohne sich zu isolieren, ist geistige Gesundheit. Geistige Gesundheit bedeutet heil zu sein, Ganzheit und auch Heiligkeit. In diesem Zustand gibt es keine Unausgeglichenheit. Das ist Freiheit.

Diese Freiheit ist keine Idee oder Vorstellung, sondern bedeutet, mit einem gesunden Geist im Alltag zu leben. Sein Handeln führt zum Erblühen des Guten und ist etwas völlig anderes als das Handeln eines gestörten Geistes. Wenn ihr die Welt um euch herum betrachtet, seht ihr wie irrsinnig das Ganze ist: Mütter schicken ihre Söhne in den Krieg, damit sie töten und getötet werden; die Spaltung der Religionen und Regierungsformen mit ihren Konflikten und ihrer Korruption; das Gerede über den Frieden während man den Krieg vorbereitet; das endlose Auseinanderdividieren der Menschen in Kategorien und Temperamente, mit ihren Gurus und Analysten. Dieser Irrsinn agiert auf seine eigene Weise, die widersprüchlich ist, nachahmt und spaltet. Die derzeitige Erziehung und Bildung muss sich an dieses irrsinnige Denk- und Verhaltensmuster anpassen. Das Handeln als ›Ich‹ und als ›Du‹ ist die Wurzel der Korruption, ob es nun im Namen der Gesellschaft, der Nation oder im Namen Gottes erfolgt. Erziehung und Bildung heißt, den Geist von diesem Irrsinn und seinen Aktivitäten abzubringen.

Wie sieht das Handeln aus, das aus geistiger Gesundheit erfolgt? Denn im Leben geht es uns um Handeln: Leben ist Handeln in Beziehungen. So etwas wie ›dein‹ Handeln und ›mein‹ Handeln gibt es nicht. Wenn das der Fall ist, ist der Irrsinn am Werk. Der Mensch hat das Handeln in sehr viele verschiedene Arten aufgeteilt, in die Kategorien eines Geistes, der in sich selbst aus Fragmenten besteht.

Es gibt also nur Handeln – und nicht die Aktivität des Künstlers, des Schriftstellers, des Politikers und so weiter. Wenn Handeln in menschengemachte Kategorien aufgespalten wird, setzt Verdorbenheit ein. Wenn das ganz klar verstanden wird, das heißt, wenn ihr die innere Wahrheit, die Tatsächlichkeit der Sache seht, dann geht Handeln aus der Ganzheit hervor. Dann seid ihr nicht auf eine bestimmte Handlungsweise festgelegt, sondern ihr seid mit dem ganzen Leben verbunden, das Handeln ist. Wenn ihr auf ein bestimmtes Handeln festgelegt seid, das euch Befriedigung verschafft und Selbstdarstellung ermöglicht, so werdet ihr entdecken, dass dieses Handeln zu inneren Widersprüchen führt und damit zu einer Verschwendung von Energie. Die Summe des Handelns aus der Ganzheit ist in sich nicht widersprüchlich und setzt deshalb viel Energie frei. Auf diese Weise ist Handeln völlige Untätigkeit.

Man muss noch einmal darauf hinweisen, dass dies nicht nur Worte, Ideen und spekulative Abstraktionen sind, sondern Fakten. Das Handeln der Tatsache, oder dessen, ›was ist‹, ist völlig anders als das Handeln aufgrund einer Idee. Für die meisten Menschen ist die Idee weitaus wichtiger als Handeln. Vorstellung und Handeln sind zwei verschiedene Dinge. Zwischen den beiden besteht ein Abstand und dieser Abstand enthält Zeit und die Abtrennung des Handelns, denn das Handeln versucht, sich an die Idee anzupassen, oder sich nach der Vorstellung oder dem Plan zu richten, und daher ergibt sich ein Konflikt. Konflikt ist die Spaltung zwischen Idee und Handlung.

Wo geistige Gesundheit vorhanden ist, ergibt sich Handeln und keine Vorstellung vom Handeln. Wir haben den Intellekt entwickelt und besonders gefördert, und damit ist der Intellekt ungeheuer wichtig geworden – jener Intellekt, der etwas ausdenkt, plant, sich erinnert, berechnet oder sich etwas vorstellt. Wenn dieser Intellekt am Werk ist, kommt es immer zu Reue oder Vergebung und zur Abhängigkeit von Ursache und Wirkung. Dabei wird das Handeln, das eine Ursache und ein Motiv hat, zur Wirkung und damit zur Ursache für eine weitere Handlung.

Wo geistige Gesundheit vorhanden ist, kennt das Handeln keine Zukunft. Es gibt kein »Ich werde etwas tun« oder »Ich werde etwas versuchen«. Es gibt nur das Tun, das keine Zeit kennt und kein Morgen. Für die Liebe gibt es kein Morgen. Das Morgen existiert nur in einem Handeln, das auf einer Idee beruht, und um das Handeln mit der Vorstellung zu verbinden, braucht ihr Zeit. Daher gibt es für ein solches Handeln immer ein Morgen, mit all seiner Reue, all seinen Frustrationen und seiner Unvollständigkeit.

So beginnt ihr zu erkennen, was Handeln ist, aber nicht in Anlehnung an jemanden, der dann zu einer Autorität wird, der man folgen muss. Wenn ihr selbst die Wahrheit dieser [absoluten] Ganzheit erkennt, hat Handeln einen ganz anderen Sinn. Das Morgen verschwindet völlig, obgleich es immer noch in euren Abmachungen und im Planen des täglichen Lebens existiert. Aber dieses Planen ist in der Ganzheit enthalten und nicht getrennt davon.

Es gibt das Handeln des Denkens und das Handeln des Nicht-Denkens. Das Handeln des Denkens hat seinen Platz, führt aber nicht zum Aufblühen des Guten. Das Handeln des Nicht-Denkens führt dazu. Denken ruft keine Liebe hervor; es erzeugt Befriedigung, Vergnügen und die selbstbezogenen Aktivitäten, die ganz und gar nichts mit Liebe und Güte zu tun haben. Die Ganzheit des Handelns ist Liebe.

Fragesteller: Wollen Sie damit sagen, dass wir uns nicht nach dem richten sollen, was andere Menschen machen? Es macht Spaß, das zu tun, was andere tun. Es gibt mir das Gefühl der Kameradschaft. Das macht es einfacher, miteinander zu reden, und es macht auch Spaß in irgendwelche Schwierigkeiten zu geraten. Sollten wir uns nicht ansehen, wie es ist, wenn man ein wenig in Schwierigkeiten gerät? Den meisten Leuten passiert das. Können wir nichts daraus lernen?

Krishnamurti: Erziehung und Bildung sind dazu da, dich nicht nur für deine eigenen Wünsche, Fantasien und Schwierigkeiten zu sensibilisieren, sondern auch für die der anderen.

Kannst du empfindsam sein, und das heißt höchst intelligent, wenn du dich anpasst oder wenn du nachahmst, was alle anderen machen, wie angenehm das auch vorübergehend sein mag? Wird die Intelligenz zulassen, dass du in Schwierigkeiten kommst, und was gibt es überhaupt aus Schwierigkeiten zu lernen? Wenn du in einem Laden oder bei deinem Freund etwas stiehlst, dann landest du auf einer Polizeiwache. Handeln so Sensibilität und Intelligenz? Was lernst du aus Schwierigkeiten und Ärger? Entweder du lernst, nie darin verwickelt zu werden oder du erlebst etwas Aufregendes, ein heftiges Gefühl, und du gehst dann von einer Aufregung zur nächsten und verlangst nach immer stärkeren Gefühlsreizen. Und was lernst du daraus?

Lernst du die Konsequenzen der Kameradschaft dadurch kennen, dass dein Selbstwertgefühl von anderen abhängt, dass du andere brauchst, um deine Unzulänglichkeit zu verbergen und dein Gefühl an einem Ort erwünscht zu sein, an einem anderen aber nicht? Lernst du das wirklich oder benutzt du das Wort ›lernen‹ nur, um dein Verlangen nach aufregenden Dingen zu vertuschen? Man muss Spaß haben, man muss lachen und miteinander reden können, aber es muss aus deinem Inneren kommen. Das ist Jugend. Außerhalb von sich selbst nach Spaß suchen zu müssen führt zu allem möglichen Ärger und das ist Teil des Irrsinns dieser Welt, in der wir leben. Es ist dasselbe, wie in einen Tempel oder eine Kirche zu gehen, um Gott zu finden. Da gehst du vielleicht nicht hin, aber du willst irgendwo da draußen deinen kleinen Nervenkitzel. Beides ist dasselbe. Wenn du wirklich dabei bist zu lernen, findet es hier drinnen statt und nicht da draußen.

F: Ich bin nicht sicher, ob ich clever genug bin, all das zu verstehen, was Sie gesagt haben. Ich kann es weder widerlegen, noch kann ich dem zustimmen, aber der Ernst, mit dem Sie das sagen, berührt mich irgendwie. Aber ich spüre, dass das nicht ausreicht. Wie wird mein Geist für all das ausreichend geschärft?

K: Es geht überhaupt nicht darum, clever zu sein. Das ist ein schreckliches Wort. Darin steckt ziemlich viel Gerissenheit, ein leichtes Betrügen, ein Hauch von Heuchelei und ein Veräppeln. Du brauchst keinen cleveren Geist. Was du in Wirklichkeit brauchst, ist, wenn ich darauf hinweisen darf, die Fähigkeit zu beobachten

und zuzuhören; zu beobachten ohne den ganzen inneren Lärm, der hinter dem Beobachten steckt, ohne den Lärm der Meinungen, Rechtfertigungen und Verurteilungen. Du kannst ganz leicht ein Blatt im Wind beobachten, du kannst eine Fliege im Zimmer beobachten und du kannst auch dein Verhalten beobachten, warum du dieses und jenes tust, warum du verletzt bist, weshalb du die Verletzung abspeicherst, weshalb du nachgibst und warum du stur bist. Einfach nur beobachten und zuhören ohne jedes Gemurmel deiner eigenen Vorlieben und Abneigungen.
Weißt du, um das zu tun, musst du aufmerksam sein, und dies zu lernen ist Aufmerksamkeit. In dem steckt sehr viel Spaß, weit mehr als du erkennst. Es ist ein Spaß, der von selbst kommt und etwas Wirkliches ist. Die andere Art von Spaß vergeht.

72
Ordnung und Freiheit

Ordnung ist das Wirken des Neuen,
das Intelligenz ist.

Freiheit ist absolute Ordnung, weder Freiheit noch Ordnung sind etwas Relatives. Entweder seid ihr frei, oder ihr seid es nicht. Entweder herrscht in euch völlige Ordnung oder es herrscht Unordnung. Ordnung ist Harmonie. Die Menschen scheinen gern in Unordnung zu leben, sowohl äußerlich wie innerlich. Ihr seht das in der Politik. Alle Regierungen sind korrupt, einige mehr, andere weniger. Sie werden von Menschen geleitet, die in sich selbst ungeordnet, ehrgeizig und unehrlich sind sowie persönliche Feindschaften und Eitelkeiten haben. Daher gibt es einen Wirtschaftskrieg, die ganz Reichen und die ganz Armen und all die Nöte und das Elend, die aus den Existenzkämpfen der Armut herrühren.

Ihr seht dieses Durcheinander in einer Erziehung und Bildung, die hauptsächlich auf die Entwicklung des Erinnerungsvermögens als Wissensspeicher bedacht ist und dabei die ganze psychische Struktur des Menschen außer Acht lässt. Ihr seht die Anzeichen dieser Unordnung, wenn eine Gruppe von Menschen eine andere Gruppe umbringt oder wenn man sich für den Krieg rüstet und vom Frieden redet. Wissenschaft ist zu einem Werkzeug der Regierungen geworden. Kommerz und Fortschritt zerstören die Erde, verschmutzen die Luft und das Wasser der Ozeane.

Wenn ihr euch also in der Außenwelt umschaut, so herrscht dort Chaos, Durcheinander und großes Elend. Und auch im Inneren sind die Menschen unglücklich, führen ein Leben voller Widersprüche, mühen sich endlos ab, haben Konflikte und suchen Sicherheit, ohne sie zu finden, weder in einem Glauben noch in den Dingen, die sie besitzen. Leben und Sterben sind voll Leid. Die innere Unordnung des Menschen bringt die äußeren Formen der Unordnung hervor. All das sind klar erkennbare Tatsachen. Obwohl wir von Freiheit reden, scheinen offenbar nur sehr wenige darauf zu stoßen.

Erziehung und Bildung sind in erster Line dazu da, in unserem täglichen Leben Ordnung zu schaffen und die volle Bedeutung des Lebens zu erfassen. Ordnung zu verstehen und in dieser Ordnung zu leben, bedarf der höchsten Form der Intelligenz, aber dafür werden wir [normalerweise] nicht erzogen und ausgebildet. Wir sind vor allem an der Aneignung von Wissen als Mittel zum Überleben interessiert, an einem Überleben voller Konflikte und Widersprüche in einer chaotischen Welt.

Ordnung ist etwas Außergewöhnliches. Sie hat ihre eigene Schönheit und Vitalität, die nicht vom Umfeld abhängen. Ihr könnt euch nicht vornehmen, dass ihr in euren Verhaltensweisen, Handlungen und Gedanken ordentlich sein wollt. Tut ihr das, so werdet ihr bald sehen, dass dies ein Verhaltensmuster erzeugt, das mechanisch wird. Diese mechanische Gewohnheit, sowohl im Denken wie im Handeln und damit auch im Verhalten, ist Teil des Durcheinanders.

Ordnung ist ungemein flexibel, geschickt und schnell. Ihr könnt sie nicht in eine Form bringen und euch bemühen, danach zu leben. Nachahmung ist selbst eine der Ursachen für Konfusion und Konflikte. Ihr könnt keine Regeln dafür festlegen, wie Ordnung ablaufen soll. Wenn ihr das tut, werden eben diese Regeln zu der Autorität, die Gehorsam und Anpassung fordert. Auch das hat zum Elend der Menschheit beigetragen.

Dann gibt es den Menschen, der alles um sich herum genau so haben muss, dass nichts am falschen Platz ist. Für ihn besteht Ordnung darin, dass alles in einer geraden Linie steht, und er ist auf neurotische Weise verärgert, wenn diese Linie krumm ist oder missachtet wird. So ein Mensch lebt im Käfig seiner eigenen Neurose.

Es gibt auch zahlreiche Mönche und Asketen in der Welt, die ihren Geist und ihre Körper so trainiert haben, dass sie gehorchen; Ihrem Gott kann man sich nur durch die Tore eines strengen Glaubens und einer völliger Zustimmung nähern. Disziplin ist der Drill von Gewohnheiten im Namen der Tugend, im Namen des Staates, im Namen Gottes, des Friedens oder was immer man will.

Ihr seht das alles jeden Tag eures Lebens um euch herum. Darin seid ihr gefangen, ihr seid ein Teil davon. Auch wenn ihr Disziplin und Ordnung ablehnt und euch an eure Vorstellung von Freiheit klammert, so weist doch genau diese Vorstellung die Freiheit zurück, denn Freiheit ist keine Vorstellung, keine Idee, sondern etwas Wirkliches. Sie ist ohne Worte und wird nicht vom Denken in Form einer Reaktion geschaffen. Das völlige Verneinen der Unordnung, in der man lebt, ist Freiheit.

Was ist nun Ordnung? Die Definition laut Wörterbuch ist eine Sache und die nach eurer eigenen vernünftigen Überlegung, euren Neigungen oder eurem Temperament eine andere. Wir befassen uns mit der Bedeutung dieses Wortes im Wörterbuch und nicht mit dem, was ihr darüber denkt. Wir befassen uns objektiv damit und nicht aus irgendeiner persönlichen Reaktion. Die persönlichen Ansichten über was auch immer verzerren das, ›was ist‹. Die Tatsache ist wichtig und nicht das, was ihr über das, ›was ist‹, denkt. Wenn ihr das ganze Geschehen des Lebens aus einer persönlichen, konditionierten Reaktion oder Meinung heraus anschaut, dann zerteilt ihr das Leben in das ›Ich‹ und das ›Du‹. Dabei ist das ›Du‹ das Äußere und das ›Ich‹ das Innere, und damit beginnen die Konflikte. Diese Fragmentierung, dieses Aufspalten in einzelne Teile ist die Hauptursache des Durcheinanders und der Konflikte im Inneren wie im Äußeren. Ordnung entsteht in einem Geist, der nicht vom Denken fragmentiert oder aufgespalten wurde.

Die Ordnung des Denkens ist eine Sache, und die Ordnung eines Geistes, der ganz ist, eine andere. Die eine führt zu Dummheiten und die andere zum Aufblühen des Guten. Die vom Denken geschaffene Ordnung in Form von Gesetzen hat ihren Platz, aber im Verhalten und in Beziehungen wird die Ordnung des Denkens zur Unordnung, da Denken eine Aktivität der Fragmentierung ist. Das Denken hat die Menschen aufgespalten: in Nationen, in sektiererische Religionen, in ›wir‹ und ›die anderen‹, in Kommunisten und Nicht-Kommunisten. Es gibt kein Denken ohne Worte, Bilder und Symbole. Das hat die Menschen gespalten und getrennt. Das Denken hat diese monströse Welt aufgebaut, und durch Einsatz des Denkens versuchen wir eine neue Welt zu schaffen, ohne zu erkennen, dass es das Denken selbst ist, was hinter den Schlussfolgerungen, Spaltungen und Konflikten steckt.

Die Ordnung eines Geistes, der ganz ist, ist etwas völlig anderes, und hier wird es schwierig. Wenn ihr diese Aussage lest, wandelt ihr das in einen Vorgang des Denkens um, und damit wird das Gelesene eine abstrakte Vorstellung. Nachdem ihr aus der Aussage eine abstrakte Vorstellung gemacht habt, versucht ihr sie einer bestehenden Abstraktion in eurem Gedächtnis zuzuordnen. Wenn nichts Passendes zu finden ist, dann sagt ihr, dass ihr die Bedeutung der Aussage nicht versteht. Und ist etwas Passendes da, dann sagt ihr, dass ihr sie versteht. Achtet also auf darauf, was in eurem Kopf geschieht, wie schnell das Denken eingreift und dass ihr nie mit einem Geist zuhört oder lest, der nicht mit der Vergangenheit belastet ist. Wissen ist Vergangenheit. Dieses Wissen hat seine praktische Bedeutung, wenn jedoch das Wissen in unseren Beziehungen benutzt wird, dann beginnen Durcheinander, Konflikte und Leid.

Ordnung ist also das Wirken des Neuen, das Intelligenz ist.

Gehen wir also zurück und sehen uns das Ganze an. Wir haben gesagt, dass absolute Ordnung Freiheit ist. Diese absolute Ordnung kann es nur geben, wenn jede Form von Konflikt in euch ein Ende gefunden hat. Wenn diese Ordnung vorhanden ist, dann werdet ihr über Unordnung in der Welt keine Fragen [mehr] stellen. Diese Fragen stellt ihr nur, wenn ihr das seid, was die Welt ist, und die Welt das ist, was ihr seid. Wenn ihr nicht Teil der Welt seid, was bedeutet, dass in euch absolute Ordnung herrscht, dann hat euer Verhältnis zur Welt eine totale Veränderung erfahren. Ihr befindet euch in der Welt, seid aber nicht Teil davon.

Werdet euch also der Unordnung in der Welt und der Unordnung in euch selbst bewusst. Dann gibt es zwischen euch und der Welt keine Spaltung, es gibt nur Unordnung. Wenn der Geist sich dieser Unordnung bewusst ist – ohne auszuwählen und ohne jede Regung des Denkens – dann tritt die Ordnung unaufgefordert ein. Was ihr einladet, ist keine Ordnung, denn eure Einladung kommt aus der Unordnung. Zwischen Ordnung und Unordnung besteht kein Zusammenhang; sie sind keine Gegensätze. Ordnung kommt nicht durch den Konflikt der Gegensätze zustande. Entweder ist Ordnung da oder sie ist nicht da. Jedes Vortäuschen von Ordentlichkeit entstammt der Unordnung. Wo Ordnung besteht, ist Bescheidenheit vorhanden.

Hinweise zur deutschen Ausgabe

Krishnamurtis Briefe sind an diejenigen gerichtet, die eine seiner Schulen besuchen oder dort tätig sind. Zudem spricht er jede und jeden in diesem Kreis als Einzelperson an. Auf Englisch ist dies weitgehend unproblematisch, da es nur einen Artikel gibt und die Bezeichnungen der angesprochenen Personengruppen – ›Educator‹, ›Teacher‹, und ›Student‹ – keine männlichen und weiblichen Formen haben. In der deutschen Sprache dagegen ist die Ansprache als Einzelperson mit den männlichen und weiblichen Formen schlichtweg nicht durchzuhalten, ohne das Erfassen des eigentlichen Inhalts der Briefe massiv zu erschweren. (*Beispiele siehe Duden Handbuch geschlechtergerechte Sprache, Seite 140*)

Nach eingehender Überlegung wurde deshalb entschieden für alle Personengruppen die Pluralform zu benutzen. Bei 'teacher': ›Lehrer‹ oder auch ›Lehrerinnen und Lehrer‹ und bei 'student': ›Schüler‹ oder auch ›Schülerinnen und Schüler‹. Die Alternative mit den neutralen Bezeichnungen die ›Lehrenden‹ bzw. die ›Lernenden‹ wurde nicht verwendet. Diese Begriffe wirken künstlich und sind Fremdkörper im Kontext des Inhalts der Briefe.

Bei 'educator' dagegen ist das substantivierte Partizip die ›Erziehenden‹ auch inhaltlich passend, da Krishnamurti damit alle Mitarbeiterinnen und Mitarbeiter an den Schulen und die Eltern meint, das heißt den gesamten Personenkreis, der für ihn an der Veränderung des Bewusstseins beteiligt ist.

Bei der Anrede der Personengruppen wurde die Pluralform ›ihr‹ gewählt. Dies geht zurück auf eine frühere Anfrage bei der indischen Leiterin der Rishi Valley School. Sie ist mit einem Kanadier deutscher Herkunft verheiratet und kennt das Problem mit ›Du‹ und ›Sie‹. Auf die Frage, welche Anrede Krishnamurti in Gesprächen mit vertrauten Personen auf Deutsch benutzt hätte, antwortete sie, er hätte diesen Personenkreis ›geduzt‹. Seine Gesprächspartner in Indien hätten ihn dagegen gesiezt.

In der indischen Anrede wird dies durch die Silbe ›-ji‹ am Ende des Vornamen ausgedrückt. Im Falle Krishnamurtis hieß das Krishnaji (*ausgesprochen Krishnadschi*). Damit wird Zuneigung und Hochachtung ausgedrückt. Diese Anrede hat sich zu seinen Lebzeiten auch außerhalb Indiens verbreitet.

Krishnamurtis Werdegang und die Grundlage der ›Lehre‹

Jiddu Krishnamurti wurde 1895 als achtes Kind einer einfachen, südindischen Brahmanenfamilie geboren. ›Jiddu‹ ist der Familienname, der in Indien vorangestellt wird, und als achtes Kind erhielt er traditionsgemäß einen Vornamen mit ›Krishna‹, der ebenfalls ein achtes Kind war.

1909 entdeckte ihn C. W. Leadbeater, ein führendes Mitglied der Theosophischen Gesellschaft (TG), am Strand von Adyar, einem Vorort von Madras und Standort des Hauptquartiers der TG. Leadbeater erkannte in dem vierzehnjährigen Jungen das ›Vehikel‹ für die Manifestation des kommenden Weltlehrers, eines Messias oder Maitreyas, auf das die Theosophen warteten. Zusammen mit seinem Bruder Nitya erhielt Krishnamurti eine Erziehung und Bildung in England und wurde mit Hilfe der okkulten Meister der TG in nächtlichen Geistreisen auf seine zukünftige Rolle vorbereitet. Ab 1911 stellte ihn die TG in England, Australien und Indien der Öffentlichkeit als den künftigen Weltlehrer vor.

Krishnamurti machte zunächst alles bereitwillig wegen der hehren Ziele mit, bis 1922 ein äußerst schmerzhafter geistig-körperlicher Prozess begann für den die führenden Köpfe der TG keine Erklärung hatten. Bereits zu Beginn dieser Phase schrieb er an Leadbeater in einem Bericht über eine ungewöhnliche Erfahrung:

»*... Da war ein Mann, der die Straße ausbesserte. Ich war dieser Mann. Ich war die Spitzhacke, die er hielt, und auch der Stein, den er zerschlug, war ein Teil von mir. Der zarte Grashalm war mein eigenes Innerstes, und der Baum neben dem Mann war ich selbst. ... Ich war in allem, oder besser alles war in mir, belebtes und unbelebtes, der Berg, der Wurm, und alles, was atmet ... .*«

Dies war der Beginn seiner Wahrnehmung des Lebens und Daseins als unauflösliche Ganzheit, die ihn sein Leben lang begleitete und sich weiter vertiefte.

Als sein Bruder 1925 an Tuberkulose starb, obwohl die okkulten Meister durch Leadbeater versichert hatten, dass er am Leben bleiben würde, führte das zur völligen inneren Abkehr von der TG und ihrem Kult. Den ersten Schritt der äußeren Trennung vollzog er 1929 in Ommen, Holland, beim alljährlichen Zeltlager des Stern-Ordens, den er auflöste. Danach redete er noch bis Mai 1933 auf einigen Veranstaltungen der TG. Anschließend folgte er nur noch Einladungen zu Veranstaltungen, die allen Menschen offenstanden.

Anfang 1980 diktierte er einer Begleiterin einen letzten Bericht über seine außergewöhnlichen Erfahrungen, wobei er wie meist in der dritten Person darüber sprach:

»… eines Nachts wachte er auf, und fand etwas ganz anderes und Neues. Die Meditation hatte die Quelle aller Energie erreicht. Dies darf auf keinen Fall für Gott, das höchste Wesen oder Brahman gehalten oder damit verwechselt werden. Das sind Vorstellungen des menschlichen Geistes, die aus der Angst, Sehnsucht und dem Verlangen nach Sicherheit stammen. Sie ist nichts dergleichen. Verlangen kann sie unmöglich erreichen, Worte können sie nicht ergründen. … Bis Ende Januar 1980 wachte er jede Nacht mit diesem Gefühl des Absoluten auf. Es ist kein Zustand, nichts Statisches, Feststehendes und Unbewegliches. Das ganze Universum befindet sich darin, unermesslich für den Menschen. … Im Februar 1980 in Ojai kam es zu der Wahrnehmung, dass es darüber hinaus nichts mehr gab. Das ist das Letztendliche, der Anfang und das Ende und das Absolute. Nur eine Empfindung von unglaublicher Weite und immenser Schönheit ist da.«

Grundlage von Krishnamurtis ›Lehre‹ ist also eine Wahrnehmung des Daseins, die den meisten Menschen unbekannt ist. Vielleicht ist sie bei einigen Mystikern in verschiedenen Religionen zu finden, wurde aber entweder verworfen, als Häresie bekämpft oder in den Kontext der jeweiligen Religion eingeordnet und verfälscht. Dies war mit ein Grund, weshalb Krishnamurti nicht nur die Vorstellungswelt der TG, sondern auch die aller tradierten, systematisierten, strukturierten oder institutionalisierten Religions- und Glaubensformen verwarf.

Die Angaben in dieser kurzen Übersicht stammen aus der Biographie von Mary Lutyens, die von Krishnmurti damit beauftragt wurde:
Englische Ausgabe: Mary Lutyens – The Life and Death of Krishnamurti
Deutsche Ausgabe: Mary Lutyens – Krishnamurti – Die Biographie

Krishnamurti-Stiftungen und -Schulen

Schulen zu gründen, an denen sich ein anderer Geist entfalten kann, waren für Krishnamurti schon vor seinem öffentlichen Wirken ein großes Anliegen. Sechs Schulen wurden von ihm selbst gegründet, nach seinem Tod kamen noch weitere hinzu. Alle Schulen werden von drei Stiftungen getragen, die ebenfalls von ihm in Indien, England und Kalifornien eingerichtet wurden.

Aufgabe der Stiftungen ist, seinen geistigen Nachlass zu bewahren und zu veröffenlichen. Das umfasst seine Schriften, die er selbst verfasst oder diktiert hat, und die Aufzeichnungen seiner öffentlichen Reden und Gespräche, die per stenographischer Mitschrift, Tonband und Video festgehalten wurden.

Großbritannien

- **Krishnamurti Foundation Trust** (KFT)
  Brockwood Park, Bramdean, Hampshire
  http://www.kfoundation.org
- **Brockwood Park School** (gegründet 1969)
  Koedukatives Internat für ca. 70 Jugendliche von 14 bis 19 Jahren
  https://www.brockwood.org.uk

USA

- **Krishnamurti Foundation of America** (KFA)
  Ojai, California – https://www.kfa.org
- **Oak Grove School**, Ojai, California (gegründet 1975)
  Tagesschule ab Kindergarten, Alter 3 1/2 bis 19 Jahre,
  Internat von 10 bis 19 Jahren – www.oakgroveschool.org

Indien

- **Krishnamurti Foundation India** (KFI)
  Vasanta Vihar, Chennai – http://www.kfionline.org
- **Rishi Valley School** (gegründet 1934)
  Chittoor District, Andhra Pradesh, http://www.rishivalley.org/
  Koedukatives Internat für ca. 360 Schüler, Alter von 9 bis 18 Jahre.
  Zählt zu den führenden Internaten in Indien
- **Rishi Valley Rural Education Centre** mit 12 Landschulen & dem
- **Rishi Valley Institute for Educational Resources** (RIVER),
  eine Einrichtung für Lehrerausbildung und die Entwicklung
  von Unterrichtsmaterialien für Landschulen

- **Rajghat Besant School,** Varanasi (gegründet 1934)
  https://www.rajghatbesantschool.org
  Koedukatives Internat für ca. 350 Schüler, Alter 9 bis 18 Jahre
- **Vasanta College for Women** – http://vasantakfi.ac.in
  Teil des Rajghat Education Centres;
  für Studentinnen im Alter von 19 bis 21 Jahren
- **The School-KFI** (gegründet 1973), Chennai
  Koedukative Ganztagsschule von Klasse 1 bis 12
  http://www.theschoolkfi.org
- **The Valley School** (gegründet 1978), Bangalore
  http://valleyschool.herokuapp.com
  Koedukative Tagesschule und Internat für 6- bis 18-jährige
- **Bal-Anand** (gegründet 1954), Mumbai,
  ein Förderprogram für armeStadtkinder
- **Sahyadri School** (gegründet 1995), nördlich von Pune
  http://www.sahyadrischool.org
  Koedukatives Internat für Schüler ab 9 Jahren
- **Pathashaala School** (gegründet 2010), 80 km außerhalb Chennai
  http://pcfl-kfi.org/pathashaala
  Koedukatives Internat (Projekt von The School)
  ca. 120 Schüler in den Klassen 5 bis 12

*Alle Schulen bis auf Bal-Anand verfügen auch
über ein Studienzentrum für Erwachsene*

Veröffentlichungen von Krishnamurti zu Erziehung und Bildung

- **Education and the Significance of Life,** 1953
  (Krishnamurtis erstes Buch bei einem kommerziellen Verlag)
  Deutsch: **Vertrauen zum Leben,** 1954
  & **Autorität und Erziehung,** 1981
  (beide gleiche Übersetzung & vergriffen) – Texte auf
  www.jkrishnamurti.de – Lehre & Werk – Bildung & Erziehung …
- **Life Ahead,** 1963 (23 Gespräche mit Schülern in Indien)
  Deutsch: **Die Flamme des Lernens,** 2005, (vergriffen) Texte auf
  www.jkrishnamurti.de – Lehre & Werk – Bildung & Erziehung …
- **Think on These Things,** 1964 (27 Gespräche
  mit Schülern, Lehrern und Eltern an den Schulen in Indien)
  Deutsch: **Antworten auf Fragen des Lebens,** 1992 (vergriffen)
- **On Education,** 1974 (9 Gespräche mit Schülern & 11 Gespräche
  mit Lehrern an den Schulen in Rishi Valley und Varanasi, Indien)
- **Beginnings of Learning,** 1975 – (Teil 1, 1971–1973:
  15 Gespräche mit Schülern + Lehrern in Brockwood.
  Teil 2, undatiert: 8 Gespräche mit Eltern + Lehrern in Indien
  und den USA)
  Deutsch: **Wahre Bildung,** 2008
- **A Flame of Learning** – Krishnamurti with Teachers, 1993
  (6 Gespräche mit Lehrern in Brockwood Park, England)
- **Unconditioning and Education** – The Need for a Radical
  Approach, 2015
  9 Gespräche mit Lehrern, Eltern und Trustees der KFA 1974/75
  im Vorfeld der Eröffnung der Oak Grove School
  in Ojai, Kalifornien)

Arbeitskreis für freie Erziehung e.V.

Der Herausgeber dieses Buches

Der Arbeitskreis wurde Anfang der achtziger Jahre als gemeinnütziger Verein gegründet. Die Initiative ging von Menschen aus, die sich bei den alljährlichen Vorträgen von Jiddu Krishnamurti in Saanen, Schweiz kennengelernt hatten. Die Vorträge fanden seit 1961 statt, und einige hatten bereits vorher Bücher von Krishnamurti oder Audio- und Video-Aufzeichnungen seiner Reden und Gespräche übersetzt, Gesprächsgruppen in größeren Städten angeboten und über die von Krishnamurti gegründeten Schulen informiert. Solche Unterstützerkreise oder auch Einzelpersonen gab es auch in anderen Ländern und anderen Erdteilen und wurden ›Krishnamurti Komitees‹ genannt.

Der Arbeitskreis sollte als juristische Form für das Komitee dienen, um die Schule und den Schulbesuch in England sowie Schulen in Indien mit steuerbegünstigten Spenden fördern zu können. Ein weiteres Vorhaben war eine Krishnamurti-Schule im deutschen Sprachraum zu gründen, das aus verschiedenen Gründen nicht verwirklicht werden konnte. Mit ursächlich waren der relativ geringe Bekanntheitsgrad Krishnamurtis und seiner ›Lehre‹ im deutschsprachigen Raum und die mangelnde Verständlichkeit vieler Amateurübersetzungen.

Der Arbeitskreis befasste sich ab 2002 hauptsächlich damit, die wichtigsten Veröffentlichungen, d.h. Bücher sowie Audio- und Videoaufzeichnungen in einer guten deutschen Übersetzung zugänglich zu machen, vergriffene Bücher auf einer deutschen Krishnamurti-Website zugänglich zu machen und seit 2017 Audio- und Video-Aufzeichnungen mit deutscher Übersetzung in einem eigenen YouTube-Kanal anzubieten.

Leider werden mittlerweile wegen der geringer werdenden Nachfrage nur noch wenige Bücher von Krishnamurti von namhften Verlagen angeboten. Aus diesem Grunde sahen wir uns gezwungen, diese Neuausgabe der ›Briefe an die Schulen‹ mit Hilfe eines Dienstleisters für Self-Publishing auf den Markt zu bringen. Wir werden uns auch verstärkt darum kümmern müssen, die Öffentlichkeit anzusprechen, um die Menschen mit den Einsichten Krishnamurtis über die wahre Beschaffenheit des Lebens bekannt zu machen, die im krassen Gegensatz zu dem Gegeneinander steht, in das sich die Menschheit über Jahrtausende verwickelt hat.

Das größte Problem ist dabei, dass es immer weniger Menschen zu geben scheint, die sich voll und ganz darauf einlassen können oder wollen, was zu dem Bewusstseinswandel führt, auf den Krishnamurti aufmerksam macht. Gesucht werden Wege zu einem schnellen Ziel, das meist eine Selbsttäuschung des menschlichen Ichs ist und nirgendwo hinführt. Denn die Wahrheit des Lebens und Daseins hat weder Anfang noch Ende und kann sich nur zeigen, wenn alles Bemühen endet, etwas zu erreichen, zu werden oder zu sein.

Es ist also eine Art Aufklärungsarbeit, die ansteht. Wer an deren Fortgang interessiert ist, kann sich gerne in den Verteiler unserer Rundschreiben aufnehmen lassen. Diese versenden wir kostenlos und unregelmäßig. Eine einfache Mitteilung per eMail oder Brief genügt.

Des weiteren sind wir dabei, auf der deutschsprachigen Krishnamurti-Website wichtige Texte aus vergriffenen Büchern zu veröffentlichen. Sie sollen die Basis für unsere Öffentlichkeitsarbeit bilden.

November 2021
Bernd Hollstein

Kontaktdaten:
Arbeitskreis für freie Erziehung e.V.
Büro c/o Hollstein
Zwerenberg 34
71560 Sulzbach/Murr
eMail: k-info@jkrishnamurti.de
Website: https://www.jkrishnamurti.de